U0555260

THE FINANCIAL
BIG BANG

CRAZY
DERIVATIVES
MARKET

管钢◎著

疯狂的衍生品市场

金融大爆炸

文匯出版社

图书在版编目(CIP)数据

金融大爆炸：疯狂的衍生品市场 / 管钢著. —上海：文汇出版社，2015. 4

ISBN 978 - 7 - 5496 - 1318 - 2

Ⅰ. ①金… Ⅱ. ①管… Ⅲ. ①金融衍生市场—研究 Ⅳ. ①F830. 9

中国版本图书馆 CIP 数据核字(2014)第 244797 号

金融大爆炸

作　　者 / 管　钢

责任编辑 / 卫　中
特约编辑 / 宋　毅
封面装帧 / 简欣书装

出版发行 / 文汇出版社
上海市威海路 755 号
(邮政编码 200041)
经　　销 / 全国新华书店
排　　版 / 南京展望文化发展有限公司
印刷装订 / 江苏省启东市人民印刷有限公司
版　　次 / 2015 年 4 月第 1 版
印　　次 / 2015 年 4 月第 1 次印刷
开　　本 / 720×960　1/16
字　　数 / 270 千字
印　　张 / 17. 5

ISBN 978 - 7 - 5496 - 1318 - 2
定　　价 / 35. 00 元

目 录

第一章
金融新大陆——500米华尔街

第一节 华尔街人 市场唯先的动物

美国。曼哈顿岛，长约12英里，最宽处不足2英里。从国家贸易的角度来看，新阿姆斯特丹的自然条件是非常好的。一位法国的耶稣会传教士在17世纪中叶走访了这座城市，发现这座城市的居民来自十八个国家。使荷兰共和国成为四个世纪以来最大的“国际账房”的那种“自己生存也让别人生存”的原则，在美洲殖民地似乎也非常流行。当时荷兰共和国的情况是，旧的土地寡头政治早在与西班牙的长期战争中消失了，所以再也没有财富和土地的过分集中。运输业、工业不断地发展和从西印度群岛香料贸易中获得的巨大利润，带来的高度、普遍的富裕，因此也就没有什么人愿意到外国去。没有长住的殖民者，没有农夫、没有愿意定居的工匠、面包师，这是荷属西印度公司的新阿姆斯特丹，注定失败的原因。

17世纪初，荷兰总督沿着新阿姆斯特丹北部边界，用尖木桩修筑了一道屏障，以防止猪牛的走失；当然也为了防御北面杀气腾腾的新英格兰的清教徒的进攻。但是这道屏障却没有能阻止英国的船队在1664年驶入曼哈顿港口。在那以后不久，英国人沿着这道屏障的一部分原址，铺筑了一条新街，也就是从东河旁边之贯通至圣三一教堂的那条街，这就是著名的华尔街。

传说著名的海盗基德17世纪90年代曾经在这里住过，他在离开以前埋下了一大笔财宝。可是这笔财宝，至今还没有被人发现。

伊斯特河沿着曼哈顿岛的一边顺流而下，注入相距不到半英里的顶端港口。站在这个港口，背水而立，面朝内陆，眺望那举世闻名的华尔街时，首先映入眼帘的是圣三一教堂那巍然耸立的尖塔以及传入耳中的阵阵钟声，圣三一教堂是一座天主教堂。穿过华尔街，美国金融中心那现代化建筑所形成的峡谷，圣三一天主教堂所代表的那种古老精神似乎并没有衰退，仍然对现代有着深刻的影响。

圣三一教堂的门口，沿着华尔街伸向河边的大路往东，乔治·华盛顿的巨型铸像就屹立在那儿。

早期的商人主要经营香料、皮毛、烟草等，并从事货币交易、货物保险、土地投机，当时还没有正式投机股票和债券。事实上，美国的第一个证券交易所成立于 1789 年，地点是在宾夕法尼亚的费城。

1792 年是有据可查的第一年，当时的联邦税收收入是 367 万美元。到了 1808 年，税收收入是 1 706 万美元。1817 年，达到了 3 309.9 万美元，在 25 年的时间里增长了 9 倍。资本市场也在纽约、波士顿、巴尔的摩以及费城等地发展起来。由于拥有大银行，费城是国家的首都也是金融中心。

1789 年，美国第一届国会在位于华尔街的联邦大厅召开，当年早些时候也在这儿举行了华盛顿的就职典礼。这届国会在财经方面通过的第一项决议就是发行 8 000 万美元的政府债券以支付战争费用。两年后时任财政部部长的汉米尔顿发起成立了全国首家银行——美国银行，并公开发行股票。这样在市面上流通的证券除了政府债券外，又增加了银行股票。

尽管此时可以交易的证券已经达到了相当数量，但华尔街还不是一个组织有序的市场。投资者只能在华尔街的咖啡厅里或是在报纸上刊登广告来表达他们对某些证券的兴趣。随着更多的银行和保险公司不断地发行股票，证券的数量大幅增加，人们迫切地需要一个有序的市场来服务。1792 年初，华尔街迎来了第一个牛市。很多的商人在交易量大幅增加的情况下，他们也想兑现他们持有证券的溢价。于是他们像对待其他货物一样保留一定数量的存底，将其他的股票拿到柜台外去交易。这种交易在当时非常兴旺，甚至有时多达 100 多只银行股成交。这当然不够，华尔街的商人于是安排了股票和证券的拍卖，他们在每天固定的时间，交易所就是华尔街 22 号，客户或其代理人将证券交给拍卖人，后者对每笔交易售出的股票和证券提取佣金，客户和经纪人也会对购入的股票和债券收取佣金。一些精明的商人也到证券拍卖场打探消息，他们记下各种证券的成交价格，拍卖结束以后迅速以优惠的佣金、提供相同的股票以供交易，许多正式的拍卖会员也参加这种场外交易。

这种混乱的局面，极易造成错误。1772 年 3 月 21 日，对此深表关注的华尔街领袖们在考乐酒店聚会，寻找建立一个完善的拍卖市场以维护自身的利益。1792 年 5 月 17 日，24 名人士签署了一份被称为“梧桐树协议”的文件。在这份文件中，他们规定只能在彼此之间买卖证券，维系固定的佣金制度，并不得参加其他证券的拍卖活动。这 24 名人士就是《纽约证券交易所》的原始会员。

有一段时间，这个新成立的经纪人协会，经常在一棵正对着华尔街 68 号的老梧桐树下聚会，不过当 1793 年位于华尔街西北角的唐提尼咖啡馆落成以后，他们的聚会就转到了咖啡馆以内。这个集团的会员逐渐增多，这种非正规的形式已经不能满足业务发展的需要，随后搬到了如今的华尔街 40 号内更大的场所。1817 年 3 月 8 日，会员们通过了正式的章程，创建了纽约证券交易委员会。每天的上午将所有准备拍卖的证券公布给聚集在一起的委员会会员，由他们在所属的席位上报出双向的买单和卖单以供交易。只有会员才有资格进行交易，并且还要花费 25 美元才能获得拍卖会上的交易席位。这笔费用后来提高到 400 美元。时至今日，人们仍称纽约证券交易所的会员拥有一“席位”，尽管他们并不是坐在席位上进行交易。

无力支付交易所席位费用的经纪人或是被交易所拒之门外的经纪人，通常都难以为生。市况不好的时候，他们甚至会破产。有些人在别处靠打零工维持生计，等到市场转暖的时候，再重振旗鼓。

1811 年，美国银行由于在民主共和党的反对下被迫关闭。费城的大船主斯蒂芬・吉拉德接管了该银行的资产，并开办了他自己的银行。随即美国向大英帝国宣战，从而引发了财政危机。

美国联邦党于 18 世纪 90 年代由亚历山大・汉密尔顿创立，美国联邦党是美国历史上最早出现的政党之一。美国建国初期，在批准 1789 年宪法运动中，时任华盛顿政府财政部部长的汉密尔顿及其支持者拥护联邦宪法，自称“联邦党人”。

1812年至1814年美英战争期间，联邦党由于采取亲英立场，在费城密谋，企图分裂美国，被国民质疑为叛国，混不下去了，于1815年消失。

1816年，为了给战争融资，批准了建立第二美国银行，他拥有注册资本3 500万美元，是当时美国最大的银行，也是唯一能跨州经营的银行，它的总部设在了费城。

美国独立后，由于富兰克林杰出的外交努力，在与英帝国的谈判中，获得了五大湖以南、密西西比河以东、北纬31度以北的版图，全属于新生的美国，比13州面积大了许多。第三届总统杰斐逊（民主共和党的创立人）又从法国手中买下了路易斯安那，但是地域的扩大却使得交通运输的问题更加困难。这时一个叫做德·威特·克林顿的纽约人于1817年7月4日开始破土修筑伊利运河，“这是一条最长的运河，开凿者以最少的经验，最短的时间和最低的成本实现了最大的公共利益”。

1825年，历时八年伊利运河修通了。全长584公里，从伊利湖到哈德逊河要经过83道水闸，落差为170米，河道12米宽，1.2米深。于是美国中西部丰富的物产可以通过伊利运河源源不断地运到纽约，使用时间是过去的三分之一，而运输成本只相当于原来的二十分之一。这直接促使纽约的人口开始爆炸性增长。1820年时，纽约人口为123 700，到了1860年，人口增长到了1 080 330。而此时的首都费城的人口为565 529。纽约作为一个港口城市，1800年外来商品大约只有9%通过纽约进入美国，而由于伊利运河的开通，这个数据猛增到了62%。这造就了美国经济的大繁荣，也造就了纽约这个国际大都市，更造就了华尔街这个新兴的金融中心。

由于伊利运河所提供交通运输的便利，引发了对运河概念证券的狂热，并启动了华尔街历史上的第一轮大牛市。华尔街第一次大牛市的来临，还源于当时民主共和党的总统安德鲁·杰克逊的金融政策，一向厌恶欠债的杰克逊总统决心偿还所有的国债，这一政策使得市场上的证券数量减少，价格飙升，伴随着不可避免的投机狂热，当时美国西部的土地投机也愈演愈烈，憎恶投机的杰克逊总统决心彻底根绝投机活动。他强制推行《铸币流通令》，关闭第二银行。这些政策遭到了当时第二银行的行长尼古拉斯·比德尔的强烈反对。比德尔的反击手段就是制造通缩，大幅度地减少了货币供应量，资本利率达到了12%。尼古拉斯·比德尔企图毁坏经济，引起国民对杰克逊总统的反对。总统与中央银行家的战争，终结了美国历史上第一轮大牛市，将美国经济带入了严重的萧条之中，并使得华尔街直接进入了第一次大熊市。

第二节 成为世界上最重要的资本市场

这一次美国经济的严重萧条，沉重地打击了当时负债累累的费城金融中心，它再也不能肩负起美国金融中心的地位。因此，华尔街成为美国最大、最重要的金融市场。

紧接着发生了标志着美国经济发展的三大重要事件。这三大标志性事件不但促进了美国经济的飞速发展，同时也为华尔街成为美国的金融中心的地位奠定了基础。

首先，1848年，在加利福尼亚州发现了金矿，美国掀起了西部淘金的狂潮。而采掘出来的大量黄金支撑着美国经济的发展，并且使得外国投资者踊跃地投入华尔街的证券之中，华尔街再度繁荣了起来。

其二，继伊利运河开通以后，美国再度兴起了交通运输业的革命，而这一次的主角就是铁路。铁路的巨大融资需求最直接地促进了华尔街证券市场的发展，反过来华尔街证券市场的直接融资功能也成为铁路的助推器，没有证券交易市场就没有铁路。

其三，电报的发明。关于发明、创新，一般地认为是在丰富的知识积累的基础之上，朝着正确的方向前进了那么一点点。电报的发明者莫尔斯也无非是把已有的发明、人们所完成的零散成就组合在了一起，从而发明了电报。莫尔斯真正的发明是“莫尔斯电码”。莫尔斯的发明获得成功，电报网块就在美国扩散开来。电报的使用使得信息的传递变得方便快捷，华尔街对其他地方性资本市场的影响大大地增加了，致使这些地方性资本市场的边缘化，从而更有力地确立了华尔街作为美国金融中心的地位。

在这些巨大变迁之中，交易委员会也几次搬迁，最后于1863年落户在现今的地址。同年,正式启用了如今的名称——纽约证券交易所。现在的纽约证券交易所大楼正是在当年的位置上建成,这是一座俯瞰华尔街和布劳德大街西南角的庞大建筑,于 1903 年完工。随着美国南北战争的结束,会员们不再参加"晚间的场外交易"。

19 世纪中叶,华尔街呈现出一派欣欣向荣的景象。加利福尼亚州发现了金矿,全国的注意力随之转向了西部。铁路和矿业类的股票受到追捧,许多在交易委员会认为过度投机的股票迫不及待地在非会员之间流通起来。由于他们很少能支付办公室租金,往往在大街上交易。到了 19 世纪末,威廉街和比弗街的角落每天都充满了许多不停叫嚷买卖股票的经纪人,这种形式被称为"路边市场",而这些人被叫做"路边经纪人"。

19 世纪 90 年代初,路边市场移到了更为宽敞的布洛道大街,也有一些路边经纪人在附近的米尔斯大厦租用了写字楼。在写字楼里电话接听员记录下客户的委托单,然后大声地告诉马路上的经纪人。可以想象几百人几乎同时在大厦里外不停地嚷嚷是何等混乱的局面,为了使交易不至于出错,一套手势系统被发明出来。它能准确地传递价格、交易数量(这套手势系统的部分内容,今天仍被使用)。楼上的接听员把头探出窗外或是站在阳台上,拼命向马路边上自己的经纪人比画手势。楼下的经纪人通常身着色彩醒目或与众不同的制服,以方便楼上的接听员能在拥挤的人群中很快地找到自己。尽管场面看上去很混乱,但是经纪人总是知道在何处买卖特定的股票(通常是马路边的某个灯柱子旁)进行交易。这种场面哪怕是在寒冷的冬天,也会使人们显得热气腾腾的。

1866 年大西洋海底电缆投入使用和股票自动报价机的发明,促使了华尔街的交易量稳步地上升。再加上 1968 年 11 月 30 日,纽约证券交易所和公开交易所颁布了相同的监管条例。监管条例不但在执行中逐步完善,而且执行也越来越严格,证券经纪商也加强了自律,华尔街发生了根本性的变化。

1870 年,纽约棉花交易所(NYCE)成立,交易棉花期货。

1892 年,纽约建立了大型的清算中心,为经纪商的资金账户、证券交割、清算提供了快捷、方便的服务。同时,《华尔街日报》的创始人查尔斯·道和琼斯选择了股市中的主要股票的价格进行加权计算,得到了能够反映股市状况的一个有效而简单的方法，这就是现在广为人知的道琼斯工业平均指数。刚刚问世的道琼斯工业平均指数只有40点，1906年突破了100点，1972年突破了1000点。

1908年，一位名叫伊曼钮·孟德尔斯的路边经纪人出面组建了路边市场代理处，并拟定了一套规则，不过这套规则没有强制的约束力。1911年，孟德尔斯与其顾问起草了一部章程并成立了纽约场外市场协会。1921年6月27日，纽约多彩多姿的路边市场消失了。这天，场外交易市场协会会长爱德华·麦考米克率领路边交易员们，列队在华尔街浩浩荡荡地游行，沿途高唱"星条旗永不落"，进入他们刚刚建筑完工的、位于圣三一教堂后面的大楼。在那里，他们在焕然一新的交易大厅里兴高采烈地，开始了在室内的第一场交易。马路边上的市场没有了，可是在新的交易大厅里，每一个交易席位旁边都装饰有一盏灯柱，这根灯柱与马路边上的灯柱几乎一模一样。

第一次世界大战的爆发，华尔街发行了大量的战时公债，人们对其表现的热情可谓是日后公司股票大批交易的基础。此时，大量的经纪公司不收一分一厘的佣金，大力卖出这些债券，本质上就是利用成千上万的投资者，与他们建立关系，而如此众多的投资者大多是初次进入市场。一旦经纪公司能把战时公债成功地推销给他们，今后将战时公债的买家变成公司债券的买家，就显得很容易了。据华尔街投资银行学家查尔斯·盖斯特的《华尔街历史》一书所述：1917年，债券市场上只有35万个人投资者，到了1919年这个市场的个人投资者人数飙升到1 100万。随着公司债券日趋发展成熟，这些交易委托人会不约而同朝着一个方向努力：那就是无论各大证券经纪公司推出什么类型的证券，他们都会趋之若鹜。随着第一次世界大战的结束，美国由世界上最大的债务国变成了世界上最大的债权国。至此，美国成为世界上净资产盈余最大的国家，不仅在实业，而且在金融业也成为世界上最强大的国家。

1929年的股市大崩盘和之后的经济大萧条促使美国出台了一系列的监管和改革措施，扭转了让大半个美国经济瘫痪的华尔街老一套玩家们自由混战的形式。

大萧条让美国投资者观望了一会儿，但投资者是不会消停的。既然公众已经尝到了股票和证券投资的滋味，人们重返市场，对证券市场重拾信心是早晚的事儿。"二战"以后，美国一举奠定了美元的世界霸权地位，从 20 世纪 50 年代中期开始的十年牛市，反映了美国经济的高速发展。

纽约证券交易所与百老汇只隔了两条马路，如果你走过这两条马路，就会看到一座用雕刻的大理石装饰的城堡，这是 J·P·摩根的产业。1920 年那棵扔向这座建筑物的炸弹碎片，所损伤的痕迹还在。这是一次使 30 人丧命、闹得富人们心惊胆战的爆炸事件。

1953 年纽约场外交易所正式更名为美国证券交易所，2008 年美国证券交易所被纽约泛欧交易所集团收购。

华尔街有三次并购浪潮，第一波并购浪潮发生于 20 世纪初。那时一些企业通过资本市场融资，合并成为可以在全美国范围内经营的经济实体。1902 年，美国钢铁公司 14 亿美元的并购案就是一例。它是 1988 年雷诺兹—纳贝斯克并购交易的 200 亿美元之前规模最大的并购案。

第二波并购浪潮出现在 20 世纪 20 年代，这个年代有新技术问世，股市行情看好，人们对金字塔式的公用事业控股公司充满了热情。在这波并购浪潮中，美国有 80%的电力公司被控股公司收购。

第三波浪潮在 20 世纪 50 年代中期，除了集团公司之外，还涉及许多工业公司的并购。华尔街成为一个活跃的"追逐公司控制权的市场"。

在 20 世纪 50 年代中期引发的这场并购热潮，企业寻找机会与其他公司进行战略合作，以求通过多样化来对抗经济周期或是为了加强自身力量来应对竞争威胁。

1963 年，华尔街开始寻求通过电脑联网、电子交易系统进行场外交易的可能性，这样的系统可以提供更好的交易透明度和价格发现的功能。

在那个年代，美国的上市公司有些在上市标准相当严格的纽约证券交易所交易。有些在美国股票交易所交易，这个市场的准入条件相对来说不是那么严格。还有一些规模较小的公司刚刚完成公开发行就在非正式的"场外交易市场"交易。场外交易市场的入市标准就是不设门槛。一般这类公司要在场外交易市场待上一段时间，才有可能到那两个主要的交易所之一上市交易。

场外交易市场依靠美国国家报价机构每天发布的场外交易市场股票的买卖报价进行交易，而这些报价全由各只股票的做市商在前一天准备好后交给报价机构。报价机构又把报价印在粉红色的单子上发布出去。虽然每天都能看到粉单,但是看到粉单都是在经过了一定的时间之后。因此,粉单并不能及时实现报价功能。

美国证券交易商协商会(券商自律性组织)自己做主,力图创造一个电子交易系统。这样,交易系统通过数千公里的电话线,把经纪商的台式电脑与设置于康涅狄格州的中央数据站连接起来,能够实现实时传输数百只股票的众多做市商提供的报价。

1971 年 4 月,美国纳斯达克市场开张营业,到第二年底,它大约已占到纽约证券交易所、美国证券交易所、纳斯达克市场所交易股票的 25%,大约是美国证券交易所的两倍。

纳斯达克市场是美国第二大证券交易市场,有很多公司想在此交易,尤其是完成首次发行的公司。纳斯达克首任主席高登・麦克林取消了公司必须赢利的规定,使上市标准变得"对客户友好",以后科技公司,如英特尔、思科、微软等被纳斯达克市场所吸引,在这里上市交易。30 年后的今天,纳斯达克市场的股票交易数,接近了纽约证券交易所,不过总市值还是要稍差一些。

1968 年 1 月,种种迹象表明后台管理系统有问题。如果股票不能在交易后 5 日内送达,交易便被贴上"未达"的标签。股票若已送达,但未能辨认,则被退回,贴上"不知"的标签。纽约证券交易所调整收盘时间,从下午 3 点 30 分提前至下午 2 点。但是情况并没有获得好转。4 月,"未达"交易量超过 20 亿美元。5 月,超过了 30 亿美元。到了 6 月,雷曼兄弟根本无法做结算,只得关门停业,直到重新能够结算。

时至 1970 年,券商们不得不直面后台管理危机,如果证券行业要存在下去,就必须提升计算机管理系统。从此以后,为实现数据处理系统的现代化,管理系统和券商投入了大量的成本。

1970 年,纽约证券交易所总裁罗伯特・哈克在纽约竞技俱乐部的一次会议上表示:"纽约证券交易所已不再是'城里唯一的游戏场'",建议对纽约证券交易所进行改革,使之更具有竞争力,将全面实行协议佣金制作为纽约证券交易所的"最终目标"。

纽约证券交易所就哈克承诺的佣金改革,证交会介入进来。由此产生了一个过渡性安排。证交会在 1974 年指示，针对 30 万美元以上的交易指令，暂时试用协议佣金制。试行以后宣布成功，于是 1975 年 5 月 1 日，固定佣金制永远被丢弃一边了。华尔街至今仍将"五一"这一天当做纪念日。佣金开始匆匆下降。一开始，高声宣布向大机构提供 8%的佣金折扣，但市场很快就超了过去，折扣差不多提高到了 15%。年底，折扣居然超过了 50%，而且还在增加。有些激进的经纪商竟然将佣金比率减到了 10%。然而，交易量却增加了，就很多公司而言，他们在佣金上的损失因交易量的增加而得到了补偿。

在此期间，美国人对越战的反战情绪日益高涨，在大学校园内激起了很多骚乱，那些骚乱成为林登·约翰逊不再竞争总统连任的重要原因之一。在美国民主党全国代表大会于芝加哥召开期间，触发了游行示威者与警察发生了暴力冲突。1968 年 4 月，马丁·路德·金被谋杀，这一事件在全美引发了各地民权骚乱。1968 年下半年，罗伯特·肯尼迪参加总统选举时遭枪击身亡。此时，道·琼斯工业平均指数上涨，到 1969 年 1 月达到了 943 点，上半年上涨了 4%，可是到了 1970 年 1 月却下跌了 15%。

1970 年，俄亥俄州国民卫队派遣部队控制肯特州立大学学生的反战活动，四名大学生被枪杀。这一年的下半年，美国历史上最大的破产案——宾夕法尼亚州中央铁路公司宣告破产，由美国政府接管。

1971 年，尼克松总统为了阻止黄金储备加速流出，宣布关闭对外国央行开放的黄金兑换窗口，由此单方面终止了《布雷顿森林协议》建立起来的固定汇率制，美元随即大幅贬值，外汇市场和固定收益市场也出现大幅波动。不过股市倒是节节高攀，1972 年 11 月 14 日收盘时，道·琼斯工业平均指数首次突破 1000 点大关。

1973 年，由埃及和叙利亚组成的阿拉伯联盟，在犹太教赎罪日向以色列发动攻击，导致一场持续了三周左右的全面战争。此后，阿拉伯石油生产国宣布对同情以色列的国家实行禁运，继而石油输出国组织又将油价提升至以前的四倍。"石油危机"使西方多数经济体陷入衰退。美国通货膨胀，海外战争支出的成本猛增，股票随之暴跌。

1973 年，美国证券业报道称，自大萧条以来会员公司总体上第一次出现亏损。

自 1968—1975 年华尔街的两个变化，即被迫改善系统技术和实行协议佣金制，为华尔街的进化带来了强劲的动力。

美国著名经济学家马·怀特博士说："怀揣 100 万美元走进华尔街的人，根本就是一个可怜的乞丐。"

简单地说，华尔街就是资本的分配市场。优秀的公司很容易获取资本，不好的公司则必须付出更高的代价。华尔街控制企业取得这些资本的路径，并借此赚钱，向进出资本市场的企业收费。企业支付的是融资费用（如承销手续费），投资人支付的是交易佣金。

华尔街人把他们创造的营业收入的一半留在了自己的口袋里。查看摩根士丹利或华尔街任何一家机构的损益表，人员的薪酬占了这些机构支出的一半。另外通讯费用大约占到 10%，还有就是办公设备等间接成本，扣除这些成本和费用，剩下的才是向股东呈报的利润。但是这其中最大的支出就是员工薪酬——也就是所谓的"红利池"。

第三节　华尔街人主导了创新市场

早期的衍生合约是私下协商的结果，因此交易具有灵活性，属于"无约束"的，合约违约也很常见。例如 17 世纪，荷兰郁金香根茎远期和期权合约盛行，1637 年冬天郁金香根茎价格暴跌，引起大量合约违约。到 19 世纪 60 年代，具有标准化合约的集中化市场和清算所的出现，改善了市场的深度和流动性，也清除了合约违约的一些不利后果。因此，1848 年芝加哥商品交易所——第一个期货交易所诞生。

1870 年，纽约棉花交易所（NYCE）成立，交易棉花期货。

从 19 世纪 20 年代到 60 年代，美国人创造了以实物商品为标的资产的期货合约主导了衍生品交易。尽管谷物是第一个推出的合约，但该时期也推出了诸如金属、牲畜等实物商品合约。另外，美国还成立了很多期货交易所，世界其他国家，如加拿大、巴西、英国以及澳大利亚也如此。

从 20 世纪 70 年代开始，以美国为主导的衍生品市场经历了一系列重大创新突破。20世纪70年代推出了交易所交易的金融资产期货。如外汇期货、利率期货以及普通股股票的期权。80年代在交易所交易的衍生品市场上，出现了采用现金结算的衍生合约——股票指数期货以及外汇期权、利率期权以及股票指数期权金融衍生工具等。

20世纪80年代，新的一轮金融革新爆炸了。首先是以现金结算。1981年12月芝加哥商品交易所(CME)下的IMM推出了第一个以现金结算的合约——3月期欧洲美元期货。在到期日，欧洲美元期货按当时市场上普遍的3月期欧洲美元存款利率以现金结算。而现金使股票指数衍生工具的产生成为可能。第二大革新就是1982年2月，堪萨斯城交易所(KCBT)发行了价值线综合指数期货。

1982年4月，CME推出了标准普尔500指数期货，这就是最早的股票指数期货。

在20世纪80年代出现的第三大革新是在交易所推出了普通股之外的标的资产期权合约。芝加哥期权交易所(CBOE)与美国股票交易所(AMEX)在1982年推出了利率期权，费城股票交易所(PHLX)在1982年12月推出外汇期权。在同一年，期货期权也出现了。

1982年10月，芝加哥交易所(CBT)开始交易长期美国国债期货期权，而咖啡、糖和可可交易所(CSCE)开始交易糖以及黄金的期货期权。

1983年1月，芝加哥商品交易所(CME)、纽约期货交易所(NYFE)开始交易股票指数期货期权。1983年3月，CBOE推出了股票指数期权。

1984年，芝加哥商品交易所(CME)与新加坡国际货币交易所(SIMEX)建立了世界上第一个跨交易所期货交易联络网，交易者可以在两个交易所之间进行欧洲美元、日元、英镑和德国马克的跨交易所期货买卖业务。目前该交易所每日交易量达55万份合约，其中3万份为农产品合约，其余则均为金融期货合约。作为一个国际市场，CME使买主和卖主都来到CME Globex(R)电子交易平台和它的交易大厅里。

1986年，伦敦被称为“大爆炸”的金融革命，主要是指伦敦金融城采用了电子交易系统并取消了银行的分业经营，使得伦敦金融城的交易所交易额差不多是纽约的两倍。虽然华尔街人发明和创新了衍生品及其市场，但是好果子却给了伦敦。

综合银行被划分成商业银行和投资银行，一个公认的理由是出于对投资银行本质上比商业银行更具风险性的担忧，而储蓄者的钱不应该被置于过分的风险之下。在 1930 年的金融危机中，这种思想在美国得到了普遍的认同，并在 1933 年颁布了《格拉斯—斯蒂格尔法》。当时的银行必须在商业银行和投资银行两种形式中任选其一。大多数银行选择了商业银行的形式，而有些银行则被一分为二。最为人所熟知的例子就是摩根公司的分离：分别成立了摩根银行和摩根信托公司。

一般来讲，提供储蓄、支付、借贷等服务的是商业银行。而投资银行的经营活动包括了咨询、组织、资产管理、承销、证券交易与经纪，而不是借款与贷款。虽然法律上明文规定了商业银行和投资银行，但它们最突出的差别在于文化。一个典型的商业银行在国家范围内考虑其发展，拥有广泛的、由依赖性用户所支撑的分支网络，雇用了一大批低工资的雇员，组成了一个低效率的官僚体系。与其相反，一个世界级的投资银行采用全球性的战略眼光，只在主要的金融中心设立分支机构，雇员很少并且具有较大的流动性。雇员中实行差别很大的工资等级制度，分支之间与其说是一个公司的各个部门，不如说是合作的伙伴关系。这里崇尚的是横向组织和极具创新能力的企业家精神。投资银行最大的弱点是，它的资本基础有限，如像美林集团、高盛这样世界级的投资银行只有 50 亿到 65 亿美元的股票，而德国银行有 150 亿美元的股票。

“二战”以后，由于美国文化的影响，银行的分业制度也在欧洲得以实施。从国际的角度看，《格拉斯—斯蒂格尔法》给美国银行的发展设置了障碍，特别是在与实行综合银行制度的国家之间。在美国，银行在其他区域或州开办分支机构的行为长期受到严厉的限制。这阻碍了银行达到与国家尺度相匹配的规模，未能充分挖掘其内在的潜力。大多数国家都是允许银行开设分支机构，以取得竞争的优势，并防止银行间恶性竞争所导致的破产。但是在美国，控制要相对严厉得多，这反映出分权政府与集权政府的思想区别。1927 年的《麦克弗登法》限定所有银行在州内只能开一家分行，该法令适用于全美注册及州际注册的银行。一种绕过《麦克弗登法》的做法是成立多银行持股公司，即成立公司将多家银行作为子公司。截止到 1956 年，美国共有 47 家多银行持股公司，这导致后来

《道格拉斯修正案》的产生。这一修正案不允许多银行持股公司在对州外并购有限制的州内买入银行。但是,多银行持股公司并不一定要将 1956 年以前并购的公司进行剥离,也就是说 1956 年以前的并购行为不受该法案调控。

银行家们在试图摆脱监管方面拥有很好的创造力,当利益驱使时,尤其如此。1956 年以后,一种做法是成立一家银行持股公司,这家公司只将一家银行作为子公司,而在其他州成立非银行子公司。这些非银行子公司一样地提供金融服务,包括客户融资、咨询、租赁等银行业务,这么做的实际效用是在其他州也实现了银行的存在。

1970 年的《银行持股公司法》,对单一银行的行为实行了限制。在这一法令下,持股银行只允许从事与银行业务相关的业务活动,持股银行买入其他公司一定要通过美联储批准,持股公司必须在 1980 年以前,将那些不符合该法令的子公司进行剥离。

1970 年以后,对跨州银行之间的限制逐渐消失。不同的州纷纷通过法律允许其他州的银行进入并买入本地银行(1978 年缅因州率先通过了这样的法令)。其他一些州也制定了互惠协定,允许相互的洲际银行进入。在某些情况下,某些州联合起来以群体的形式将跨州银行业务合法化。

1994 年美国国会通过了《里格尔—尼尔洲际银行及分行效率法》,将全面跨州银行变成现实。该法令允许银行持股公司在其他州买入分行,并废除了以前的州际互惠协定及地区行法令。从 1997 年开始,银行持股公司可以将本州外的银行分公司转为在同一银行下的分行,这种合并方式对于美国银行能够在全球范围内进行竞争保持有利的地位。《里格尔—尼尔洲际银行及分行效率法》,为美国银行即将出现的合并潮提供了基础。

"二战"以后,美国强大的实力无疑应该保证纽约在世界及金融中心居首位,但是这没有成为现实。因为美国的政治以州为基础,各州不会对发展其他州的某个城市感兴趣。同时还有对于金融界的一种谨慎态度,这种态度是大萧条年代和大规模托拉斯全盛时期的后遗症。如果再追根究底的话,则是来源于简单农民社会的意识。

1960 年,还有其他一些做法对纽约的金融实力输给伦敦,起到了重要作用。首先是对新发行的外国股票和债券征收利息平等税,其后是资本输出的

“自愿”指导，达到顶峰时则开始采用正式的限制措施，从而使外国贷款的成本增加。在海外赚的钱和贷方偿还的钱都留在了国外，这也是为了逃避 3%的无息储备金要求和 0.2%的存款保险金，从而形成了欧洲美元市场的基础。在 1963 年 7 月开始实施的资本控制之前的 18 个月，纽约金融业绩连续下滑，这几乎是一种态度，对个法案提出了质疑。

19 世纪 60 年代，美国人都避免他们的美元资本返回本国，这些资本基本上都流向了伦敦。一旦金融交易可以在货币发行国以外进行交易的想法被接受，其他货币也就加入了进来。欧洲美元变成了欧洲货币，因为其他大陆的不断加入。尽管中国香港、新加坡、巴哈马和开曼群岛也成了交易的集散之地，但业务主要还是在伦敦。可以理解，不仅是储蓄，外汇也从这些市场中受益。债券和中期票据这样的证券也作为欧洲信用工具发行。所有这一切都发生在纽约资本输出解禁和 1981 年建立国际银行设施(IBF)反击以前。至此，伦敦金融城的地位已不可动摇。

伦敦对银行业务没有任何的法规障碍，也没有最低储备金的要求。世界各地的人们经常把他们不能在本国做的事情都转到了伦敦。欧洲大陆的人在 19 世纪 70 年代来到这里，瑞士银行发行外币证券以躲避本国的印花税；德国人来此交易在本国受到赌博法限制的衍生品；日本人在 80 年代成群地来到伦敦以逃避本国令人窒息、昂贵的和限制竞争的债券发行法规；美国人在伦敦可以用自己的语言操作；阿拉伯人也无须学习新的语言。许多历史因素也被赋予了很大的权重。曾经是人类历史上第四大帝国的大不列颠以伦敦为金融中心，许多金融业精英都曾在伦敦接受高等教育，现在已经形成了一个价值无限的联系网络。

对于纽约的有利或不利来说，国家权力能够通过限制资本的运作，甚至发生最极端的情况——没收。这是冷战时期，社会主义国家真正担心的问题。1973 年 12 月，为了惩罚美国在当时的战争中帮助以色列一方而第一次大幅度提高石油价格以后，阿拉伯石油输出国组织也有类似的担心，这些担忧有充分的理由。1975 年 11 月 5 日，作为解决人质危机的对策，美国冻结了伊朗政府的资产。

前两年美国冻结了利比亚卡扎菲的个人资产。

据美联社2012年9月19日消息，奥巴马政府已经确认，伊朗117架载有武器的飞机经由伊拉克领空飞往叙利亚，为巴沙尔政权提供武器。这些飞机分别隶属于伊朗的三家航空公司，目前，这些航空公司已经受到了美国的制裁。包括冻结在美国的所有财产。

从这些事例中，可以看出美国"金融治国"的导向，国家力量支持着对外的经济政策。

源起于20世纪80年代初的对世界范围内的衍生品及工具对市场产生了巨大的冲击，这是一场延续了20年的金融革新。虽然交易所交易最初只是为了帮助市场参与者控制商品价格的风险，但是现在大部分交易行为集中于诸如股票、债券与货币等金融资产风险的控制。

20世纪80年代同样见证了场外衍生品交易的重盛，随着金融衍生品的兴盛，投资银行开始考虑满足客户而创新合约工具的方法。

例如：1980年第一个场外交易品种——美国国债期权开始交易。而其他一些创新工具统称为"互换"。互换合约是交换未来一系列现金流的合约，而通常该合约规定初始支付为零，最早的利率互换的利息支出在1981年，当时SLMA（Sallie Mae）把中期固定利率的利息支出与以3月期国债利率为基准的浮动利率支出做了互换。互换双方的现金流可以是任何参考利率、资产价格或指数价位。例如，基准利率互换就是把两种浮动利率支出进行互换。而这两种浮动利率可能是3月期国债利率或是3月期欧洲美元利率。

股权互换则是交换利息支出与一种以股票指数表现为基础的支付；股权基准互换则是交换两种不同指数的支付。尽管股权互换合约看上去与标准的远期或期权合约不同，他们实际上仅是远期与期权合约的组合。互换合约之所以吸引人，是因为它可以以一种交易代替多种交易。

80年代以来，交易者对金融资产衍生品的浓厚兴趣，以及场外市场在合约设计上所具有的灵活性，促使合约设计更容易满足客户风险管理的需要。在80年代早期还很微不足道的场外衍生工具市场的交易量，在1991年就与交易所交易相当了。国际清算银行从1998年开始统计这一数据，至2007年6月为止，场外交易量为516.4万亿美元，而交易所交易量则为96.7万亿美元。但是应该认识到场外交易产品的面值与其价值并不是一回事。例如，某场外市场交易合约为 1 年期的以某一指定汇率以英镑买入 1 亿美元这一交易的总面值为 1 亿美元，但是这一交易的价值可能只有 100 万美元。国际清算银行估计 2007 年 6 月所有场外市场合约的毛价值大概为 11.1 万亿美元。

第二章
疯狂的华尔街

第一节　1857 年的大萧条

1848 年，在加福利亚和澳大利亚发现了金矿，引发了全美国的淘金狂潮。大量的黄金支撑美国经济迅速发展，股市的繁荣，钱挣得容易，钱花得也很容易，从某种意义上说也推动了经济的发展。当时一次大规模的统计结果：美国人从国外购买的奢侈品一年的支出大约是 5 500 万美元。女人在打扮自己的愚蠢渴望上，花费的钱财是男性在坏习惯上花掉的三倍以上。

整个经济的蓬勃发展使得华尔街的交易非常活跃，其中主要的原因是美国证券的供应量迅速增加，特别是矿业和铁路股票的增加，银行业也得到了快速的发展。由于矿业股票受到了人们的追捧，一些投资价值非常可疑的矿业股票也在场外交易，为了使矿业股票交易更加规范，矿业交易所很快就建立起来了。从 1851 年到 1853 年，纽约新组建的银行就达 27 家，总资本在 1 600 万美元以上，这些资本大部分是从华尔街募集而来。

1856 年，华尔街已有 360 家铁路股票，985 家银行股票，75 家保险公司股票，几百种公司债券，市政债券、地方债券和联邦债券一起加入华尔街的证券交易之中。但是这些的绝大部分都没有在纽约证券交易所交易，这是因为交易所拒绝接受新的、未被市场验证过的证券。但是，每一个历史变革和经济形势趋好的时候，新股票总是投机者的至爱。因此，一方面，证券交易所的日交易量稳稳地保持在 6 000 股的水平，另一方面，场外交易量却大幅地增长，经常超过了 7 万股的数量。因此，发财致富就成为华尔街人心无旁骛的唯一追求了。

各州银行为了方便他们的客户在纽约从事各种各样的业务，都在纽约的银行存有一笔同业存款。这些资金在 1840 年只有 800 万美元，而到了 1857 年已经达到了 5 000 万美元。几乎所有的外国银行对于美国证券的投资都要经过纽约，纽约的商品经纪商则帮助国外进口商购买美国南方的棉花和西部的小麦。纽约的银行家和经纪商都在美国南方、美国西部和欧洲之间的棉花和小麦的交易中获得丰厚的利润。

1857 年 6 月 27 日《纽约先驱报》的创始人詹姆斯·戈登·贝纳特发表文章："……政府腐败，公共诚信缺失，各种纸面富贵。人们疯狂地抢占西部的土地、城镇和房地产。数以百万计的美元，不管是赚来的还是借来的，都花在豪华的住宅和高档的家具上。为了时髦的攀比，女暴发户把成千上万的钱花在丝绸、鞋带、钻石和所有昂贵却没有任何实际意义的东西上，而这些只是当时太多罪恶中微不足道的一部分。"

当时美国的经济特征是：每到夏季和早秋资金就会流出银行。这是因为在这个季节，西部的农场主为了支付收割的费用和偿还贷款，会提出他们在银行里的存款，从而使得各州银行将它们的资金从纽约调回。因此，每到这个季节流动性就会出现紧张，导致了市场抛出证券套现、股票价格出现了下跌。这时一个传言不胫而走，俄亥俄州人寿保险与信托有限公司的现金流正处在困境之中。这个谣言也不是完全空穴来风，事实上铁路股票投机的确使这家银行的现金流出现了困难。8 月 4 日，储户们根据这个谣言涌向银行挤兑存款，由于银行是借入短期存款放出长期贷款，因此世界上没有一家银行能同时支付所有储户的存款。随后，俄亥俄州人寿保险和信托公司纽约分公司停止营业并宣告破产。第一张多米诺骨牌的倒下，波及其他银行，到了 10 月 13 日这一天，就有 18 家银行停止了支付业务。除了化学银行以外，纽约的大部分银行都不再履行支付义务，这场危机迅速蔓延到其他州。到 1857 年底，已经有 1 400 多家银行破产。国家的整个金融业受到重创，直到美国内战爆发才得以慢慢恢复。

经历了二十多年股市的繁荣之后，1857 年爆发了第一次真正意义上的世界金融恐慌。虽然那时大西洋海底电缆还没有铺设，但是华尔街的恐慌还是很快就传到了欧洲，伦敦和巴黎开始保护自己的资产，欧洲市场上利率飙升，欧洲投资者也立刻抽回了投资于美国证券的资金，这加剧了整个华尔街受到的剧烈的震动。这一次的危机带给华尔街的打击几乎是致命的，一般的纽约经纪商走向了破产，另外还有985名纽约商人破产，留下了1.2亿美元的债务，这个数字在当时几乎是天文数字了。正如它当初的快速出现一样，短命的矿业交易所也很快地消失了。街边交易所又变成了一座不见人影的地方。甚至许多度过了1837年大萧条的实力雄厚的经纪商，在这次危机中也被击垮了。其中的原因是，在上一次萧条中，他们除了证券业务以外，还有些其他事情可以做。但是在1857年，他们无事可做。

在很多经纪商离开了纽约证券交易所以后，又有一些空缺的交易席位可以出售。而一些新的、更加年轻的人勇敢地闯了进来，他们的创新举动将给华尔街带来革命性的变化，随后，华尔街变得更加强大了。

第二节　伊利铁路之生死搏斗

在19世纪60年代中期，华尔街爆发了一场最为激烈的铁路股权争夺战，争夺标的就是伊利铁路的控制权。发起攻击的一方是“船长”科尼利厄斯·范德比尔特，而受到攻击的一方是“牛贩子”丹尼尔·德鲁。在描述战争发生之前，我们先来看看范德比尔特和德鲁是何许人，以及当时美国的大环境是怎样的。

1. “船长”科尼利厄斯·范德比尔特(1794—1877)

美国航运与铁路巨头科尼利厄斯·范德比尔特，他的家族早在17世纪就移民纽约斯坦登岛经营农场，而他暴富的奇迹却是发生在1810年，当时才16岁的科尼利厄斯·范德比尔特从母亲那儿借了100元美金，用以开创一个纽约湾的渡轮业务，没几年，他的业务猛增，航线不断增加，船只也扩展到100余条。在南北战争开始的时候(1861年)，他的船运帝国的价值已达到2 000万美元。

19 世纪 50 年代，铁路这一新生的交通工具开始在美国普及开来，而船王范德比尔特迅即意识到，新的赚钱机遇来临了。他敏感地感觉到，蒸汽船主导交通的时代已经日渐式微，内陆的交通势必被铁路所取代。他通过调查铁路交通的一些细节问题，比如火车的耗费、时速、利润、引擎的功率等来论证涉足铁路的可行性。到了他快 70 岁的时候，他决定放弃所钟爱的船运事业，将资金全部投入铁路，他从华尔街找切入口，开始买进铁路公司的股票，获得标的的控制权和经营权，并且开始经营铁路。

范德比尔特进入铁路业是从运作哈勒姆铁路开始的。哈勒姆铁路于 1852 年完工，因其运行的路线大都穿行在贫穷的乡村，加之管理不善，哈勒姆铁路获得的收益很低。在当时的铁路行业中，哈勒姆铁路被公认为前景最不被看好的一条线路。但范德比尔特却独具慧眼地发现了不为外人所知的商机。第一，哈勒姆铁路是直通曼哈顿的两条铁路之一(另一条是哈德逊铁路)。从纽约市东面过来的列车必须付钱给哈勒姆公司才能获得通行权。在纽约的西面，由于当时哈德逊河还没有建桥，所以从西面过来的火车被哈德逊河隔断。因此，哈勒姆铁路在纽约具有得天独厚的地理位置。第二，纽约州政府给予哈勒姆铁路运营权的同时，还授权市议会在合适的情况下，可以给予哈勒姆公司经营纽约市内百老汇公交线路的经营权。

范德比尔特基于以上两点考虑，又仔细考察了哈勒姆的运营状况，进一步认为，哈勒姆铁路的管理混乱、成本过高是其收益不好的根本原因。凭借多年管理船运公司的经验和信心，他相信自己能以远远高于他人的效率来经营这条铁路并盈利。于是，他开始在华尔街不断地买进哈勒姆公司的股票。

在范德比尔特通过不断地购进哈勒姆公司股票掌控了哈勒姆铁路的经营权、在整顿管理哈勒姆铁路的同时，开始了为获得纽约百老汇街道的公交线路的经营权的运作。当然这个过程中是少不了贿赂纽约市议会议员的，除了向市议会议员行贿以外，哈勒姆公司还要将运营这条公交线路年收入的 10%上交纽约市政府。1863 年 4 月 23 日，授予哈勒姆公司百老汇公交路线的法案得以通过，此时，哈勒姆铁路股票的价格只有 50 美元。到了 5 月 19 日，价格已经猛涨到 116 美元。这对卖空者是一个好消息，他们疯狂地卖出，等待着哈勒姆股票的狂跌。这些卖空者之中就包括华尔街著名的“牛贩子”丹尼尔·德鲁，他是哈勒姆公司的董事。然而，对范德比尔特不利的消息传来，6 月 25 日下午，纽约市议会出尔反尔，突然取消了他们两个月前颁发给哈勒姆公司的百老汇街公交线路经营权，并直接导致了哈勒姆股价直线下降到 72 美元，华尔街的卖空者狂喜，满怀希望地等着哈勒姆股票第二天进一步下跌。

然而，出人意料的是第二天哈勒姆不跌反升，迅速反弹到 97 美元，第三天达到 106 美元。原来，当时哈勒姆的最大股东和股票的主要持有者是范德比尔特和他的朋友，只要卖空者愿意继续卖给他们哈勒姆股票，他们在银行里就有足够的资金来支付这些股票。按照期货卖空交易的规则，在卖空合同到期的时候，卖空者只能购买哈勒姆股票来进行交割。既然此时哈勒姆股票大都已严控在船长等人手中，做卖空交易的投机商就只能从船长的手中买进股票，除此之外，别无他法。自然地，哈勒姆股票的价格就牢牢地控制在船长的手里了。

在这些卖空的投机商中，有一些市议会的议员，他们看形势不妙，为了讨好范德比尔特，又重新将市区的车辆经营权批复给了哈勒姆公司。而范德比尔特也给了他们一个顺水人情，放过了市议会的议员们，同意将股价降到 94 美元。但对于华尔街的那些卖空投机商却没有手下留情，让哈勒姆的股票价格一路疯涨到 180 美元才让做空投机商得以平仓。至此，范德比尔特买下哈勒姆铁路公司的控制权，使自己的财富总量大增，一举奠定了华尔街股王的地位。

在进行哈勒姆股票逼空战役的同时，船长也在持续地买入另外一只连接纽约的铁路股票——哈德逊铁路股票，这条铁路几乎与伊利运河平行，是当时美国最为重要的铁路之一。到了 1863 年，范德比尔特已经成为哈德逊铁路最大的股东之一。

一些没有参与卖空哈勒姆股票的华尔街投机商认为，范德比尔特正身陷哈勒姆逼空交易战中，根本没有足够的资金支撑哈德逊铁路股的卖空交易，于是他们联手，开始卖空哈德逊铁路股票。于是范德比尔特再度开始反击，一方面，由于哈勒姆股票的牵扯，许多投机商认定此时范德比尔特肯定资金不足，认为他没有这样大的财力和胃口吞下哈德逊铁路的股票，所以市场上散布着船长缺少现金的流言。范德比尔特将计就计，任谣传自流，他让他的经纪人去劝说别的经纪人放水，把这只股票转手。另一方面他让他的经纪人统吃所有的卖出合同。通过这两种手段，他迅速实现了对哈德逊股票的垄断权。1863 年 7 月上旬，范德比尔特开始收网，要求那些投机商履行合同并向他办理交割，与哈勒姆同样的悲剧发生了。卖空的投机商们到市场上去购买哈德逊股票，却发现市场上根本没有卖家，因为所有的哈德逊股票都掌握在范德比尔特手里。股票价格几乎是在一夜之间从 112 美元上升到了 180 美元，范德比尔特终于圆满地完成了金融史上最壮丽宏伟的战役，在几天之内风卷残云般地刮光了那些企图置他于死地的投机商的腰包里的 300 万美元。这次逼空战也被认为是金融操作史上的杰作。《纽约先驱报》在 1863 年 7 月 13 日宣称："华尔街市场上从未看到过这么成功的股票逼空。"

第二年，由于德鲁的两面派伎俩，哈勒姆又上演了一场逼空大战。范德比尔特以超强的资本力量，一直将哈勒姆的股票逼到以 285 美元一股交割，使得华尔街的 500 强人再次陷入"范德比尔特困境"。

直到 1877 年范德比尔特逝世，他都一直享有着华尔街金融史上"前无古人，后无来者"的声誉和地位。

范德比尔特的华尔街生涯只是与铁路有关，他的理想是建立一个铁路帝国，而并不追求成为一个资本市场的投机家。1873 年，范德比尔特为了弥补南北战争给南方造成的创伤，捐赠一百万美元建立了以他名字命名的范德比尔特大学(现常被国人称为范德堡大学)。

这位美国资本家从事船运业和铁路建筑等，去世时积累了 1.05 亿美元的财富，据测算占当时 GDP 的比例为 1 ∶ 87。范德比尔特家族和洛克菲勒家族一样，是美国渊源很深的大家族，它名下的庞大财团具有长达百余年的历史。

科尼利厄斯·范德比尔特在他那个时代，是美国铁路的王中王，也是世界上最富有的白手起家的人。他住在华盛顿区很舒服的繁华市中心里的相对一般的房子里，并将第五街留给他的子孙们。但是，他还是不能完全拒绝使自己名垂千古的诱惑。1896 年时，他为他的纽约和哈得孙河铁路公司在曼哈顿建了一个新的货仓，他还为自己准备了巨大的纪念碑作为这个建筑物的组成部分。这只是他的一个自传而已，用 10 万磅铜来镌刻。这个建筑物的山墙，有 30 英尺高，150 英尺长，上面满是对自己的描述，用了高级的浮雕，说明了范德比尔特在船舶公司和铁路公司的工作经历。这些都位于他的船队队长的中央雕像的两侧，雕像整整高 12 英尺，重为 4 吨。但是范德比尔特的纪念碑，同样也遭受《奥西曼德斯》中雕像一样的命运。今天，只有中央雕像幸存了下来，放置在中央火车站的前面。

幸亏是正常死亡，范德比尔特用铜像来表示其自尊自大的现象，在 19 世纪的富豪中是一个特例。除了为自己树一个塑像之外，有钱人大部分是将他们的名字与某个巨大的有用的事物联系在一起，这些事物为公众服务，也表现了它们的创造者们的虚荣心。单单纽约城就充斥着不少这样的东西：譬如，卡内基音乐厅、库珀联合、洛克菲勒大学、佩利公园和惠特尼 & 古根海姆博物馆等。

在《铁路大亨：范德比尔特的财富人生》这本书出版 15 年后，又有一部新的有关范德比尔特的传记问世，即惠顿·莱恩所著的《范德比尔特船长：蒸汽机时代的史诗》(Commodore Vanderbilt：An Epic of the Steam Age)。这本传记对范德比尔特复杂的从商生涯进行了更为全面和详尽的分析。莱恩是普林斯顿大学一位知名的历史学家，他此前发表的巨著中就对 1620—1860 年间新泽西的蒸汽机、铁路、轮船等交通运输的发展进行了详尽的研究，着实令人敬佩。莱恩所著的范德比尔特传记获得了阿尔弗雷德·克诺夫出版社首届传记类最佳图书奖。他非常出色地揭露了范德比尔特在 19 世纪 40 年代策划的复杂阴谋。当年，范德比尔特计划开拓横贯尼加拉瓜东西两端的交通线，为自己的蒸汽船的乘客们寻找去加利福尼亚淘金最快的路线。总的说来，莱恩对范德比尔特职业发展的描述非常精彩。但是，可能是受所处时代的影响，或者可能是出于他自己的性格和偏好，他并没有详细描述范德比尔特丰富的私生活：他劣迹斑斑，原本就不和睦的家庭又因此更加四分五裂，甚至让他的生意也陷入麻烦。莱恩于 1983 年去世，临终前还在考虑根据新的研究重写范德比尔特传记，从而对他原本就很精彩的尼加拉瓜大铁路修建史实进行进一步的扩充和完善。以及他在撰写 1942 年那本传记的过程中留下的笔记和备忘录。但是有些信息莱恩并没有收集到。最值得注意的就是范德比尔特的私人医生贾拉德·林斯利所提供的资料。他从 19 世纪 30 年代开始为范德比尔特看病，并与他结为挚友，直到 1877 年范德比尔特去世。据林斯利的资料记载，范德比尔特晚年遭受晚期梅毒的折磨，当时的记者以及后来的传记作家都不知道这一真相。

范德比尔特的所有传记作家都评价了他晚年的古怪(有时甚至看起来疯狂的)行径。从容、精明、自信是范德比尔特的商业决策风格，但晚年他总是间或做出出乎意料，甚至是自我毁灭（因而也与其风格极不相称）的市场举措。现在我们能解释范德比尔特莫名其妙的败笔了。林斯利的诊断也很好地解释了为什么范德比尔特虽然在去世前8年与年轻活泼的芙兰克小姐结了婚，但仆人们却注意到，他显然在克制自己与芙兰克亲近。相反，他更倾向于和更为"世俗"的女人交欢（这也是他的一贯风格），比如妓女出身的田纳西·克拉夫林。田纳西是女权运动倡导者、通灵师维多利亚·伍德哈尔年轻的妹妹。年迈的范德比尔特定期通过维多利亚这位通灵师与他故去的母亲以及他朋友的亡灵对话。

毫无疑问，范德比尔特的疾病也影响了他在子女继承权问题上的逻辑思维（甚至可以说毫无逻辑可循），他们中只有一位获得了95%的财产的继承权。他的疾病也解释了为什么（撇开权色交易不谈）他会扶植维多利亚和田纳西成为华尔街最早的女性证券经纪人，虽然这两人完全没有金融从业经验。1870年，范德比尔特使她们拥有了自己的公司，还将不少业务交给她们打理，并允许维多利亚根据亡灵的建议进行投资。我们还可以从范德比尔特投资《伍德哈尔和克拉夫林周报》的举动中看出间歇性因梅毒引起痴呆的症状。该报刊鼓吹自由恋爱，揭露股票和证券业内的欺诈丑闻，宣扬通灵说。具有讽刺意味的是，在范德比尔特的支持下，该报成为刊载卡尔·马克思《共产党宣言》的首家美国刊物，但她们所做的一切都没给报纸挣到一分钱。

2. "牛贩子"丹尼尔·德鲁（1797—?）

这个19世纪美国股市中名声不佳的人物，曾经手持100美元，最终赚取了300亿美元。20年里，华尔街的猎人一直在追寻他的行踪，可总是被他无穷无尽的诡计所蒙骗。他是一个彻头彻尾的务实派，对他来说，金钱才是永恒的交易。

他信奉基督教，习惯苦行僧般的生活；他出身贫苦，拼命抓住每一个赚钱的机会。他狡诈，会暗地里做手脚。他不守信，他的同伴都害怕他随时背信弃义撕毁协约。他没有文化认识不了几个字，却能用心理学知识暗示他人盲从跟风以达到操纵股票的目的。他初进交易所时，看起来土得掉渣，但不久就没有人敢怀疑他的智慧——他就是19世纪美国股市中最臭名昭著的人物，一个被称作"牛贩子"的投机高手丹尼尔·德鲁。

丹尼尔·德鲁没有显赫的背景。1797 年,在纽约附近达切斯县一个再普通不过的贫瘠山区的农场家庭,一个男孩降生了,这就是德鲁。幸运的是,当时的达切斯县距离纽约仅 60 英里,这使得日后德鲁买卖牲畜、投机股票都有着先天的便利。德鲁虽然精明过人,可由于幼时家庭贫困,德鲁接受的学校教育非常少,仅仅会读、写和掌握一些基本的算术。有趣的是,由于他的母亲信奉基督教,德鲁也深深信奉基督教,并极度虔诚。华尔街的一位经纪人兼作家斯特德曼非常了解德鲁,但也对德鲁能够轻松自如地使用双重道德标准惊叹不已。他写道:德鲁大叔最为显著的特色之一就是,无论他走到哪里,他都会将他的宗教信仰带到哪里,但是,他的神奇之处在于他的宗教似乎不会对他的生活产生任何实质性的影响。事实上,他甚至能从他的信仰中获得帮助和力量,来实现那些昭示他最丑陋一面的阴谋。德鲁擅长表演,具有说服他人的技巧,总能欺骗别人信任自己。德鲁孩童时期曾在一家在当地过冬的马戏团打工赚钱,他在马戏团学会了以后在华尔街上大展身手时招揽顾客的技巧,而这种招揽手段在以后他从事投机生意时确实发挥了巨大作用。

1812 年战争爆发后,德鲁的父亲去世,而他当时只有 14 岁。那时,应征入伍可以得到 100 美元奖金,于是,德鲁报名成了一名民兵。遗憾的是英军并没有选择攻打当时防守坚固的纽约城,因此德鲁并没有真正经历过战争,但是 14 岁的他却真正获得了那 100 美元。这 100 美元奖金成了他的母鸡,源源不断地为他生出了 300 亿美元的蛋!其实,对于德鲁这样天生的投机家,即使没有得到这只母鸡,他也会从别处得到一只下金蛋的母鸡。

作为商人,德鲁精于盘算,极度精明。据说,掺水股一词的来历还与德鲁有关。德鲁最开始干的是贩卖牲畜的买卖,他从当地农场里买到牲畜,然后把它们赶到纽约市卖给屠夫。有一个关于德鲁的传说流传甚广,而这个传说被后人如此广泛地接受并加以应用,所以可能是真的。

有一次,德鲁卖完牲畜,突然想到一个赚钱的好主意。头一天晚上,他让牲畜吃了很多盐,但一直不给它们喝水。次日早上去往纽约的路上有一条小溪,渴极了的牲口一头扎进小溪狂喝起来,每头牲口都喝了几加仑的水,体重也立刻加重了不少,然后德鲁把他们赶到纽约,在那里把他们按斤论两地卖给屠夫。后来,德鲁又将此道用于增发股票,即面值增加而实值未按比例增加。这个故事已经成了掺水股(watered stock)无可争议的来源。

现在想来,这个发生在德鲁身上的传说不一定真实,如果他这样做,很可能会失掉纽约屠夫们的信任,他就无法凭借贩卖牲畜发家。可事实是,德鲁稳步扩大着他的牲畜贩卖生意,到 19 世纪 20 年代,他一次贩卖的牲畜数量已经达到了 2 000 头,而每贩卖一头牲畜可以赚取 12 美元的利润。1829 年,德鲁用他积累下来的钱购买了现在位于纽约市第 3 大道和第 26 大街交叉口上的牛头旅馆。

因为生意的缘故,德鲁也经常光顾华尔街,像快递服务公司那样,经常在纽约的郊区和市中心之间为别人递送证券和票据。华尔街立刻吸引了德鲁,天性使他不可能看着这么大一块肉而保守于原来的生意。他热衷于这场大游戏,很快就出入于当时简陋的交易所。虽然德鲁穿着和谈吐都很土,笑起来像母鸡刚下蛋的喔喔声,但很快就没有人再怀疑他的智慧和创新能力了。

我们曾经说过他是诡秘而又难以捉摸的,同时代的作家兼投机商福勒写道:用诡秘和难以捉摸还不能完全形容他,实际上他像狐狸一样狡猾……20 年里,华尔街的猎人一直在追寻他的行踪,可总是被他无穷无尽的诡计所蒙骗。

德鲁最被人广为传诵的使奸耍滑案例是——成功地卖空奥什科什股票。在卖空一只股票前,首先要把它的价格做得高高的。据说,德鲁是这样做的:在一个炎热的夏天,德鲁走进纽约市最有名的绅士俱乐部——联邦俱乐部。他像正在找人,看起来似乎很生气,几次从口袋里掏出大手帕来擦汗。这时,一张纸片从他的口袋中掉了下来,而他好像并没有注意到。当他离开俱乐部后,其他在场的经纪人立刻捡起了那张纸片,上面写着:不论在什么价位,你能买到多少奥什科什股票就买多少。根据回忆录记载,奥什科什是家铁路公司,在当时被认为严重高估,股价将会马上下跌。但是这些经纪人根据纸条推测,德鲁肯定知道一些他们所不知道的关于奥什科什公司的内幕消息,因此他们联合起来,购买了 3 万股奥什科什股票。他们非常小心地从那些德鲁从没有用过的经纪人手里购买这些股票——但是,他们不知道的是,此刻,这些经纪人正在为德鲁工作。于是,大家疯狂地买进,使股价屡创新高。此时,德鲁开始做空,大大赚了一把,最后,股票价格以每天 12 个点的速度狂跌。由于这只铁路股票上蹿下跳之剧烈,被称为华尔街上的“荡妇”。

还有一个实例，可以说明德鲁的人品和伎俩。1864年，约翰·托宾和伦纳德·杰罗姆开始逼空伊利股票，他们从德鲁手中借钱购买股票。德鲁向他们许诺，当股票在某一个价位之上时，他不会抛出。11月上旬，伊利股票的价格是每股102美元，但那以后股票开始下跌了。到了第二年2月初，伊利股票的价格已经跌到了每股80美元。可是推动价格下跌的一连串的卖空，就是德鲁干的，他撕毁了与托宾和杰罗姆的承诺。随后，德鲁又游说一个与他私交甚好的法官，颁布了一条禁令，不允许伊利铁路发放股息，这又导致了股票的一轮下跌。接着德鲁又逼着托宾和杰罗姆还钱，迫使他们在很低的价位上卖出股票，偿还借款。最终，伊利股票的价格探底到42美元。

这两次做空成了华尔街上的典型案例，德鲁的鬼眼头脑由此可见一斑。1836年德鲁成立了德鲁—罗宾逊经纪公司，3年之后他卖掉了牛头旅馆，从此专心地投身于华尔街这个大赌场之中，并将其作为了终身职业。到19世纪50年代，他就成为华尔街的主要玩家之一，经历了从1837年到1857年20年繁荣时期，最后在60年代的伊利铁路股权争夺战之中，他亏了130万美元，在80岁破产时，只剩下一些衣物和书籍，折合530美元。

丹尼尔·德鲁曾经说过："一个门外汉做投机生意，犹如试图在黑暗中驱赶一群黑猪。"

在19世纪中后期，美国实行政治报酬制度，使得金钱对公权力的侵蚀非常严重，贿赂和欺诈公行无忌。1874年，马克斯·维尔特描述了当时是怎样采取贿赂和不正当手段实施这些商业行为。他引用了拉克罗斯和密尔沃基铁路在商业运作中，用于贿赂的支出就在100万美元以上，下面是贿赂清单：

州长50 000美元

副州长10 000

财政部部长10 000

州长的私人秘书5 000

不记名10 000

51个议员没人5 000

8个议员每人1 000

13 个州政府委员共 175 000

众议院的二秘 10 000

报纸发行人 1：5 000

报纸发行人 2：10 000

……

付给经纪人、代理人、法官和其他人的款项 236 000 美元

——马克斯·维尔特著《商业危机史》

在南北战争的刺激下，各种需求猛增，美国经济在战争期间迅速扩张，在战后这一步伐也没有减缓。1865 年至 1873 年，铁路的总长度翻了一番，铁路的投资是原先的 3 倍多。小麦产量在此期间也翻了一番。农场主和铁路建造者是当时资金的主要需求者，所以资金成本的上升会对他们造成非常不利的影响。

而且，由战争和大量发行绿钞而引起的通货膨胀此时逐步消退了，使得 19 世纪经济标志性的通货紧缩又重新抬头了。例如，铁路建设中最重要的材料——钢轨的价格在战后的 8 年中下降了将近 14%。随着价格和工资同时下降，生产厂商被迫扩大生产规模来保持较高的现金流量平衡。这就给美国经济披上了一层人造繁荣的假象，而事实上经济发展的基础在被一点一点地侵蚀。

越来越恶劣的政治丑闻加快了经济衰败的速度。黄金恐慌发生后，人们普遍认为让格兰特政府加盟是任何商业活动成功的先决条件，而所谓的特威德集团在纽约更是营造了一种“要想办任何事首先必须贿赂我”的气氛，特威德是坦慕尼派俱乐部，长达一个世纪里民主党在纽约的主要俱乐部会所的“酋长”，但他本人从来未能成为 20 世纪前半个世纪里在很多美国城市中出现的那种势力强大到能影响一切的城市大佬。借助天才漫画家托马斯·纳斯特之笔，他成了政府腐败的象征。臭名昭著的“特威德法院”(Tweed Courthouse)实际上就是纽约州法院，现在依然坐落在纽约市政大厅的北面，当年它的造价竟然高达 1 400万美元。只要将它和在它之前 20 年建成的英国议会大厦稍作比较，我们

就可以清楚地知道这其中有多少资金被贪污了。作为当时世界上最富有和最强大国家的议会大厦——威斯敏斯特宫(Palace of Westminster)恢宏壮观、举世无双,占地面积达2.4公顷,造价也只有1 000万美元。

但当时最大的丑闻还是动产信贷公司事件。1865年,联邦政府授权联合太平洋铁路公司建造一条穿过中西部地区的横跨美国大陆的铁路线。政府将铁路沿线数百公顷的土地作为该公司建造铁路的补贴,这些土地未来将会因为铁路线的通达而大幅升值。为了中饱私囊,联合太平洋公司的管理层成立了一个建筑公司并给它起了一个时髦的法国名字——动产信贷公司,然后雇用这个公司来建设这条铁路线。动产信贷公司向联合太平洋铁路疯狂索取天价的建设费,榨干了联合太平洋铁路和它的股东们,而养肥了动产信贷公司的股东们,也就是联合太平洋公司的管理层。为了确保华盛顿方面不会干涉,管理层贿赂了格兰特政府的许多成员(甚至包括第一副总统)和国会,行贿的方式不是送给他们现金,而是在私下里给这些官员一份厚礼:允许他们"购买"动产信贷公司的股票,并用这些股票未来的巨额股息来支付。

现在,在主板(Big Board)我们终于可以这样称呼它了,因为现在它的交易量终于使"主板"这个名字名副其实了。单只股票一天的交易量经常可以达到5万股,而市场总交易量达到10万股是司空见惯的事了。虽然此时,经纪人占主导地位的纽约股票交易所对市场有越来越大的约束力,但对于一个毫无经验的人来说,华尔街还是一个充满风险、动荡不安的地方,因为巨大的财富会在分秒之间易手。有一位名叫奥尔登·斯托克韦尔的西部人控制了太平洋邮递公司(Pacific Mail Steamship Company),他通过贿赂华盛顿的官员,拿到了利润丰厚的邮递合同,并以此大发横财。但在短短的两年之后,他就被杰·古尔德击败而一贫如洗。斯托克韦尔财富尽失,却不失幽默。他不无幽默地向记者这样描述他的华尔街经历:

"当我刚来到华尔街,几百股几百股地购买股票时,大家叫我'斯托克韦尔'。当我买的股票越来越多时,大家称我为'斯托克韦尔先生'。到我几千股几千股地批量交易时,我被尊称为'斯托克韦尔队长'。当市场传说我控制了太平洋邮递公司,我被提升为'斯托克韦尔准将'。当古尔德开始攻击我,并把我彻底击败,他们对我的称呼只剩下'那个来自西部的红头发的狗崽子'了。"

3. 最后的结果

俄亥俄州北部的伊利铁路是一条很赚钱的铁路。该铁路的股票和债券不但是华尔街交易所，也是伦敦股票交易所的宠儿。借助这只股票不少的投机客都赚得了巨额的财富。到了1866年，丹尼尔·德鲁在这只股票上赚得不少银子并控制着伊利铁路股票的股权。由于伊利铁路丰厚的利润，也引起了旁人的觊觎，"船长"科尼利厄斯·范德比尔特凭着哈勒姆、哈德逊铁路逼空大获成功之威对丹尼尔·德鲁发起了强大的攻势。

1867年，范德比尔特应邀成为纽约中央铁路的总裁后不久，很快就把中央铁路和哈德逊铁路合并了，这样就把范德比尔特推到了与伊利铁路直接竞争的位置上了。伊利铁路与合并后的中央铁路都是从纽约起到布法罗止，只是沿途的地理条件相对较差而已。范德比尔特公开宣布，他将争取伊利铁路的控制权，以阻止像德鲁这样的投机者继续控制伊利铁路。

丹尼尔·德鲁马上接受挑战，并与"股市奸商"吉姆·菲斯克、波士顿财团的领导人杰·古尔德结成同盟，共同抵御范德比尔特的进攻。如果说范德比尔特以前的对手虽然也是职业投机家，但都是一些散户的话，那么这一次，他将要面对的是与他同样庞大的资本集团。其实，当时古尔德领导的波士顿财团，已经具备了一些现代对冲基金的雏形，只是规制和流程还不成熟。而且波士顿所处的加利福尼亚州是美国最富裕的地区之一。因此，范德比尔特所面临的对手非常的强大。

范德比尔特的方法其实很简单，就是花钱购买选票，入主伊利铁路董事会，这是当时最为行之有效的方法。由于铁路有很高的资本成本，而且不管是空载还是满载，火车都必须按照运行时刻表发车，经营铁路就意味着必须每时每刻地去争取客源，以量取胜，否则就会发生亏损。当时，铁路行业的竞争，司空见惯的就是价格战，为了避免价格战就必须实现垄断。在19世纪，美国中西部地区到纽约的运输线除了不堪重负的伊利运河以外，就是中央铁路、伊利铁路，还有宾夕法尼亚铁路。其中，中央铁路是范德比尔特管理着的，而宾夕法尼亚铁路的托马斯·斯科特是一个"把投资者利益放在首位"而受到人们广泛称赞的人。只有伊利铁路在反复无常的德鲁的管理之下。因此，只要德鲁还控制着伊利铁路，形成价格同盟就是一纸空文。基于这种情况，范德比尔特决心拿下伊利铁路的董事会的多数控制权。1867 年，“伊利”董事会还控制在德鲁的手中。在范德比尔特表示要入主“伊利”之后，第一波士顿也立即加入竞争，于是三方竞相标高购买伊利股东选票。在拉选票的竞赛中范德比尔特获胜，德鲁被迫让步。新董事会由范德比尔特和他委派的亲信占多数，另外少数董事包括德鲁和古尔德。得到“伊利”董事会的控股权以后，范德比尔特促成了“纽约中铁”、“宾铁”和“伊利”结成联盟，共同制定火车运费，形成一种卡特尔以消除竞争。然而在最后谈判三家利益集团如何分配铁路的垄断利润时，“伊利”董事会中古尔德一派坚决不让步，使谈判破裂。这是范德比尔特万万没有料到的，古尔德率领的波士顿财团与德鲁和他们的新盟友沆瀣一气，他们联合的势力大大削弱了范德比尔特。于是范德比尔特祭出了第二招：力争控股。他决定直接在股市上买进“伊利”的股票，成为控股股东。于是不断买进伊利股票，令人奇怪的是德鲁一伙则很乐意地提供给他预售股票（预售指在指定的日期交割股票。卖主手中并没有售出的股票，但在交割日必须交付售出的股票）。原来按照当时纽约州的公司法，上市公司要增发新股，须得到三分之二以上的股东通过，但是发行可转债却没有这样的限制，管理层决定了就行。于是范德比尔特不断地买进股票，而“股市老狐狸”古尔德控制的公司管理层则不断地发行可转债，然后将这些可转债换成股票不断地在股市抛售，即一方面范德比尔特不断地买进股票，以期成为多数控股股东，而另一方面“伊利”的股盘由于可转债不断地加大，使得范德比尔特永远也成不了多数股东。一气之下，范德比尔特花钱买通了一个纽约州的法官，由该法官给古尔德等以及伊利公司发布禁令，禁止他们通过可转债间接增发股票。可是当时纽约州分八个区，每个区各有一家独立的最高法院，各区之间的最高法院权力平行，且每家最高法院都有多位法官。范德比尔特买通的是纽约市区最高州法院的法官，但这对古尔德和德鲁并不构成威胁。因为他们也花钱买通了其他区的法官，这些法官向范德比尔特发布禁令，禁止他妨碍伊利公司的正常运作。

在法院来回发禁令的同时，古尔德和德鲁继续发行伊利可转债。看到这一点，范德比尔特促使他买通的法官给对方“藐视法庭罪”，动用警察追捕古尔德和德鲁。古尔德和德鲁于是带上 600 万现金和公司文件从纽约逃到曼哈顿河对面的新泽西州。尽管只有一河之隔,但是纽约州警察不能越州逮人,这叫范德比尔特无可奈何。古尔德和德鲁到了新泽西之后,立即促使新泽西州议会通过一项法案,批准"伊利铁路"为该州合法上市公司,在该州正常运作。与此同时,伊利的管理层人员跑到纽约州议会,买通一些议员提出一项议案。要求:1. 将"伊利"通过可转债发行的股票合法化;2. "伊利"管理层有权发行可转债;3. 禁止范德比尔特将"纽约铁路"和"伊利铁路"都控制在手中。可是,范德比尔特在纽约州议会的影响非常大,1867 年 3 月 27 日,该项法案未获得通过。

古尔德不甘失败,3 月 30 日,尽管仍面临"藐视法庭罪"而可能随时被逮捕,古尔德仍然带上 50 万现金,离开新泽西,赶到纽约州政府所在的奥本尼市大肆行贿,买通众多议员和州长。三周后,纽约州参议院和众议院再次对已被否决的提案进行投票并顺利通过。随即,州长签署议案成为该州法律,使范德比尔特大败亏输。德鲁也被古尔德设计坑骗,在损失了 130 万美元以后,消失了。这一决定性的胜利,让古尔德控制了"伊利铁路"公司。

1866 年大西洋海底电缆投入使用,华尔街的经纪商在伦敦市场的影响越来越大。到了 1870 年,华尔街人使用海底电缆的费用已高达每年 100 万美元。但是,英国人对华尔街批评的声音却从来不曾停止,《泰晤士报》写道:"不择手段地通过对市场进行控制,以达到他们追求利益的做法,过于野蛮,会造成很多的不信任。"

1868 年 11 月 30 日,纽约的两个证券交易所颁布了同样的监管条例,要求对所有在交易所拍卖的股票进行登记,并且,任何新股发行都必须提前 30 天通知交易所。大部分上市公司都立即遵守了这款条例,但是伊利铁路拒绝执行,古尔德当时正在围剿德鲁。由于伊利铁路不遵守 30 日的法令,被两个交易所驱逐出门。于是,古尔德创建了国民证券交易所,进行伊利铁路股票的交易。但是这个交易所遭到了经纪商和经纪人的抵制,来光顾的投资人也很少。1869 年,公开交易所与纽约证券交易所合并,9 月 13 日古尔德不得不同意遵守交易所新的监管条例,伊利铁路终于又回到了纽约证券交易所挂牌交易。此时,伊利公司的流通股是 70 万股,差不多是一年前的两倍。

随着两个交易所的合并,对于经纪商来说,能否成为交易所的会员至关重要,这在历史上还是第一次,因此他们不得不遵守监管条例。这些条例的逐渐完善，而且在执行中也越来越严格，再加上经纪商们严格的自律，华尔街因此发生了根本性的变化。

华尔街作家詹姆斯·K·迈德柏瑞当时写道："证券交易所的经纪商们必须做出选择，要么继续在市场中寻求投机以谋求蝇头小利，同时也为此付出沉重的代价；要么眼光更长远一点，努力抛弃原来结党营私控制市场的陋习。前者意味着把自己孤立起来，而后者则奏响华尔街在世界范围内扩张的前奏。纽约将成为帝国之都，华尔街也会成为全球最为重要的金融中心。"

第三节 杰·古尔德发动的黄金战争

1861年4月14日，查尔斯顿港的桑特堡受到南军炮击，由此开启了美国历史上的南北战争。

1861年3月在南北战争爆发以前，总统亚伯拉罕·林肯发现国库相当空虚。他像身处这种形势下的所有政治家一样，除了增加税收、印钞票或依靠借款来弥补财政赤字以外，别无他法。尽管对这些贷款充满了不信任，但是国会还是批准了这项行动。当时作为纸币发行的准备金的黄金，已经不足以为不断增加的纸币，提供所要求的储备。政府甚至还自己发行钞票，这就掏空了所有的黄金准备金了。不久之后，联邦政府发行背面为绿色的新钞票，也就是所谓的"绿钞"。1862年，联邦政府发行了1.5亿美元绿钞。而到了第二年，绿钞的发行量就达到了4.5亿美元。

绿钞的大量发行必然导致恶性通货膨胀，而且也会导致黄金退出流通。但是金币在某些流通环节中是必不可少的，譬如，缴纳关税等。于是为了满足人们对黄金的需要，交易所里就有了黄金交易。可是，不久人们就发现，当北方军队取胜时，黄金价格就下跌。而当南方军队取胜时，价格就上升，交易委员会据此认为黄金交易者们不够爱国，于是1862年关闭了黄金交易。但是为了满足对黄金的需求，场外交易仍在进行。黄金交易商为了在黄金投机上获利，经常毫无感情地把赌注压在北方军队失败上，他们因此受到了人们的抨击和谴责。媒体把他们称为"李将军"在华尔街的左路军，林肯公开诅咒："所有这些罪恶的脑袋都该被砍掉。”但是黄金交易商们对这些谴责不管不顾的，他们只管抓住机会大赚其钱。当时，实物黄金的转手过程中，风险相当大，在发生了几起大的黄金抢劫案之后，纽约银行开始充当黄金保管人，使用黄金在银行内部转手的方法。随后以J·P·摩根为首的几个人在1864年建立了纽约黄金交易所，也就是人们称为的“黄金屋”。

大量的发行绿钞并没有能满足对战争融资的需要，增加税收、印钞票，南北双方都采用了的办法。问题是南方没有理财的金融天才，而北方有。在华尔街的天才银行家杰·库克采用了公开发行债券的办法为政府融资，打破了美国政府以往发行债券通过银行、经纪商销售的陈规，他告诉普通的美国人，购买国债不仅仅是支援国家统一，而且也是一笔很好的投资。到了战争后期，库克使5%的北方人持有了国债，这对于战前的仅有1%的人购买国债的比例来说，增量是巨大的。而严重依赖印钞票支付战争费用的南方政府，面对相对于战前高达9 000%的恶性通货膨胀，不得不接受战败的结局。

无论对历史如何过滤，当人们追及1873年经济大崩溃的罪魁祸首时，总免不了要把在华尔街发生的黄金操纵案拿上桌面。

华尔街投机家古尔德与菲斯科因操纵这起弥天大案而一举成名，在华尔街的批评家看来，他们进行着最辉煌也最危险的举动，而这正是令他们着迷的。古尔德是位精明而世故的投机者，对铁路股票有着近乎疯狂的热情；菲斯科则乐观而开朗，擅长营销，与老奸巨猾的古尔德相比，菲斯科则是小巫见大巫。因此，当黄金的战争落下帷幕时，菲斯科输得一无所有，留下了“赔了夫人又折兵”这个最大的笑柄。

虽然这起神秘的黄金操纵案发生在经济恐慌之前，但这并不妨碍我们把其看做是古尔德抄底美国黄金市场的行为。

时势造英雄。即使是古尔德这样的金融枭雄，也是钻了法律、市场的空子，从而精心布下了一场令人眼花缭乱的黄金变局。古尔德与菲斯科着手布局时，有两个大前提：一是美国货币条款的漏洞。在美国法律中，曾有条款规定“流通中的绿钞与黄金等值”，这导致了人们对黄金的大量藏匿，于是这一条款很快被废除。但还有一个条款，即“对于那些必须用黄金履约的合同，也可以用等价的绿钞来履行”这为古尔德进行黄金投机提供了前提。黄金的交易保证金非常低，通常投入 50 000 美元就可以用期货合约购买价值高达 1 000 万美元的黄金。而按照古尔德的估计，当时纽约市场上大约有 1 400 万美元的金圆券(gold certificate)和 300 万—400 万美元的金币。

二是在市场上黄金流通短缺，同时黄金又是商业活动中重要的支付手段。贸易合同的签订与黄金交割有一个时间差，如果黄金相对于绿钞的价格下跌，贸易商就会受到损失。由此导致了我们前面所讲的卖空的出现，很多出口商都采用卖空的方式获得利润，以弥补因合同所造成的损失。因而，只要机会合适，古尔德就可以买下整个纽约市场上所有的黄金合同，那些贸易商由于经济压力而不得不卖空黄金，古尔德的计划就成功了。

当然古尔德的计划还需要政府的保护伞，想办法控制财政部金库里的部分黄金。财政部的金库里有 1 亿美元的黄金，一旦政府决定出售，势必造成黄金价格下跌，古尔德这个的掠夺计划就会搁浅。

古尔德以面值 150 万美元的无保证金黄金交易合同获得了格兰特总统的妹夫——埃布尔·科尔宾的好感。通过科尔宾的引荐，古尔德有了与格兰特总统接触的机会，古尔德煞费苦心地要从总统口里套出他对黄金的看法，并设法说服总统不要干预市场。而作为南北战争中的联邦军总司令的格兰特总统，却是对金融一窍不通，他答应科尔宾，没有他的指示，财政部不能进行任何非常规的黄金出售。

同时，古尔德还与科尔宾一同说服总统，让巴特菲尔德将军坐上纽约财务总管助理的职位，纽约财务总管助理管理着联邦国库的纽约分库，任何卖出黄金的指令都必须由他下达。事实上，巴特菲尔德将军是听命于古尔德的，有了巴特菲尔德将军这个内线，古尔德的胜券又增加了几分。

古尔德很善于“借力打力”，背靠政府这棵大树，原本崎岖的财路变成了坦途。的确，作为企业家，要有与政府打交道的艺术。对于本来就“生于斯、长于斯”的企业而言，更不可能抛开政府这个大的背景独自发展。

胆大的古尔德一面进行政府公关，一面暗地里购买黄金，菲斯科也被古尔德的游说之词——“除了声誉，什么也丢不了”而被拉下了水，另外还有五六十名交易商也加入了这场他们不知就里的投机活动中。他们几乎把市场上所有的黄金都收购了，当在市场上买不到黄金时，古尔德就利用黄金合同继续买进黄金。

在对外舆论上，他还有意无意地制造流言，让人们相信“整个华盛顿包括美国政府都参与到了这场交易中”，尤其是“格兰特想要看到黄金价格飙升到1 000美元”的谣言，使更多的人参与到了购买黄金的疯狂交易中，医生、教师甚至农民拿出毕生的积蓄购买黄金，他们对古尔德放出的，在今天看来非常可笑的谣言深信不疑。

黄金的价格越来越高，从130美元飙升到140美元、150美元，甚至160美元，疯狂的价格及抢购潮让卖空的交易商心急如焚，他们不得不重新购买以赶在黄金价格疯狂上涨之前平仓。

疯狂还在进行，而古尔德已经从巴特菲尔德那里接到财政部即将出售黄金的消息。古尔德想要撤退，但他不愿意带着和他在同一个战壕里的菲斯科一起撤退，如果两个标杆一起撤退，那么人们的投资风向可想而知。他鼓励菲斯科继续买进黄金，而他则开始悄悄抛售，菲斯科买进的黄金恰恰是古尔德悄悄抛售的。1869年10月4日到黄金涨到169美元时，财政部发表了即将卖出黄金的公告。有人称，古尔德仅仅在14分钟的时间里就赚了150万美元。

在华尔街，古尔德可以说是臭名昭著。他曾经的同伴菲斯科对他痛恨得咬牙切齿，“除了一堆衣服和一双眼睛，便一无所剩。”这是当时菲斯克破产后的写照。

著名的华尔街诗人斯特德曼，在他的诗中记述了这段异乎寻常的历史，在所有关于华尔街的诗中堪称经典杰作。

> 哎呀！黄金价格是如何扶摇直上的啊，
> 穿过华尔街，威廉街，宽街！
> 美国的所有金子
> 都被掌握在一个巨手指挥的操纵集团之中－
> 它愿意支付数百万美元，甚至更多，
> 它准备充当刽子手亲手杀死华尔街。
> 在黄金交易所的地狱的上方，

不谙世事的喷泉依然有升有落，
但黄金竞价的声音越来越高，越来越响，
面对他们的对手，多头们得意扬扬。
就好像撒旦亲自插手一样，
推高黄金的价格——每一分钟上涨百分之一。

这是华尔街有史以来最大的一次买方大恐慌，一直过着优裕生活的华尔街人突然面临灭顶之灾，因为他们卖空了一种价格似乎正在无限上涨的商品。但是，此时黄金价格继续上涨的原因，已经不是因为市场上还有巨大的购买需求，而是因为市场上几乎没有卖家了。虽然古尔德和他的同伙正在尽力悄悄地出货，但菲斯科还在虚张声势，制造他们还在全力买进黄金的假象。

11 点 40 分，巴特菲尔特又给华盛顿发电，报告财政部黄金价格已经涨到了 160 美元。但是，此时巴特菲尔特肯定已经知道华盛顿要准备行动了，因为他的经纪人约瑟夫·塞利格曼已经开始卖出黄金了。在当时那种情况下，他只有得到了确凿的内部信息才会做出这一举动。

在这一时刻，11 点 40 分，菲斯科的一个经纪人艾伯特·斯派尔斯喊道，他愿以 160 美元的价格购买 500 万美元的黄金，但是没有人接单。他一遍又一遍地喊着他的出价，突然，詹姆斯·布朗，一个德高望重的经纪人坚定地喊了一句：“我卖!”

那一瞬间，菲斯科的脸上就像被狠狠地扇了一巴掌一样，市场立刻恢复了理智，恐慌瞬间停止了。而也就在这一刻，财政部正在开始卖出黄金，几秒钟内黄金价格降到了 140 美元。

布朗做出这一举动，在当时的市场情况下是冒着非常可怕的风险的。很显然，是愤怒促使他这样做的，在第二年的作证中，他说：“我们从 133 美元开始参与，从那时起就一直被迫付出高价，该死的价格涨到了 144 美元，我们不得不问自己，难道这种情况会一直持续下去吗？难道我们就这样无所作为而甘心被这群无耻之徒掠夺吗?”

这一天剩下的时间里，整个华尔街就像“刚刚经过一场大火或劫难”，《纽约先驱报》在第二天写道：“一场突如其来的平静降临整个华尔街，因为这一天早些时候一直高声喊叫而嗓音沙哑的经纪人们，此时三五成群地聚在一起，核对着自己的交易记录，用压低了的声音相互交谈着。每几分钟主持人就敲一下小锤让大家下单，就这样，黄金交易有条不紊地进行，那些亏欠的空头或多头账户开始平仓。”

这场黄金恐慌带来的金融乱局，可能永远都无法理清，一些真相和细节多多少少地被掩盖了起来。甚至古尔德和菲斯科到底有没有赚钱也没有人知道，也不可能知道。但《纽约先驱报》确信他们赚了钱，第二天他写道：“撒旦得意扬扬地坐在肮脏的战利品上。”直到 1877 年，古尔德才得以了结这场黄金恐慌所带给他的最后一场官司，那已经是整整 8 年以后了。在国会听证会上，当被问及他们赚的钱在哪里，菲斯科轻松地回答说，它们已经“化为乌有了”，这句话立刻激起了所有美国人的猜测。

黄金恐慌仅仅只是买方恐慌，因此对华尔街的影响并没有持续多久。因为那一天是星期五，所以这次黄金恐慌随即被称为“黑色星期五”。只有那些诸如 1837 年和 1857 年发生的卖方大恐慌才真正改变了华尔街的性质。相对华尔街的影响，这场恐慌对美国经济的影响更大一些。加菲尔德清楚地知道黄金恐慌是如何产生的，应该采取什么措施才能阻止它再次发生。“只要我们国家存在着法定的黄金、绿钞复本位制，”他在给国会的报告中写道，“并且相互之间的比价可以改变的话，那么黄金投机就具有无法抗拒的诱惑。”换句话说，为了阻止“黑色星期五”卷土重来，美国就必须回到金本位制。此后，整整用了 10 年时间，美国才完全回归到金本位制。如果不是古尔德给美国上了这么生动的一课，它无疑需要更长的时间才能完成这一回归。

古尔德和菲斯科依然控制着伊利铁路，公司的总部位于西 23 大街的大剧院（Grand Opera House）的办公楼里，就是在这个大剧院里，菲斯科上演了他最后的人生戏剧。1868 年，纽约股票交易所实行的新规则大大限制了伊利管理层在华尔街市场上操纵伊利股票的能力，而且，此时大部分的伊利股票也已经被英国人买下了。但是古尔德和菲斯科仍然保持着伊利公司的控制权，他们的做法是，拒绝将新股东名下的股票交给他们，从而剥夺了这些股东的投票权。当然，他们豢养的法官们会确保纽约法庭永远站在他们这一边。

同时，他们继续与连接西部的其他主干线大打价格战。1870 年 5 月，范德比尔特把从布法罗到纽约市运送牛的运费从每车厢的120美元降低到100美元，接着又降到40美元。伊利铁路也不甘示弱，在6月25日把每车厢的费用降到了纯属象征意义的1美元。无疑，范德比尔特自认为可以比伊利铁路更能承受这种自杀性的降价，于是也如法炮制。

但当新价格开始实施之后，人们发现，范德比尔特的中央铁路线上奔忙着运牛车，而伊利铁路上一辆也没有。范德比尔特很快查明了原委。原来，古尔德和菲斯科已经将布法罗牛市上所有的牛买下，然后通过几乎是免费的中央铁路将这些牛运输到纽约，又发了一笔横财。"船长"对自己如此轻易地被对手击败而感到耻辱和愤怒，他发誓"再也不跟这帮骗子打任何交道了"。

虽然受了点儿小侮辱，但范德比尔特这段时间过得还是很愉快的。他认识了两位出色的女士维多利亚·伍德哈尔和她的妹妹田纳西·克拉芬。她们的一些举动在当时正处于维多利亚中期的美国社会激起了轩然大波，这包括出版报纸，鼓吹"唯灵论"(spiritualism)，伍德哈尔甚至参与竞选美国总统。范德比尔特新近丧偶，他向美丽的田纳西·克拉芬求婚，但因为克拉芬有一个名存实亡的丈夫而不能接受。克拉芬长期无视这个丈夫的存在，甚至从来没有觉得有离婚的必要，毫无疑问她为此感到非常的遗憾。

当维多利亚·伍德哈尔向"船长"求助，向他借贷在华尔街上开办一间经纪行时，极具幽默感(这一点鲜为人知)的范德比尔特很爽快地答应了。在今天，我们很难想象当维多利亚时代的人们听到女经纪人这个名词的时候，该是多么震惊和难以接受。在那个时代，很少有女性从事诸如法律和医生这样的职业，即使有也是寥寥无几，而华尔街更被认为是一个硝烟弥漫的战场，根本不适合女性参与。

姐妹俩在宽街44号开了间经纪行，生意看来很兴隆，这得益于"船长"，也得益于媒体的关注，他们实在无法想象女人买卖股票和债券是怎么回事。这为姐妹俩带来的游客多于顾客，以至于她们不得不在办公室门口贴了一个启事，上面写道："如果你来谈业务，请进；否则，闲人免进。"但克拉芬姐妹毕竟不是真正的女权改革先锋，她们很快就对华尔街的日复一日单调不变的事务感到厌倦。她们的经纪业务也被华尔街的其他的经纪商看成一场笑话，实际情况也基本如此。这个经纪行最终没能在1873年的大恐慌中生存下来，而女性第一次在纽约股票交易所拥有一个席位是在 100 年之后的事情了。

吉姆·菲斯科开始因为参与到华尔街以外的一些活动而受到公众的关注。他曾经担任纽约民兵第九团的陆军上尉，他出钱为他们（当然也包括他自己）制作了漂亮的新军服和最好的黄铜镶边。他也在一些重大事件中有出色的表现，在芝加哥 1871 年大火之后，他组织了一次当时主要的救援活动，他派遣一辆火车把救灾物资运送到这个刚刚被洗劫过的城市，并下令伊利铁路的所有其他车辆为这辆专列让道。当时全美国的人都被这一行为深深打动。

但最让菲斯科出名的事还是他的恋爱事件，或许这是菲斯科唯一一次不情愿的出名。虽然菲斯科当时已经结婚，而且以一个特有的角度来看这是一个成功的婚姻，但大部分时间他和他的妻子分居两地。他在纽约有套豪宅，毗邻他在大剧院的办公楼，而他的妻子则住在他为她在波士顿购置的大房子中。在纽约，人们经常可以看到菲斯科陪同着美丽得近乎是在炫耀的女郎们。对他来说，不幸的是，他爱上了其中一个名叫乔西·曼斯菲尔德的黑头发的女人，她的高大身材在那个时代比现在要受欢迎得多。菲斯科被她迷得神魂颠倒，完全丧失了他平日的精明，以至于没有看出这个女人和他在一起完全是为了他的钱。

菲斯科在大剧院的大街上给曼斯菲尔德买了套房子，很快他就搬进去与她同居了。他的妻子，一向对他的所作所为睁一只眼闭一只眼，依然住在波士顿。但要命的是，曼斯菲尔德很快爱上了菲斯科的生意伙伴埃德温·斯托克斯，斯托克斯风流倜傥，但有点神经质。斯托克斯家族 19 世纪初乘船从英国迁到美国，斯托克斯的叔叔过着非常舒适体面的生活，住在此时刚刚开始衰退的上流社区麦迪逊广场附近。虽然斯托克斯有足够的钱过优裕的生活，但他的家人深知他的缺陷，一直对他严加看护。

1870 年，曼斯菲尔德命令菲斯科搬出他为她买的房子，菲斯科只好照办。他依然很迷恋她，继续给她支付生活费用达数月之久，希望能让她回心转意。与此同时，菲斯科开始调查斯托克斯侵吞他们合办的布鲁克林炼油厂款项的情况。于是，一连串的诉讼开始了，记者们全部涌到法庭上，参加无休止的听证会。在其中的一场听证会上，曼斯菲尔德就她和这两个男人之间的关系作证，于是整个事件肮脏混乱的内幕在报纸上炸开了。

最后,1872 年 1 月,斯托克斯精神崩溃了。他来到大剧院要和菲斯科面对面地解决问题,但得知菲斯科已经离开了大剧院,去拜访一位住在中央大酒店(Grand Central Hotel)的朋友。中央大酒店位于第三街和百老汇大街的交界处,是当时纽约的购物中心。于是斯托克斯赶到了中央大酒店,而菲斯科还没到。当菲斯科来到酒店正准备上楼的时候,斯托克斯突然出现在他的面前,掏出手枪向他连射两枪。第一颗子弹击中了菲斯科的大肚子,菲斯科立刻从楼梯上栽了下去,但他马上又站了起来,紧接着斯托克斯的第二颗子弹打中了他的胳膊,于是他又倒了下去。

菲斯科挣扎着站起来爬上了楼梯,酒店工作人员把他带到了附近的会客厅,并且立刻叫来了医生。而斯托克斯根本没有想逃跑,他很快就被警方逮捕,并被带到纽约市一个令人生畏的监狱,这个监狱有着一个更加令人毛骨悚然的绰号"坟墓"。一开始,菲斯科受的伤似乎并不是很重,但是他死后的尸体解剖表明,第一颗子弹把他的肠子打穿了 4 个洞,引发了腹膜炎,这在当时是致命的。

如果你想体会这样一次刺杀在 1872 年产生的轰动,你不妨想象一下唐纳德·特朗普在华尔道夫—阿斯托里亚酒店的大厅里被洛克菲洛家族的一名年轻成员开枪打死,会在媒体激起怎样的轩然大波。在一个小时之内,报童们就在大街小巷高声叫喊:"菲斯科被刺杀了!"大批人聚集在中央大酒店的外面,警察局长增派了 250 多名警察看护"坟墓"监狱,因为有谣言说一群下决心要绞死凶手的暴徒正在朝监狱赶来。

与此同时,经纪商涌进了位于麦迪逊广场的第五大道酒店,很快一个非正式的伊利股票"交易会"自发形成了。虽然经纪商们"对于菲斯科在盛年之时被人冷血刺杀表示了一点同情",《纽约先驱报》报道说,但他们还是一群最冷酷无情的人,报纸引用他们中的某个人的话说,"伊利股票肯定要涨"。事实确实如他所料,星期一早晨一开市,伊利股票价格就涨到了 35.25 美元。

虽然经纪商们对菲斯科的悲剧表现得很冷漠,但当时的普通大众却不是这样,这使得这个国家的卫道士们非常震惊,因为他们只看到了菲斯科古怪的生活方式和混乱的感情纠葛,而大众则看到了事情的另一面。"人们记得他出身贫寒，但一直努力奋斗，他的成功完全是汗水换来的。”《纽约先驱报》在第二天报道说，“在通向成功的道路上，虽然他也用了不少华而不实或者半野蛮的手段，但在他灵魂深处有追求自由的信念和慷慨大方的精神，这使得他的那些缺点无关紧要了。”

事实上，在现实生活中，菲斯科总是非常大方，在伊利公司的办公室里，总有川流不息的人群来向他请求免费乘车，或者借钱购买杂货或煤，通常他们的要求都会得到满足。而他那天现身于中央大酒店，正是为了去看望他的一位已故朋友年轻的遗孀和孩子，他一直在悄悄地支付他们的生活费用。

虽然菲斯科仅仅在吉尔伯特和沙利文小歌剧的演出中穿过军服，但在纽约民兵第九团的组织下，菲斯科的葬礼是19世纪纽约市最宏大的军队葬礼，只有林肯和格兰特的葬礼超过了这个规模。在葬礼队伍行进的时候，有10万人出来为他送行，当天夜晚，他的尸体被运送回家乡布莱特博罗（Braffleboro）埋葬，人们在他的坟墓上建立了一座纪念碑，有代表“贸易”、“铁路”、“航运”、“戏剧”的雕像围绕在纪念碑的四周。同年，支持菲斯科的伙伴杰·古尔德集团的重要政客威廉·特威德被逮捕，古尔德也将在那年的春天失去对伊利铁路的控制权。主要是因为前一年夏天《纽约时报》不停地刊发特威德集团大量贪污受贿的证据，最终导致特威德集团的解散。那些一直在袒护伊利铁路的法官现在自身难保，他们中的大部分最终还是被弹劾了。古尔德在由于他退出伊利铁路而引起的伊利股票大幅上涨中大发横财，这并不出人意料。在此后的日子里，他继续在西部联合公司、南太平洋公司和其他一些公司的运作中扩大他的财富，直到1892年因肺结核去世，享年56岁。

从南北战争开始到菲斯科被刺杀，这非同寻常的10年标志着华尔街作为一个主要的金融市场正式登上了世界舞台。随着华尔街最显赫的大玩家突然去世，多少年来一直是华尔街标志的西部拓荒色彩也开始渐渐褪去，但是1873年的大恐慌才真正标志着这个时代的结束。

杰·库克曾经因为帮助联邦政府成功发行债券，为南北战争筹资而成为最负盛名的银行家。战后，虽然他依然在美国享有很高的声誉，但他自己的银行——杰·库克银行却没有那么兴旺。他依然在政府债券市场中拥有较大的份额，还拥有几家铁路的股权，其中一条叫北太平洋的铁路是最让他头疼的。尽管他为了资助这条铁路的建设已经发行了价值1亿美元的债券，但是这笔钱还是在铁路完工之前就花完了。1870年，国会通过了一项法案对这条铁路线的建设给予额外的财政补助，并授权库克全权代理。于是，库克又在欧洲市场上发行了更多的债券，铁路沿线的北达科他州甚至把它的首府命名为俾斯麦，以吸引更多的德国投资者来参与这个铁路项目。库克试图用他在推销战争债券时的成功手法来推销北太平洋铁路的债券，但收效甚微。铁路建设困难重重，大桥坍塌，路基被冲垮，到1873年初，公司已经发不出工资了，只能向工人打白条，并且公司在银行的账户也已严重透支。《费城纪事》（*Philadelphia Ledger*）把它与18世纪初发生在英国的南海泡沫相提并论，后者是一个由骗局和期望同时构筑的金融投资计划，它使得千家万户都遭受了巨大的损失。

这个时候，库克正和J·P·摩根共同承销新发行的3亿美元的政府债券，这一次他们又选择了欧洲作为主要的市场。虽然实际的承销费用仅仅只有15万美元，但是承销所得全部收入可以推迟到1873年底再交给政府。假如能够以较快的速度售完所有的债券，他们就可以有一年的时间免费使用这笔资金。摩根，此时正和费城的一个银行家安东尼·德雷克塞尔合伙经营德雷克塞尔—摩根公司（Drexel, Morgan and Company），他并不急需这笔钱，而库克不顾一切地想拿到这笔钱。令人遗憾的是，销售进展缓慢（有人曾指责摩根想蓄意“摧毁”库克，但直到今天，也没有人知道，债券销售进展缓慢，究竟是摩根的蓄意所为，还是市场条件所致）。

9月份，库克最终陷入了严重的财务困境中。一直紧张的资金供应在秋天来临之际接近枯竭，欧洲市场显然对美国证券越来越没有兴趣，更多的铁路陷入了财务困境，政府丑闻相继爆出，这一切迹象都表明华尔街正在一步一步接近灾难的边缘。

灾难最终降临了。9月13日，星期六，凯恩·考克斯公司（Kenyon, Cox and Company，这是丹尼尔·德鲁的公司）宣布破产，停止营业。第二周的星期一和星期二，恐慌还没有发生。但是到了星期三，股市开始下跌，交易量放大，卖空行为也明显增多。内幕人似乎正在离场，而且他们的行动似乎恰逢其时。第二天，9月18日，星期四上午11点钟，库克在纽约的合作伙伴范斯托克，宣布库克银行的纽约支行暂停营业，很快在费城的库克银行总部也被迫宣布停止营业。于是，美国此时最显赫的银行破产了。

这条消息就像炸弹一样在华尔街炸开了，“一匹脱缰野马”呼啸着冲上了华尔街。当消息传到了交易大厅时，“人群中爆发了一声惊叫，这声响似乎要冲垮经纪商所在的整个大楼”，《论坛报》写道，而在交易所之外，“恐惧似乎抓住了每个人的心”。

第二天，各种谣言传遍了华尔街，甚至有谣言说“船长”也濒临破产。这显然是无稽之谈，因为范德比尔特没有以保证金的方式买股票，而且他的股票是相对安全的。但是无数与他合作的经纪商和银行却被迫停止营业，甚至很多经营良好、利润丰厚的公司，它们的股价也遭到了重创。9 月 20 日，星期六早晨，西部联合公司的股票价格从 75 美元骤跌到了 54.5 美元。

华尔街的恐惧通过大西洋的海底电缆迅速传给了欧洲，欧洲市场也应声崩溃。这也从另一个侧面证明了华尔街对整个世界的影响力正在与日俱增。《纽约先驱报》认为这种疯狂和歇斯底里完全可以把各个帝国摧毁。一个经纪商称这次崩溃为“自从黑死病以来，世界性的大灾难”。

星期六上午 11 点钟，纽约股票交易所宣布无限期休市，这在其历史上是第一次。格兰特总统、财政部长和其他政府高级官员一起从华盛顿来到纽约，与纽约金融巨头一起商讨解决的办法。范德比尔特告诉他们这次崩溃的原因在于铁路的过度扩张，而这种扩张的资金大部分来自发行联邦债券，他对媒体说：“用公众的钱，修建一条从一个无名小镇通向另一个无名小镇的铁路，这无异于公然犯罪。”

由于此时还没有中央银行，联邦政府的宏观调控能力受到很大地限制，它决定从星期一开始，在公开市场上买入联邦债券，以此向金融市场注入新的资金。股票交易所禁止其会员在交易所之外交易股票，但大部分会员对于这项禁令不予理睬，继续进行场外交易。随着崩溃的恐慌消退，股票交易所宣布它将于 9 月 30 日（星期二）重新开市，股票市场终于慢慢恢复了元气。但是，这次大崩溃给整个经济带来了沉重的打击，南北战争后的繁荣景象完全消失了。六年之后，这次衰退才最终结束，美国经济才逐步恢复过来。正是经历了这一次从崩溃到重新恢复的过程，华尔街也变得大大地成熟了。

第四节 J·P·摩根与犹太银行家雅各布·谢弗的决战

1901年,华尔街上演了最后的铁路股票逼空战,而参加对决的是巨型银行摩根和库恩·雷波。这一场华尔街的基督徒公司与犹太人公司的激烈碰撞,是由E·H·哈里曼攻击北太平洋公司引起的。

1862年,14岁的E·H·哈里曼在华尔街以传递员的身份开始了他的职业生涯。后来他从他叔叔那里借来了3 000美元,在纽约证券交易所买下了一个交易席位。很快他又投身于铁路的控股权,通过改造后卖出牟利。他利用岳父威廉·J·艾弗里尔是奥登柏格—尚普兰湖铁路的总裁的关系,在1881年获得了安大略湖南部铁路的控制权。哈里曼懂得怎样去经营铁路,他控制成本,消除贪污,在经济效益好的线路上进行投资。两年以后,经过重新整顿的铁路营运的效益非常好。于是哈里曼就把它卖给了宾夕法尼亚铁路公司,赚了一大笔钱。

哈里曼本着:唯一可以让你的公司增值的办法,就是让它总是在最好的状态下运行的原则,还改造过其他好几条铁路。1898年,他控制了濒临破产的联合太平洋铁路(Union Pacific)。哈里曼进行了重大投资,几乎重新修建了这条铁路,由于该铁路联通了中西部的农场,使得联合太平洋铁路成了一棵摇钱树。

1901年哈里曼企图获得联合太平洋铁路的主要对手——北太平洋公司的控股权。而1890年,北太平洋铁路发生了财务危机,由摩根接手重组,他和竞争对手希尔分享控股权。当希尔拒绝哈里曼提出的铁路收购条件后,哈里曼决定攻击北太平洋公司已达到控股的目的。可是对北太平洋公司的攻击,就意味着将要面对摩根银行的干预。但是哈里曼得到了犹太人雅各布·谢弗的支持。而谢弗就是库恩·雷波银行的董事长。在纽约,库恩·雷波是与摩根一样重要的银行。在华尔街上,基督教徒的公司与犹太人公司的合伙人相互从不交往。但是生意归生意,这是华尔街的一贯传统。

1901年,哈里曼悄悄地购买北太平洋铁路的股票并推动股价缓慢上涨。

哈里曼依仗着有谢弗撑腰，还拥有 6 000 万美元的战争基金，而该基金对联合太平洋铁路有巨额的投资。因此，哈里曼自以为对华尔街金融寡头摩根的挑战，他已经做好了充分的准备。当哈里曼开始大量购进北太平洋铁路股票时，其价格为 100 美元/股，由哈里曼的推高，股价涨到了 150 美/股时，他又抛出一部分股票使价格回落。毫无戒心的摩根在股价上涨时，他还漫不经心地抛出了一些股票，现在股价回落，他也就放心地到欧洲度假去了。雅各布·谢弗悄悄地将大部分北太平洋公司已经发行的优先股收购到手，同时还持有了相当数量的普通股，这使哈里曼拥有了多数的北太平洋铁路股票。可是不久之后，北太平洋铁路股票涨到了 200 美元/股，随后又涨到了 300 美元/股。而此时还在欧洲的摩根才发觉事情有些不对了，他在法国疗养地埃克斯莱班用电话发出指令，不管什么价位，一定要购进 15 万股北太平洋铁路股票。对于摩根来说，剩下的一线希望是：如果希尔能够在市场上购得足够数量的普通股，他就可以拖延时间，来购回优先股。因为北太平洋公司的章程是这样规定的。

到了 5 月 6 日，星期一早晨，哈里曼和希尔两人共持有北太平洋公司 80 万股中的 63 万股。到星期二收盘的时候，摩根为希尔的账户上增加了 12.4 万股，这样市场上只有 4.6 万股还在其他人手里。而这一天北太平洋公司的股票却成交了 53.9 万股的天量，这巨大的成交量中绝大多数来自一些做空的投机者，他们一直期望北太平公司的股票价格下跌，可是一时之间股价狂涨，并在 1901 年 5 月 9 日创出历史高位，达到了每股 1 000 美元。此时市场上那些承诺在规定期限交付而把没有的股票卖掉了的人（卖空）慌了神。他们原想在高位卖出，然后以更低的价位买进所承诺的股票，如期交付，以便赚取其中的差价。可是摩根的极端行为，已经把市场上的股票洗劫一空，使卖空的投机者无法买到承诺的股票。因此他们不能如期交付，而不得不破产。

当时在市场上造成了怎样的恐慌，当空头们得知了是摩根与库恩·雷波在决斗时，都感到了绝望。一时北太平洋公司股票奇货可居。以至于有一个经纪人为了将 500 股股票从奥尔巴尼带到纽约，不惜专门雇了一列火车。诺顿公司以每股 1 000 美元的价格将 300 股卖给了一个做空的家伙，这个价格是一周之前的十倍。一个刚从郊区返回城里的经纪人，看到显示牌上北太平洋公司的股价达到 1 000 美元，禁不住狂喜地承认自己有 10 000 股北太平洋公司的股票。

顿时,他就被场内那些绝望的空头抓扯着衣服,要买他的股票,最后他在交易所大厅里几乎被人剥了个精光。

整个华尔街在恐慌中,《纽约时报》对整个事件进行了尖锐的批评:“打红了眼的牛仔,拿着枪相互乱射,全然不顾旁人的安危。”

迫于舆论的压力,洛克菲勒不得不出面当和事佬。洛克菲勒极有拉偏架之嫌,如果库恩·雷波不答应就此罢手的话,也许洛克菲勒就要加入战团了。这大概也埋下了在1955年,摩根与洛克菲勒强力兼并库恩·雷波银行的种子。J·P·摩根与库恩·雷波只好签订紧急停战协议。两家银行都宣布不再购买北太平洋公司的股票,同时允许所有的空头以每股150美元价格平仓,将他们从破产的边缘拉了回来。

摩根因为“打了个小盹”,却失去了北太平洋公司绝对控制权。哈里曼很快成了希尔所控制的伯灵顿铁路的董事会成员。

第五节 《股票操盘手回忆录》

1940年11月,杰西·利文摩尔在曼哈顿的一家饭店大醉之后,给他的妻子写了一封信,信的结尾是这样一句话:“我的人生是一场失败!”然后,利文摩尔在饭店的衣帽间里,用手枪结束了自己的生命。据说,他身后留下的财产不足10 000美元。一个曾经在股票、期货市场数次大起大落,赚得过几千万美元,也同样亏损过比这更多数量的财富,创造了一个又一个经典交易神话的传奇人物;一个写过《股票操盘手回忆录》这样流芳百世的投机经典之作的交易大师,结局怎么会如此的悲凉和凄惨?

天分与勤奋造就了利文摩尔的传奇故事,而这个故事的结局却是如此的离奇和荒诞。利文摩尔的死,令多少投机领域的年轻人痛心疾首、扼腕叹息,并由此感到前途灰暗。

说到20世纪20年代纽约华尔街活生生的传奇人物,那个时代最花哨的百万富翁非杰西·利文摩尔莫属,5 000股空头一夜暴富。杰西有一头金色头发,蓝眼睛,身材瘦削。他不修边幅,西装老是皱巴巴的,领带歪打着。这个英格兰人的后代嘴里总是叼着香烟，一天要抽掉10支哈瓦那雪茄。1877年出生于美国的杰西，14岁就已尝到买卖股票证券的滋味。当时他是每周只赚1美元的小职员，在一家波士顿的经纪店里往行情板上记录行情。他特别聪明，很快就能应用百分比来表示价格的起落。每天傍晚，他把这些收盘价和百分比抄到他的笔记本里的时候，他很快就能从中看出某些股票的价格变动趋向。那时，波士顿有许多用顾客资金做买空卖空交易的投机商号。这些店面的柜台简直像赌场，下注的赌客在这里对股票的价格变动打赌。这些顾客自以为能测出各种货币和各种股票指数的涨落。顾客按每点多少钱下注，如果股票指数上涨，他就赢了；但是如果指数下跌10个点，他就赔掉下注数的10倍。现代的"指数"赌博活动是赚取买进价和卖出价之间的差价。于是人们像赛马和足球赛的赌博一样两面下注，精明的人可以买进一种指数而卖出另一种指数，就像任何商品经营一样，盈利来自两种价格的差价。凭着在数字方面的天赋和在"指数"赌博活动上的特殊本领，杰西终于使波士顿的每一家做买空、卖空投机生意的商号都将他拒之门外。在这里，有人变骗局戏法，有人扮演哈姆雷特悲剧角色，而杰西就好像上帝赐予他做股票的天才一样，他有一只奇妙的鼻子，总能及时嗅出人家的花招戏法。当某家公司的股票正处于高峰时，或是某家股票即将下跌之际，他就首先知道了。于是他成了一个熟练的空头投机商，由买空、卖空大赚钞票。杰西干得很好，人人都知道这一点。

投机，是天下最彻头彻尾充满了魔力的游戏。但是这个游戏，懒得动脑子的人不能玩，心理不健全的人不能玩，企图一夜暴富的冒险家不能玩。杰西·利文摩尔3小时入账20万美元之后，不到一年的时间里，杰西在纽约证券交易所里又做了一次空头。在这场股市危机中，他每天都赚好几万美元。

在1906年，一夜之间由于他干得漂亮而大发，成了大富翁。当时他正和一个女友在大西洋城——那里的舞厅或许可以说是东海岸最时髦的聚会场所。当晚，杰西偶然走进一家经纪厅，到里面匆匆看了一眼。那时股票正在上涨，是一个确实无疑的看涨市场。其中有一家公司引起了他的注意，那是联合太平洋铁路公司。它的股价涨得正欢，而他认定那只股票会下跌，就卖出了3 000股。可是股票却继续上涨，他在第二天又追加卖出了2 000股。那是1906年4月18日，杰西统共做了5 000股空头，联合太平洋铁路公司的股票仍然居高不下。

就在这一天，旧金山被一场地震毁掉了。铁路大乱，联合太平洋铁路公司的股票一落千丈，傍晚未过，杰西已经成了百万富翁。

第一次世界大战，杰西在钢铁和汽油上攫取了巨大的利润。他正确地判断美国会从战争中捞取好处，促使工业繁荣起来。在那段时间里他做多头。在停战协定签订的时候，他又转做空头，因为他知道回国的士兵必然失业，那就必然搅乱过热的经济。虽然，证券交易委员会早已对空头作出种种规定，可是在那时，杰西是个做空头的特大户，以至于只要仅仅谣传他卖空就会使某一种股票下跌。据说杰西在1925年已拥有2 500万美元以上的钱财。他自然也讲起了富豪的排场：一所在曼哈顿的漂亮的公寓，一节自用的铁路客车车厢，在欧洲有别墅，在纽约长岛北岸有周末住宅……他还拥有那个时代几乎闻所未闻的自用专机。杰西的办事处在赫克谢尔大厦的第18层，楼下的看门人收了他的钱，所以当杰西不想见的来访者来访时，看门人就说："这里从来没有一个叫杰西·利弗摩尔的人。"如果来访者是应约而来，看门人就会查看杰西预订的来访者名单。来客到达杰西的房间门口，会有一名保镖来做安全检查。房间里大约有60人在负责接听电话、接受电报以及监视股票行情自动收录器，并及时反映大块的股市行情栏的最新价格。这里是那个时代最精致复杂的指挥部，它向杰西提供股市动向的最新内部情况分析，还提供整个华尔街的情况和最新的消息。

在整个20世纪20年代里，杰西在股市大做空头赚钱。到了1929年，赫伯特·胡佛当上总统后，杰西感到美国经济的不确定性使股票市场出现他从没见过的状况——简直好到难以相信。3月份的某一天，他做工业股票空头，然后转向铁路，当传言说他要在这里拼一拼的时候，他已转向石油公司股票。第二天股票大跌，他买进卖出的股票，获利了结了。

投机之王在1929年的夏天和秋天，美国经济持续高涨，注入华尔街的资金越来越多。以前，资金主要是从欧洲流入，但眼下英国投资者在工党政府治理下拼命维护自己，英国的钱流入美国股市的速度已不那么快了。尽管如此，钱仍从美国的各个角落涌向华尔街。股票市场成为全国性的消遣娱乐场所。进入股市的入场券不过一份报纸的价钱，由小赌客们组成的大军从银行里提出他们的100美元、200美元或300美元的存款，投入股票市场。但是杰西并没有像众人那样盲目乐观。他竭力从这种经济大好的形势中看出实情，于是努力搜阅金融报刊，并把自己的情报来源和报刊上的分析相互比较。杰西预测出美国的工业即将走入困境，美国的银行业也即将走入困境，若不经一番风雨折腾，美国经济就不可能繁荣发达起来。杰西相信，美国的股票市场将会出现一个前所未有的最大熊市，股市指数将会暴跌。1929 年 9 月，首次信号来了。这时，杰西从报纸上看到一条消息：英国人正为他们的货币担心，英国出现了一个前所未有的哈特雷金融诈骗案。消息传到美国，杰西对于英格兰银行为何不采取补救措施大惑不解。或许他们不救是因为无能为力？困惑不解的杰西要他的英国"间谍"探明情况。"间谍"们通知杰西，英国银行准备提高利率。杰西还得知，美国联邦储备银行也打算把利率提高 1 个百分点。杰西判断，银行利率一提高，许多人就会把钱拿去存银行。这么一来，股市的资金就会大大减少。而且，接着就会出现抛售股票的浪潮。抛的人多，买的人少，看来股价必定下跌无疑。与此同时，杰西了解到有个叫巴布森的经济学家，3 年来连续在全国的商业会议上作演说。他知道巴布森跟自己一样，是个股市空头投机家。实际上在过去两年里，巴布森就预言经济的黑暗时期要到来。1928 年巴布森在一次会议上说过，如果民主党人史密斯当上总统的话，就会把人们带入经济萧条时期。然而那一年史密斯和民主党人并没有上台，上台的是胡佛和共和党人，于是巴布森的警告就被人们当成耳旁风了。精明的杰西通过对各种剪报分析，发现巴布森的警告对他有利用价值。杰西命令他的下属电话通知全国的报社：巴布森要作一场重要的演讲。此消息引起报界关注，杰西则立刻走进股市，通过全国各地友好的经纪人之手卖出股票。巴布森对一大群记者说："用不了多久，就会发生一场大崩溃，那会使得主要股票遭殃，并将道琼斯指数下降 60 点至 80 点。"此后不到半小时，各报社记者都通过电话向编辑部发回消息："经济学家预测股市将下降 60 点至 80 点。"几乎所有的美国下午报纸都报道了这个消息，几乎每一家美国电台都广播了这个消息。杰西抢先一步继续不停地抛售卖空。利用巴布森在讲台上的讲演，杰西总共卖空股票 30 万美元。

直到收盘之前杰西都在不停地卖空。第二天上午，杰西突然把他的交易地位变换，买回了他所卖出的股票。这时候有别的经济学家出来驳斥巴布森的观点，杰西只因为判断准确，抢占了先机。果然，几天之内股市又恢复原状，平安无事。杰西从中大大捞了一笔。

杰西在赚了一大笔钱以后，又在策划另一场“大屠杀”了。

1929年10月24日，星期四，股市价格狂跌，第一场“爆炸”把股市炸得粉身碎骨。10月29日，股市仍然狂跌不止，第二场“爆炸”把股市炸得寿终正寝。许许多多的股票持有者眼睁睁看着手中的证券成了废纸，财富随着股市的惨跌化为乌有。可是，杰西这个股市的投机家和少数几个人一样，早已清仓了，他正幸灾乐祸地喝着香槟酒。

此时，杰西拥有的财富足够他挥霍好几辈子。但他像个赌红了眼的赌徒一样，仍然不肯罢手，继续在股市上弄潮，乐此不疲。不幸的是，杰西的好运已经过去了。到了1930年的时候，情况发生变化。搞不清楚是怎么一回事儿，他的大脑究竟发生了什么变化，杰西开始有些玩不转了。或许是因为家事的干扰？妻子因为他的不忠，正在闹离婚；或许像一些伟大的体育明星一样，他们的体育生涯中总有一个巅峰，巅峰一旦过去了，下坡就会变得非常之快。总之，杰西突然之间变成了进入冬眠状态的昏昏沉沉的“大熊”。

从1931年底，他损失了一半财产。到1933年，剩下的另一半财产也不见了。杰西在一些必胜无疑的生意上输掉大约3 000万美元。这些生意跟他以前曾经做惯了的，可是现在，他再做这些生意却不灵了。这时候，证券交易委员会对卖空的规则做了许多修改。在这以前，那规则是“买方得多留神”，而这时已变成“卖方得多留神”了。杰西过去擅长做卖空生意，新规则对他有了诸多限制，这无疑对他来说增加了困难。到了1934年，杰西已成为了一名醉鬼。当人们看到他穿着邋遢的衣服，喝得醉醺醺，疯疯癫癫地出现在股票交易大厅里。他变成了以前他自己的影子，在股市摔得头破血流。他成为他以前敌手们鹰嘴啄食的一块肉。这块肉终于被啄食光了。

杰西穷困潦倒，1934年3月4日，他不得不申请破产。经过清理，杰西欠下的债务达226万美元。而他剩下的钱，只有18.4美元。杰西的妻子早已离他而去。他孑然一身，住进了到处透风的公寓。劳斯莱斯轿车没有了，豪华住宅、别墅、游泳池没有了，前呼后拥的仆人没有了，一切都烟消云散。杰西像个赌输了的赌徒，有时空手去股票交易大厅转转。交易大厅里照样人头攒动，熙熙攘攘。他看到了像他以前那样的大赢家，满面春风得意扬扬，也看到了一些输家满脸沮丧。有的以前被他玩惨了的炒股者见到他会挖苦他一句:“喂,杰西,你今天又抛了几百万?”

1940年11月,一个大雪纷飞的日子,房东又来找杰西逼讨房租。他喝下仅剩的半瓶威士忌,从寓所溜了出来。他在大街上转悠着,望着大街上往来穿梭的豪华汽车,望着商店橱窗里琳琅满目的商品,望着街边伸手乞讨的乞丐,他长叹一口气。杰西走进一家大旅馆(Sherry Netherland Hotels)的卫生间,从口袋里掏出手枪,朝自己的脑袋扣动了扳机。他留下的遗书中写道:“我的一生是一场失败。”

有人说:用自己双手结束自己生命的人,就是至死仍凭其情感行事的人。言之有理。利文摩尔的自杀和他30年代的破产应该是同一个原因——他的个性和人格的缺陷,也就是人类本质的非理性方面的原因。

这一点,利文摩尔可能也意识到了。所以,利文摩尔在遗书上无奈并绝望地承认:“我的人生是一场失败!”

“神不过是叫许多人看到幸福的影子,随后就把他们推上了毁灭的道路”(梭伦)。这个神无处不在,并没有随着现代性的社会进步而隐退归山,而是不分国家民族一律平等的尾随着每一个人的身体,这个神的名字叫做偶然,投射在人的存在便是人的本能与情绪。生活的本真已无从追寻,我们努力做的不就是与这个神的较量。把绝望与毁灭退还给神,而希冀每个人完满的可能性。

利文摩尔选择结束自己的生命,以涂尔干的经典自杀研究看来是失范型的自杀,而不涉及社会整合的另外两种状态。这是回到了一种自然状态,一种人对自己的战争状态,即“高贵的野蛮人”(卢梭)。这种无法承受的虚无或无意义,便是自然状态与社会性在人的存在上所撕扯的裂痕。这个结局是维持了一种生存信念的价值,还是最后的反击,抑或是无力的阿Q?

“人活着可以接受荒诞,但人不能生活在荒诞之中。”(马尔罗)

1929年的利文摩尔不是声望远播,深具统治力、影响力了吗?为何十年后,他不是更伟大了,而是自杀了呢?当时的他是如此的强大,相信很难有人能从外部来撼动他,究竟是什么导致了他的失败?

走时的宁静仿佛只为注解他曾说的一句话:“你可能是一时的国王,但你永远无法打败市场。”

利文摩尔之死的哲学解释——自杀源于对人生和投机事业的内在绝望。投机天才利文摩尔为什么最后会走向自杀之路？根据公开报道的一些资料，包括家族精神病史、妻子不忠、破产等都对利文摩尔之死产生了深深的影响，在20世纪存在主义哲学家加缪的《西西弗神话》，对于理解利文摩尔的自杀颇有启发：毫无疑问，由破产引起的一系列事情和利文摩尔最后的死是有关系的。我们可以设想一下，假如最后十年利文摩尔在投机市场的结果是另外一种情形，很可能就不会出现这一惨剧。但是，利文摩尔的一生中，破产的发生远不止一次，在他的人生舞台剧中，他曾经多次体会过从辉煌耀眼的成功到一贫如洗、穷困潦倒的失败过程。每一次他都凭着自己的天赋、智慧和顽强的意志，走出困境，东山再起，而从来没有被真正彻底地击倒过。从一个投机者的角度看，应该说，像利文摩尔这样经历了大风大浪，心理承受力非同寻常的人，破产不会直接导致他的自杀，他自杀的根本原因，可能是在他的内心深处隐藏着某种更为深刻的东西。

加缪说：“真正严肃的哲学问题只有一个：自杀。判断生活是否值得经历，这本身就是在回答哲学的根本问题。”

加缪给我们描绘了这样的一幅图画，来解释他的人生哲理：风尘仆仆的西西弗受诸神的惩罚把巨石推上山顶，而石头由于自身的重量又重新从山上滚下山去，西西弗又走下山去，重新把石头推上山顶。

诸神认为，再也没有比进行这种无效、无望的劳动更加严厉的惩罚了。但是西西弗坚定地走向不知尽头的磨难，他意识到自己荒谬的命运，但是，他的努力不复停歇，他知道他是自己命运的主人，他的行动就是对荒谬的反抗，就是对诸神的蔑视。

西西弗是个荒谬的英雄，他以自己的整个身心致力于一种没有效果的事业。在加缪看来，西西弗对荒谬的清醒意识：“给他带来了痛苦，同时也造成了他的胜利。”他爬上山顶，所要进行的斗争本身，就足以使一个人心里感到充实。应该认为，西西弗是幸福的。显然，按照加缪的人生哲学，没有任何一种命运是对人的惩罚，只要竭尽全力就应该是幸福的。人有精神，但还有至关重要的身体，精神依靠身体去穷尽现在的一切，体验生活的全部。人类的高贵之处就是在这毫无意义的世界里重新获得其地位。所以，完全没有必要消除荒谬，对生活说“是”。这实际上就是一种反抗，就是赋予这荒谬世界以意义。自杀是一种逃避，它想消除荒谬，但荒谬却永远不会被消除。加缪反对自杀，他对生活充满爱恋，和西西弗一样，他迷恋蔚蓝的天空，辽阔的大海。他要穷尽这一切，他要对生活回答“是”。

加缪曾经是“二战”以后一代青年的精神导师。他明知不能根除世上的邪恶，面对注定是悲剧的人生，面对无情无义的荒谬世界，却仍以西西弗下山的坚定步伐走向荒谬的精神，激励受到严重心灵创伤的战后一代。

《西西弗神话》咏唱的的确是一首“含着微笑的悲歌”。但是，西西弗真的是幸福的吗？西西弗在地狱中徒劳无效的劳动的行为动机真的有价值吗？应该说，西西弗的命运毕竟是一个悲剧。他对死亡的躲闪，依靠的是一种希望。西西弗之所以遭受着巨大的痛苦却依然活着，并不完全是因为生活本身的意义和价值，他是为了某种伟大的思想而生活。这种思想超越了生活，使生活升华，赋予生活某种意义，但同时，它在一定意义上又背离了生活本身。

作为一个天才的投机客，在利文摩尔起起落落的人生中，我们是不是也可以看到非常类似西西弗的形象？看到这样一幅画面：一张痛苦扭曲的脸，一个紧张的身体千百次重复一个动作：搬动巨石，滚动它并把它推上山顶。紧贴在巨石上的面颊；落满泥土的肩膀和双脚；完全僵直的胳臂以及坚实的双手。经过努力之后，眼看着目标就要达到了，可是西西弗却一次又一次看到巨石在几秒钟内又向着下面的世界滚下去，而他必须把这巨石重新推上山顶。他不得不重新向山下走……

几十年的交易生涯中，利文摩尔的命运似乎也是这样：一次又一次地从一笔小钱开始，通过在股票、期货市场顽强努力的拼杀搏斗，最终积累了成百上千万美元。但是，一次又一次，因为各种各样必然或者偶然的原因，稍不留意，他又迅速失去这些辛辛苦苦赚来的财富，陷入破产的境地，重新品尝失败的痛苦。一个人在赢和亏、成功和失败、希望和绝望之间一次又一次地轮回和摇摆，他的精神和物质生活，不断地重演着从谷底到高峰的历史怪圈，那是一种什么样的心境呢？这也就是笔者把这本书命名为《独自徘徊在天堂与地狱之间》的原因。其中的无奈、绝望、痛苦、沮丧的感受，也许只有一个亲身在投机市场打滚多年的人才能真正体会个中滋味。

在早期的投机生涯中，利文摩尔的内心深处，一直对投机结果的最终成功抱有坚定的信念和希望，他对自己的未来是乐观的。这也许和他在对赌行的屡战屡胜、少年得志、早期出色的战绩、被人誉为交易奇才等不无关系。他也确实拥有令古往今来所有投机者艳羡的交易天赋和市场洞察力。无论在交易中处于什么样的困境，他总是能转危为安、重新崛起。

从 20 世纪初期到 1929 年的 20 多年时间中，利文摩尔在投机市场赢得了非常显赫的声名，拥有广泛的影响力。以至于只要有一条他在卖空的传闻，就会使某一种股票价格下跌。他的名字也经常被登在报纸的头版头条。

在利文摩尔的投机生涯中，暂时的挫折，紧接着的往往是一次更大的胜利，这使利文摩尔更加执着地投身于这种战胜市场的游戏之中。在多次东山再起之后，利文摩尔对失败的判断明显带有过多的乐观主义色彩，自信空前膨胀。有人说：利文摩尔式悲剧可能正来源于他的天才，少年得志的张扬，历尽磨难，东山再起的豪迈，统统化作了一个强烈的信念：人定胜天。

利文摩尔曾经不止一次说过，他是把投机活动作为毕生事业追求的人，从某种意义上说，投机就是他生命的全部。

也许，正是因为受这种思想的支配和影响，1917 年、1929 年，利文摩尔连续 2 次在投机市场赚了几百万、几千万美元，功成名就以后，并没有选择急流勇退，也不是只拿一小部分的资金继续在市场交易，还要把全部身家性命压在市场之中。因为对他来说，生命就是投机，投机就是生命。

问题是复杂的，没有这种执着和敬业，也许就没有利文摩尔以前的出色和辉煌。但是，这种思想倾向如果过于执着，也是危险的，也隐含着他以后不幸的结局。

有人说：一个富有想象的人，在他的生活中，总是看到自己的生活具有传奇色彩，这就决定了他的生活方式：与其说他想创造美好的生活，不如说他想使他的生活成为一个美妙的故事。

利文摩尔意识到了自己深刻的交易思想和无与伦比的市场洞察力，足以战胜任何市场变化的诡谲风云。但是，也正是这一点，却又是一个陷阱，一个他自己构筑的人生陷阱。他对投机事业的狂热和痴迷，在一定程度上，使他背离了生活本身最真实、最基本的现实性的一面，背离了人首先得活着这个最基本的常识。投机活动并不是生活的全部，投机成功只是人的幸福的一部分。而在利文摩尔的世界里，当他无意中把投机活动的输赢视为他全部生命的意义所在时，生活的意义一下就变得狭隘，他眼中的世界也被禁锢了，一旦投机失败，就意味着他人生的彻底失败。

1930年，在利文摩尔的人生和投机事业到了最高点以后，他开始走下坡路。

可是从1931年底到1933年利文摩尔在投机市场上完全失败了。在一些几乎是必胜无疑的生意上，输掉大约3 000万美元以上。如果利文摩尔是一个绝对理性的人，如果他在后来的交易中，能严格地按照以往的市场认识、交易策略、风险控制从事投机活动，他的结局绝对不应该是破产。当然他还可以选择退出，使纸面上的富贵资本化。但是，世界上本来就不存在什么绝对理性的人。人的本质中永远蕴涵着非理性的一面，那是不可能彻底根除的。从某种意义上说，人们可以非常自如地应对来自外部的挑战，但是，面对人类自己的理性与非理性的交战，人们并没有足够的权威性和控制力。

在利文摩尔的晚年，他曾经考虑过这个问题。在《股票操盘术》中他谈到过，有人问，“你有这么丰富的经验，怎么还让自己干这种蠢事呢?”他说:“答案很简单，我是人，也有人性的弱点。”

利文摩尔的天分、智慧和努力，从他一次一次地从市场中获得成百上千万美元的辉煌战绩中，完全可以得到完美的证明。所以，在某种意义上，我们毫无疑问的可以说，利文摩尔不是被市场打败的。但是，交易本来就不仅仅是和外在的市场搏斗，更艰难、更令人畏惧的一点，往往是，成功的投机者需要战胜自己、战胜自我的本能和情绪等人的内在非理性因素。

利文摩尔的理论和思想无疑是深刻的、高明的，但是，在20世纪30年代，所有的这一切，在他内心的自负、贪婪、恐惧、侥幸的人性、人的心理面前，变得那么的苍白无力，几乎一钱不值。人的本质的非理性一面，在和理性面对面的直接交锋中，很长时间占着主导地位，利文摩尔终于又被他自己打倒了。

希望总是和绝望、自信总是和自卑陪伴而生的。即使像利文摩尔，这种一次次的成功和失败的无穷循环，最终也会让他对未来失去幻想与光明。他也会觉得自己是市场的陌路人，是一个无所依托的流放者，最终丧失了对未来世界的希望。

利文摩尔的晚年是那样的郁郁不得志、悲惨而凄凉。投机市场的杠杆效应，放大的不完全是账户的资金和风险，更是人生的成败得失。一个人用5倍的杠杆，他就承受了常人5倍的痛苦和喜悦、绝望和幸福。用10倍的杠杆，他就承受了常人10倍的痛苦和喜悦、绝望和幸福。所以说，利文摩尔的股票、期货生涯，既是浓缩的人生，更是放大的人生。很多时候，那种铭心刻骨的无助和孤独感，是一般人无法完全体会到的。

在经历了极度快乐和痛苦的往事以后，利文摩尔终于产生了对战胜自己的悲观绝望，对战胜市场的厌倦。无法挣脱的建立在人性的非理性因素之上的个性，注定了利文摩尔是个充满悲剧色彩的人物。

对利文摩尔自杀时的心境，也许可以这样比喻：一个人一辈子如果只做这样一件单调的事，把一堆散落在地上的砖砌成墙。然后，又把砌好了的墙重新推倒，再把它砌成墙，这样无数次地重复。长此以往，即使是一个意志力极为坚强的人，也会对生命产生一种彻底的厌倦，进入一种绝望的境地。

这种说法和《西西弗神话》中的画面是相似的。如果说西西弗意识到了生活的荒谬以后没有选择自杀，以一个中国人的眼光看，是一种阿Q式的逃避。利文摩尔则作出了另一种选择，更愿意一了百了，直接面对死亡，通过自杀来逃避或者解脱。

1929年，和利文摩尔同时代的投资者格罗克·马克斯，在大崩盘中一天就损失了25万美元，他说过一句带有黑色幽默的话，道出了市场交易极为残酷的一面："经过个人奋斗，我终于从一无所有转为极端贫困。"

当年意气风发，手中拥有几千万美元的投机天才利文摩尔，恐怕做梦也不会想到，10年以后，这句话竟然会真真切切地应验到他的头上。在成和败、富和穷、贵和贱之间，永远是那样的循环轮回，这是利文摩尔的宿命？还是投机市场中所有人不可避免的必然的悲剧命运？

人是一种复杂的动物。每一个人的人生哲学不会完全一样，人生态度也是千差万别。显然，利文摩尔无法像西西弗那样，在意识到了自己荒谬的命运以后，依然坚定地走向不知尽头的磨难。他也无法接受这样的一种观点：生命的意义在于过程,无论你是快乐的,或不快乐的。所以,他选择了自杀。

哀莫大于心死。在人生的最后几年,利文摩尔放弃了挣扎和努力,再也不愿意继续玩他自己过去那种非常娴熟的拿手好戏:在几个活跃的交易市场,魔术般地把一笔小钱再一次累积成数目不小的财富。

在某种意义上讲,利文摩尔的自杀,源于他对投机事业、对这样的生活产生的厌倦,对人生和投机事业的内在绝望。自杀,也就是承认自己被投机市场超越,承认大多数人并不理解投机市场。既不可能战胜市场,也不可能战胜自己。

第六节　亨特兄弟的白银战争

“即使是最有经验的期货投机者,除了赚取利润以外也必定会遭受损失。他的目标只不过是使利润和损失达到平衡。”

——大陆谷物公司在一份宣传小册子中写道。

“他们拥有的钱足以使所有的市场陷入混乱,即使他们根本不愿意这样做。”

——芝加哥一名法官对亨特家族的评价。

亨特兄弟在 19 世纪 70 年代末 80 年代初疯狂投机白银,控制了美国期货市场中超过一半的期货合约,同时还持有 1.2 亿盎司的白银现货,把白银这样的大宗商品从 2 美元/盎司推高到 50.35 美元/盎司(这个纪录现在还没有打破),如果考虑到美元贬值的因素,大约等于现在 120 美元/盎司,无数空头被轧得死去活来,创造了金融投机史上一段前无古人的传奇。他们疯狂得妄图与全世界做对,却最终被世界所抛弃。

亨特家族的创始人哈罗德森·拉菲耶特·亨特是个农民,不过美国的农民并不穷困。哈罗德森·拉菲耶特·亨特虽然不穷困,可是却没有接受过什么正规教育。虽然他没有接受过正规教育,但是天赋异禀,商业嗅觉异常灵敏——第一次世界大战他倒腾棉花,第二次世界大战后亨特家族嗅出石油开采业很有前途,于是组建了石油公司,亨特石油公司也曾一度成为世界上最庞大的石油帝国之一。到了 1957 年,当时的美国《财富》杂志估计,亨特成为美国最富有的 8 个人之一。

亨特兄弟俩继承了老爸的赌博的本性,据说 H・L・亨特就是通过在赌桌上玩扑克牌游戏,为其家族赢得了第一笔财产。亨特家族继续通过开采石油和开酒店来挣钱。不过,干着干着,这兄弟俩就发现,开采石油和开酒店挣钱都很辛苦啊,而且风险也很大,纳尔逊・亨特年轻的时候曾亲身在利比亚的萨里尔油田从事过钻探事业,结果到了 1973 年 5 月利比亚总统宣布,将利比亚境内的所有外国石油产业没收了,这一下让亨特家族元气大伤。

这一变故使得亨特家的人从此对传统业务产生了厌恶,对于亨特家的人来说,骨子里都埋藏着赌博的种子。很快这兄弟俩就发现,金融市场是一个赚钱的绝佳之地!“商品期货的杠杆作用,使得相对较小的原材料价格变动就可能为所投入的资金带来可观的利润”。例如:按照白银的标准合约,购买了 5 000 盎司白银,为此只需要投入了 2 000 美元的保证金。如果白银的价格从每盎司 8.50 美元上涨到每盎司 8.70 美元。那么,投资者的净利润就是 1 000 美元,也就是说,获得了 50%的利润。这样的价格波动在期货交易所繁忙的日子里会经常出现。当然,方向做反了,就会在很快的时间里面,损失掉 50%的保证金。

可不是,金融市场不要劳力费神的掌握这技术、那技术,不需要在商场上与人钩心斗角,互相算计,只需要下下指令、买进抛出,大把大把钞票就滚滚而来了,天底下还有这样的好事?

这兄弟俩一商量,得了,别搞石油了,就玩期货,又刺激,又好玩,还能挣大钱!

于是,兄弟两决定先拿大豆期货试试手。

20 世纪 70 年代早期,大豆是美国的主要出口商品之一,1973 年夏天,对大豆的高涨需求甚至使大豆现货断货,政府被迫暂停大豆出口。亨特兄弟立即看到了商机——既然这种商品如此受欢迎,而且如此短缺,岂不是绝好的攻击对象吗?

1974 年和 1975 年,纳尔逊和他的弟弟威廉开始了大豆投机,他们的手段很简单——只用很低的保证金来买进期货,不买进现货,这样的囤积的成本很低,亨特家族既不用到处收购大豆,又不用租用仓库来储存大豆,只需要在芝加哥交易委员会的交易池里不停地发出买进指令就可以了。

必须说明的是，这样的囤积也非常危险，因为大豆其实并没有出现短缺，如果期货价格与现货价格差距过大，空头可以从现货市场上买进大豆，然后与亨特家族交割。到那个时候，亨特家族收到的将不是现金和利润，而是堆积如山的大豆。

1977年，亨特家族毫不犹豫地买进了当年1/3的大豆收成，由于政府规定每个交易商拥有的期货合约不得高于300万蒲式耳，或者全部合约的5%，这就像中国海南为了控制房价，颁布的限购令一样——于是亨特兄弟就发动亲戚朋友，设立许多交易账户，开足马力大量的买进大豆期货，持有量达到了2 300万蒲式耳的大豆。

许多人知道了亨特兄弟在操纵大豆，所以纷纷加入交易，试图搭上顺风车，大豆期货开始暴涨，从一年前的5.15美元上涨到高峰时期的10.30美元，整整翻了一倍。

美国商品期货委员会（Commodity Futures Trading Commission，CFTC）觉察到不对劲，决定对亨特兄弟提出起诉，亨特兄弟则指责美国商品期货交易委员会见不得别人赚钱就眼红流口水，这种针对我们家族的诉讼简直就是勒索诬告……

亨特兄弟确实不傻，打口水仗的时候，已经偷偷地将大豆期货全部卖出。

挣了1亿美元！嗬，这钱来得那个爽啊！

CFTC指责亨特兄弟操纵市场，但是又拿不出来什么过硬的证据，美国法庭宣布不支持其诉讼，使得CFTC一下子名誉扫地！不得不承认，美国确实是依法治国，明知其操纵市场，但苦于没有证据也没有办法，亨特兄弟逃过了一劫。

看到了美国监管部门的软弱无力，亨特兄弟又把标的定在了白银期货市场上，准备再玩一把豪赌，狠狠地赚他一笔，说不定就此跨入了世界首富行列呢！

大豆是农作物，价值低，还有保质期，怎么能和白银相比呢？经过仔细研究之后，亨特兄弟出手了。

19世纪70年代初期，白银价格平静地在2美元/盎司附近徘徊。1971年布雷顿森林体系的垮台，滥发纸币打开了通货膨胀——这个潘多拉魔盒。许多人当时并没有那种意识——但商业头脑敏锐的纳尔逊·亨特却看出了这一点。而且由于白银是电子工业和光学工业的重要原料，邦克·亨特和赫伯特·亨特兄弟俩认为如果能够悄悄地垄断这个市场，会是一件很有趣而又很有利的事情。

早在1973年，纳尔逊就开始在中东购买白银现货，当时的价格为2美元/盎司左右，同时亨特家族还在纽约和芝加哥的期货市场上买进白银期货。

纳尔逊很有战略眼光，他在白银价格低位时建立了大量仓位。到1973年12月，亨特家族已经购买了价值2 000万美元的白银现货，并以每盎司2.9美元的成本购买了3 500万盎司的白银期货，他们俨然已经成为全世界最大的白银持有人之一。

市场上的白银开始出现了严重的短缺，又有一大批交易商跟在亨特兄弟的屁股后面冲入白银期货市场，仅仅在两个月之内，就把白银价格炒高到了每盎司6.7美元，涨幅接近130%！亨特兄弟并没有感到多大的压力，高额利润就已经到手。

看到银价暴涨，在过去几年中以远低于2美元以下的成本收购了大量白银的墨西哥政府动心了，当时墨西哥政府囤积了5 000万盎司的白银，购入成本均在2美元/盎司以下。在墨西哥看来，每盎司6.70美元的价格已经相当可观，所以墨政府决定立即抛出套现。5 000万盎司的实物白银顿时涌向了市场，墨西哥人冲击了市场，白银价格立即暴跌，下跌了大约40%，一直跌到了4美元/盎司左右。

墨西哥政府大赚、特赚了一笔，哗啦啦地数着美元，当然是高兴得合不拢嘴。

而亨特兄弟呢，到口的肥肉"唰"的一下子又没了，心里自然是窝了一肚子火。虽然很窝火，但是他们的脑袋还是很清醒。他们也看出来了，要控制白银这种重要的贵金属，只凭自已家族的力量是不够的，还要借助于外来的"战略投资者"。

纳尔逊把目光投向了中东，那里有亨特家族的石油生意的伙伴，正好他们和沙特王子们的关系很好，而这些王子们又控制着沙特最大的银行——国家商业银行。

在成功的游说之下，亨特家族拉到了沙特阿拉伯王室的赞助，还吸引了沙特国家货币局的大量外汇投资。

这个时候，正是亨特兄弟在大豆期货投机案件上最后结案时刻，“期货操纵”的指责不绝于耳。亨特兄弟这次长了个大心眼，他们很有耐心的大量吸入现货和期货筹码，同时做了大量伪装，自称购买白银是为了进行国际贸易，因为白银的价值比纸币更稳定。

听起来很有道理，从交易上也查不出什么破绽……

这时候的白银价格依然是 5 美元/盎司左右。

大豆期货投机事件尘埃落定之时，亨特兄弟又把炒大豆期货所冻结的资金，全部投入到白银投机中。

此后四年，亨特兄弟仍在静静地吃进白银，比以前更积极。偶尔他们也涉足其他商品，但是主攻方向一直未变。到 1979 年，亨特兄弟通过不同公司，并同沙特阿拉伯王室以及大经纪商，拥有和控制着数亿盎司的白银。与此同时，全球通货膨胀和政治局势不稳定已经持续了几年，黄金的价格由原来的 35 美元/盎司飞涨到 500 美元/盎司，相比之下，白银的价格涨幅还远远不够，依然在 6 美元/盎司徘徊。

1979 年夏天，纳尔逊·亨特终于决定发起总攻——他要让以前缓慢上升的白银价格坐上三级火箭——放卫星，要它像黄金一样暴涨十几倍……

亨特兄弟和沙特家族控制的“国际金属投资公司”，向纽约和芝加哥的期货交易所下达了累计 4 000 万盎司的买入指令。

市场上出现了巨额买盘，银价很快从 6 美元上升到 11 美元，可是大家都不知道究竟是谁在买入——CFTC 调查了交易记录，发现大部分买单来自“国际金属投资公司”，而这是一家公司在百慕大群岛注册的公司。很快，纽约和芝加哥的每一个交易商都知道了亨特家族是“国际金属投资公司”的后台老板——既然这么富有的亨特家族在为白银“坐庄”，那么小投机者当然应该选择“跟庄”，这样虽然很危险，却有机会大赚一笔。

随着投机者的不断涌入，白银的价格日趋疯狂——从 11 美元上涨到 20 美元，然后 30 美元，到了 1979 年底干脆突破了 40 美元！

天啊，究竟要涨到什么时候才是个尽头呢？

到 1979 年底，亨特家族掌控了纽约商品交易所 53%的白银期货合约和芝加哥交易委员会 69%的白银期货合约，总共掌握着 1.2 亿盎司的现货和5 000 万盎司的期货，这还不包括亨特的合伙人——沙特阿拉伯王室成员以个人名义持有的白银。

当时全球每年的白银交易量也不过 2 000 万盎司，亨特家族已经切断了白银流通的渠道！

到了 1980 年 1 月，亨特家族已经取得了非常大的战果——白银价格上涨到 48 美元！

几乎所有看空的人都已经认输出场，亨特兄弟如果在这个时候选择出脱，赚到的金钱将是一个天文数字！很难解释亨特兄弟的行为，也许是被墨西哥政府涮了那一把之后，亨特兄弟不服气；也许是非要再次玩 CFTC 一个难堪；也许就是亨特兄弟疯了——要怎样来证明自己……难以理喻的是，亨特兄弟没有停止。

其实，到这个时候，亨特兄弟的现金流也基本耗尽了，为了维持对白银市场的垄断，尼尔森·亨特被迫向美国华尔街的几家大银行高息借贷，他们陆续借贷了 13 亿美元，平均利息高达 19%！——据说是这 60 天中全美借贷发生额的 9%。这些钱全部投入白银市场，把价格打上 49 美元/盎司。

1980 年 1 月 21 日，白银涨到了它的历史最高价：每盎司 50.35 美元。这个价格迄今还没有被超越！

在短短 12 个月里，银价上涨了 8 倍，要知道，银是多么大宗的商品啊——可以肯定地说，人类历史上，从来没有一种大宗商品能在如此短的时间里拥有如此骇人听闻的涨幅！

亨特兄弟花费了 10 年来囤积白银，花费了半年时间来进行总攻——这种对投机事业的执着精神和耐心程度，值得每一个后来的投机分子敬仰学习、深刻领会……

问题是，这样疯狂的玩法，等于是要把所有期货交易商都带进地狱，更严重的说，是蔑视美国政府，蔑视美国人民，蔑视全世界需要用白银的产业和相应的人！

是的，投机挣钱可以，但美国政府绝对不会允许任何投机商毁灭期货市场、毁灭美国金融体系，无论是 1980 年，还是 2010 年……

美国政府出手了。

经过程序化的操作，芝加哥交易委员会决定将白银合约保证金由 1 000 美元提高到 6 000 美元，这意味着亨特家族必须补充大量的资金。随后不久，纽约商品交易所也重磅出击，颁布了一条临时规定："从即日起，禁止建立新的白银期货合约，只允许旧合约的平仓。"

这意味着亨特家族再也无法从期货市场上买进任何白银，而且白银期货合约的总数只会不断减少，谁都无法通过大量买入或卖出来操纵价格。

这些措施有效地刹住了白银的上涨势头，也有效地遏制了亨特兄弟。银价开始滑落。

价格下跌了，银行追索还贷的要求挤压着亨特兄弟。他们借贷买银，再用白银作为抵押物来筹措更多的款项。现在他们抵押物的价值日益降水，银行要求更多的抵押物，以保障银行的贷款不至于减值。3 月 25 日，纽约投资商 Bache 向亨特兄弟追索 1.35 亿美元，但是他们已无力偿还。于是 Bache 公司指示卖出亨特兄弟抵押的白银以满足自己的要求。

天量白银倾泻到市场上，价格崩溃了。

1980 年 3 月 27 日，几天前还在三四十美元价格运行的白银，居然跌到了 10 美元/盎司的低点。

亨特兄弟这才发现世态炎凉，他们四下里求人，到处联系银行家、投行，希望以家族产业为担保获得贷款。但是这一切都是徒劳，没有人愿意做这最后一根稻草。

濒临破产的亨特兄弟使出了撒手锏，他们飞抵华盛顿，请求财政部和美联储牵头，向亨特家族提供巨额长期贷款。他们去华盛顿求晤政府官员，试图争取财政部贷款给他们，来帮助他们渡过难关。向财政部借钱度日，这种事情通常行不通，除非以互惠作交换。亨特兄弟拿出王牌，说：我们手里还有 6 300 万盎司白银，如果一下子抛出，市场就会彻底崩溃；还有，这里是美国主要银行的名单，如果得不到财政部的帮助来偿还贷款，他们也要"沉船"。

大而不能倒，美国联邦政府最终破天荒地拨出 11 亿美元的长期贷款来拯救亨特兄弟免于最后的清盘。

亨特兄弟操纵白银市场的梦想破灭了，但是他们作为反面教材的事迹却脍炙人口。从那以后，白银被彻底地激活了，更多的时候它不像是一个商品，白银最正常的日波动就能达到 2%—3%，极端的时候日波动可以接近或者超过 10%，这为跳空交易的投机客提供了机会。

日光之下并无新事。杰西·利文摩尔说过：投机事业像山岳一样古老。不管人类社会如何发展，人性中所有的贪婪，幻象，恐惧，都会在金融投机这个赌场中展现得淋漓尽致，亘古不变。

三十一年后，白银从 2008 年的 10 月底的 8.42 美元/盎司，像卫星一样冲天而起，到 2011 年 4 月 25 日，最高飙升至 49.77 元，距当年亨特兄弟创下的纪录仅一步之遥。

第三章
衍生品市场

第一节　在寻找价格的道路上

长期以来，芝加哥商品交易所一直自我标榜——以赌博的本能，为世界生产和消费服务。

——(美)马丁·迈耶(费雪的大弟子)

芝加哥商品交易市场早在1848年就开始交易实物商品了。芝加哥商品期货合约的流动性，是一大群“本地人”，一群拥有或租用了会员席位以及站在交易池里的短期投资者，获得合约并为交易之间存在极小价格差异而愿意处理这些合约。在商品交易池里，差价往往只有合约面值的千分之一左右。之所以差价这么小，是因为在交易池中交易的量足够大到影响市场，以便许多出价人在所谓名副其实的“公开叫价”中，为一纸合约进行竞价。

一个公开叫价的市场，有助于合约免受隐瞒价格的欺诈。

要成为一名交易池中的经纪人，必须通过全国期货委员会的审核和品格检查，以及交易所本身进行的一场相当简约的考试，几乎任何一个人都可以在芝加哥商品期货交易大厅或者特定的几组交易池里租下一个席位进行交易。芝加哥交易所对农产品和金融产品有着分业的会员资格。而商品期货交易里则有三种会员资格，分别是农产品、货币和利率、股票指数产品。交易所租用会员资格每月需要 3 000—5 000 美元，账户上至少 5 万美元的留存在清算公司。清算公司为租户的交易负责，并通过相当精密的文件处理过程对交易进行清算。在交易池底部的人群当中，大约有一半的人一年前还不在这里，并且一年之后，还能够站在这里的人也只有一半。“所有新事业的失败率都是很高的，而交易经纪就是一项新事业”。

在老马萨诸塞城的码头旁边，每周一至周六，上午八点钟以前，大约有二十几位身着与季节相宜的牛仔裤和运动衫的年轻人，他们聚会在新贝福德海产品交易所里，参加竞拍。这个城市的 130 艘拖网渔民前一夜出海捕获的收成中，有一半要在这里出售给 23 家缴纳了 8 500 美元初始费用以成为该交易所会员的公司之一。在这里，通过一次典型的竞拍，询价出售 15 万—30 万磅鲜鱼，成交的价格将通过美国商业部的通讯设施报告给全世界。并且将对大西洋沿岸的鱼类批发市场的价格产生巨大的影响。

这个交易所是一个小小的正方形房间，廉价的木地板，铺着坑坑洼洼的棕色地毯。后面是一个更狭窄的房间，供观察者们，包括那些来自船上到此出售鲜鱼的人们，入座休息。在竞价的过程中，他们会通过步话机用葡萄牙语向船长汇报情况。在主厅的一面墙上，安放了一排电话机，拖着长长的电线，各自与一家会员公司的本部连接。房间的前部是一个长长的绿色黑板，由垂线分成大约 36 块。当会员来到交易所时，参与今天竞价的渔船的名字早已写在了黑板上，在每一条船的名字下都列明了船长所称此行的鱼虾种类，以及各类鱼虾的总量。一条栏杆将主厅中的人们与手执粉笔站在黑板前准备做记号的人们分隔开来。

八点钟准时，交易的钟声响起。斜倚在栏杆上的报价员开始对着黑板旁边的三个人喊价，其中一个人作为扛旗人。实际上，每条船上都会有一个扛旗人。拿着粉笔的人写下报价人为船上的每一种鱼类提出的买价，然后在底下写上报价人的编号。现在。任何会员如果希望买这条船上的鱼，就只有提高船上的任何一种鱼报的买价。同时还要承诺，为船上所有其他种类的鱼支付现有的价格。只需叫一声“十”，最开始的出价者就可以使自己的编号保留在黑板上。这个“十”，意味着在他的对手刚才报价的基础上再提高 0.1 美分。

那些认为利率期货期权价值的计算非常复杂的人，应当考虑到在新贝福德人们对出价的要求。如果他们成功的话，那么，他们会获得这次定价过程的战利品：他们需要为自己的客户采办的种类，又包括那些他们不得不在费尽气力得到后又置之不理的种类，还有 2 磅左右的鲜鱼。与此同时，他们还不得不留心观察他们的竞争对手为另一条船上的各种鱼类支付了什么样的价格，因为他们每一个人都得向纽约、波士顿以及其他地方的相同的批发商打电话。“你不得不抢先一步获得另一个人整次打捞所得的鱼，以便你的对手不能在市场上战胜你。那条船上的比目鱼可能出价太高了，你可能并不希望如此。但是，你绝对可以确信，对手的比目鱼也绝不会太便宜”。一位资深的竞价员说：“有时候，你可以为某种鱼出上 3 美元的价格，以便得到你想得到的那一整船鱼，虽然贵了些，但是船上只有 250 磅那种鱼啊。”机会是多种多样的，有的人出高价，因为他们仍需要鱼。而有的人则是因为自己手里有大量存货，所以出高价来保护这种鱼的价格。

出价人是经验丰富的老手。他们知道每条船出海多久了，离岸起航时船上带了多少冰块。他们知道有的船上关心他们的鱼胜过其他船，以至于某条船上 3 500 磅普鳕的价值大大不同于另一条船上类似重量的普鳕的价值。当然，每个人也会关注天气预报，了解昨天出海的船数以及有望归来的船只数量。并且，他们还会留心倾听广播里从现在仍在海上未归的渔船上传来的报告。

在第一轮次的竞拍之后，交易所的所有人会稍事休息，闲聊一阵，吸上几口烟，然后游荡到电话机旁，与总部办公室的人讨论一下今天的开盘。为了竞拍的目的，甲板上的鱼都得保证是优质品，在渔船停靠在竞拍获胜者的码头之后，如果发现品质不够好，可以重新协商，议定价格，这一般需要在船长中享有威望的处理人。

八点十七分，竞拍重新开始，再度进行五分钟活跃而热烈的交易。在竞拍就要结束的一分钟，充满了叫嚷声，竞拍商们不用回头，对着黑板就知道是谁在高声叫嚷。报价员们不断地擦去黑板上的数字，在价格上加着 1/10，有时加得更多，直到钟声响起，房间里突然一片寂静。出价的人们看着赢得了这趟出海战利品的胜利者，并且会试探一下胜利者承诺给自己的那几种外埠客户需要的鱼是否能够到手。当然，那种类型的严肃的讨价还加更多的是在各自的私人办公室里，通过电话进行，很少在竞拍交易厅里仓促从事。与此同时，在新贝福德海产品交易所里，执掌粉笔的人们正在做着竞拍结果的记录，以便参与者们可以明确自己出售了什么以及他们买入了什么，价格如何。然后，他们会拨通商业部的电话，再由商业部将价格转递给当地的广播电台，从晚上八点四十开始向科德角地区广播。并且，商业部还会将价格清单打录在卡式磁带上，以便全国其他地方的鱼类批发商们可以打电话咨询官方的记录。商业部还将价格打印在他们的"绿色纸张"上，通过邮局传递到全国各地。虽然在第二天，绿色纸张到达时，价格已经变动了。

船长的渔船在商人们自己的加工厂边的平台上靠岸了，船员们开始将成桶成桶鲜活耀眼的鱼从船舱里提升到水槽里，再由水槽引导到加工车间。在那里，鱼肉被切成薄片，鱼排被切了出来，而鱼头、鱼骨以及内脏则被送到猫食制造商那儿。在船上卸完货物之后，船长将获得一张现金支票，那张支票可以在当地任何一家银行兑付。每张支票都已经预先支付了 35 美元给海产品交易所，因为他们提供了服务。而商人们则不得不耐心等待，通常要 30 天，也就是鱼早已被吃掉之后，才能从客户那里拿到货款。

从 1919 年开始(在"二战"到 1954 年之间曾一度中断)，一些金条自营商们，除了假日以外，每天聚一次头，后来改为一天碰两次头。地点就在坐落于伦敦圣・史威丁巷罗斯柴尔德公司办公楼顶层，"黄金厅"内的圆桌旁。大理石地面铺着东方地毯，墙上是前欧洲皇家的巨幅画像，他们原来都是罗斯柴尔德家的常客。在 1987 年，这个市场上还只有五位委员。但是这五位委员之一的约翰・马瑟在加盟银行业失败以后，人们意识到，扩大市场的基础是必要的。五位委员(包括一位约翰・马瑟的替换者)还是在罗斯柴尔德办公楼里碰头，但是他们将与英格兰银行认可的五十余名自营商直接咨询讨论。黄金自营商们通过电话与各自的大本营紧密联系。主席代表罗斯柴尔德公司，提出一个价格，而自营商们则代表自己来自世界各地的客户们表态。在这个价位上，自己原作买家还是卖家。如果卖家更多的话，主席会建议价格下调。在各个自营商面前都立着一面英国国旗，如果公布的价格是公司准备接受并且买入或者卖出的价格，那么，他会拿起自己的旗子点几下，以示同意。只有在每一个人的旗帜都"点头"时，主席才会宣布"定价"，然后通知全世界，人们称这些人为"黄金虫"

(GOOLD-BUGS)(注：罗斯柴尔德银行于 2004 年 4 月 14 日退出了世界黄金定价体系)。

像新贝福德市场一样，伦敦定价并不会真正决定黄金价格，甚至不会确定那天晚些时候，中间商支付的价格，他只是一个指导价格。正如威廉·M·克拉克和乔治·普雷 1970 年写的那样，在价格确定以后，“供求力量进入真正的交锋，而价格也将随之起伏动荡。”但是，伦敦的黄金“定价”就像新贝福德拍卖一样，为一揽子交易制定了价格，而这个价格将会对批发商的行动发挥指导作用，继而蔓延开去，直到下一次为一揽子交易定价为止。

发现价格的拍卖竞价市场，是一个公开叫价完成交易的过程，它与价格被给定，并且被接受的批发和零售市场有着很大的区别。由于参与竞拍者的不同以及所遵循程序的差异，组成机构的区别而变化无穷。拍卖竞价市场根据他们定价的产品不同，以及产品所处的生产环境的区别，形成了统一联合的力量，公开、公平地赋予了产品的公允价格。

的确，华尔街秉持了荷兰移民所带来的商业精神。如果说，在 18 世纪中期，华尔街所代表的，直接从欧洲引入的金融原生品资本市场。那么，上面所提到的新贝福德市场就代表着合众国的新生力量。“长期以来，芝加哥商品交易所一直自我标榜——以赌博的本能，为世界生产和消费服务。”

由于美国制度只要是宪法没有明令禁止的事情，人们都可以去做，直到政府立法来规范。本着为生产者服务的初衷，投机者们创造了芝加哥农产品期货交易市场。芝加哥交易所成功的基础是：在每一个交易池，在每一笔交易中，以交易所自己的清算公司来替代交易对方——你所售出商品的购买者——你所购入商品的卖出者。市场完整性的保障是对每个人的“未决权益”不断地定价过程，以当日闭市时的价格计算所有头寸的价值，并在第二天上午立刻进行清算。那些持有合约价值下降的人被要求拿出更多的保证金使存款不低于既定的百分比；当存款下降到“维持保证金”以下时，清算公司会要求，不仅是在交易结束时而且也在交易中都可能这样做：那部分追加资金必须在一小时之内交付，否则，清算公司将受命出售这部分头寸；那些所持合约价值上升的人们则获得准许取出前一天的价值溢出部分或是再算入新的保证金，也就为赢家的利滚利提供了可能。

最能够体现这种金融服务精神的是期货标准合约。譬如说种小麦的农夫，当然希望他的小麦在收成的季节能卖上一个好价钱。而在二三月份青黄不接的时候，市场上小麦的价格比较高。农夫就想，等到六月份，我的小麦收成的时候，能卖上这个价格就好了。于是乎，六月份的标准合约就产生了。"小麦1 206"，交割期限在六月下旬，到时候农夫只要到指定位置，按照标准合约交齐小麦的数量就行了。农夫种植的小麦卖了个好价钱（农夫的预期），套期保值了。未来的趋势就是价值，而期货就是将这种价值转换成货币的标准合约。投机者们发现了这个套利的空间，因此现在参与期货交易当中90%以上的人都是投机者，而它套期的功能反倒被人们淡化了。

"投机者"一词，几乎是一个贬义词，它是经济集权的叛逆者。因为他们并不创造财富，但却能从中牟利，是资本主义发展过程中的寄生虫。但是没有投机者的资本市场就难以为继。只有投机者频繁参与的交易市场，才能保持较高的交易量和维持市场的流动性，也增加了市场参与者的数量。而这一切恰恰是有助于确保市场产生最公正的价格。"投机者"一向是政治家们的"替罪羊"，资本市场的一切不幸几乎都与他们有关。其实，投机者不可能驱动市场，这一点毫无疑问。关于投机者是市场偏离的"缓冲器"还是"放大器"的争论，是一个没有确定答案的陈旧话题。米尔顿·弗里德曼认为如果人们发现异常现象，就会追逐，从而限制了异常情况走得更远。这就形成了资本市场投资的理论——价值回归均值的趋势：投资一个便宜得不正常的或者贵得离谱的金融产品，因为非正常状态就代表了该金融产品的潜力。它迟早会走向正常。但是凯恩斯指出，市场处于非理性状态的时间，可能比投资者有偿付能力的时间长得多。

人们要弄明白的是：投机者不会改变市场的总体趋势。与投机相比，政治决策中的内在压力才会真正地驱使市场的变化。

第二节　创造金融衍生品

布雷顿森林体系的解体重新激活了世界金融市场，使得新一代的全球宏观经济在市场动荡中脱颖而出。伴随着汇率的自由浮动，投资组合增添了一个重要的新视角。在汇率波动性被引入市场的同时，新的可交易产品也在蓬勃发展。在布雷顿森林体系解体之前，绝大多数活跃的交易都是投资于流动性的证券和实物商品市场。

金融衍生产品(derivatives)是一种以货币、债券、股票等传统金融产品为基础，以杠杆性的信用交易为特征的金融产品。具体来说是指其价值依赖于基础资产(underlyings)价值变动的合约(contracts)。这种合约可以是标准化的，也可以是非标准化的。标准化合约是指其标的物(基础资产)的交易价格、交易时间、资产特征、交易方式等都是事先标准化的，因此次类合约大多在交易所上市交易，如期货。非标准化合约是指以上各项由交易的双方自行约定，因此具有很强的灵活性，比如远期协议。金融衍生产品的共同特征是保证金交易，即只要支付一定比例的保证金就可进行全额交易，不需实际上的本金转移，合约的了结一般也采用现金差价结算的方式进行，只有在满期日以实物交割方式履约的合约才需要买方交足贷款。因此，金融衍生产品交易具有杠杆效应。保证金越低，杠杆效应越大，风险也就越大。

与此同时，金融衍生产品的种类也有很多，根据产品形态，可以分为远期、期货、期权和掉期四大类。根据原生资产大致可以分为四类，即股票、利率、汇率和商品。根据交易方法，可分为场内交易和场外交易。

金融期货的品种绝大多数都是由芝加哥商品交易所列奥·马拉穆德创造的。列奥·马拉穆德出生于波兰的比亚为斯托克，他的父母是当地的语言教师。1939年，马拉穆德随着父母辗转前苏联、日本，最后到了芝加哥。到了芝加哥不久，就爆发了珍珠港事件。在芝加哥，马拉穆德作为一个法学院的学生，应聘了一家律师事务所的差事。一年以后，马拉穆德从他父亲那里借了3 100美元，自己买下一个商品交易所席位，做起了鸡蛋的生意。他仍然去上法律课程，晚上开出租车。他说："我已经结婚了，并且立即就有了孩子。在交易的前几个月赚钱了，接下来，破产了。我破产过三次，一边在交易所为其他人打工，一边晚上学习法律……"

1965年，做了25年商品期货交易所的总裁艾维里特·B·哈里斯引进了家畜合约——猪腩、活牛、肉牛，挽救了芝加哥交易所。马拉穆德作为一名交易商在猪腩交易中第一次真正发了财。但是，芝加哥交易所沿袭1919年创造发明的黄油和鸡蛋的期货交易规则的理事会经营着。马拉穆德组织起了“经纪人俱乐部”，他们于1967年，趁新主席上任之际，提交了改进现有合约并寻找新的商品合约的建议。结果新主席采纳了马拉穆德的建议，这一改进为活牛交易池带来了新的生机。1969年马拉穆德被选为芝加哥交易所主席，当时他作为芝加哥商品交易所主席的年薪是18万美元。18年后，年薪就涨到了7 500万美元。

1966年，纽约商品交易所提供了第一份外汇期货合约。第二次世界大战之后，布雷顿森林协议将世界上所有的货币都按照特定的比率与美元挂钩，这些比率假定对政府有约束作用，并且只能由政府在法定市场中，改变这些比率。相应的，美元与黄金挂钩。从那些不想要美元而想要黄金的政府和中央银行手中买入美元，卖出黄金。银行之间相互买卖货币，价格稍有差异，为客户从事商业活动服务。有时候，银行相信汇率将会有较大的升值或是贬值，他们就会持有相当大的多有头寸或是空头头寸。但是，公布的价格是官方汇率而不是市场中买卖双方供求关系的结果。1968年，这个体系碰上了难题。在领先的工业化国家制定的把“货币黄金”与“非货币黄金”区分开来的奇怪的协定的安排下，布雷顿森林体系才勉强维持下来。但是货币之间的相对价值仍然被政府采取协调一致的行动以便“保护汇率”的意愿控制在一两个百分点以内。没有足够的生意来维持交易所，于是外汇期货合约消失了。

马拉穆德说，作为一个交易商，他在1967年就已经意识到英镑必将会贬值。但是他发现，作为一个自由国家的公民，他根本不能用财富来支持自己的判断。马拉穆德的朋友亨利·加里奇，原来是一个物理学家，现在纽约经营摩卡塔钢轨。他说他真的去了纽黑文银行，要求出售10万英镑。“银行说：‘你的目的是什么?’当我告诉他我认为英镑会贬值时，他说：‘那是投机，我们不支持那样的行为。’荒唐可笑。”与此同时，芝加哥大学的米尔顿·弗里德曼一直在说，固定汇率会导致政府为了维持认为的比率，而对国民经济进行不正确的、有害的干预。并且货币应当在一个自由的市场上波动起伏以发现他们彼此对比的水平。1963年，弗里德曼告诉一位国会委员，浮动利率是一种自动保护机制，可以使国内经济免遭贸易自由化可能带来的国际收支失衡的危害……浮动利率的好处就在于我们将再度成为自己房子的主人。

尼克松于1971年关闭了黄金兑换窗口，终止了美联储允许外国央行用美元购买黄金的权力。那年秋天，马拉穆德和艾维里特·哈里斯拜访了米尔顿·弗里德曼，请他就期货市场在外汇领域的可行性和优越性写一篇文章。不出所料，弗里德曼认为这是自抽水马桶以来最妙的主意之一。“我知道米尔顿·弗里德曼就是上帝。所以我怎么会搞错呢?”马拉穆德说。

“我追随这个主意，因为我愿意追随列奥·马拉穆德。”交易商巴里·林德说：“但是，我过去一直认为这个主意不会真正发挥作用。直到我们委员会一起去了欧洲旅行了一趟，试着在那里推销这个主意。我看到银行为人们兑换他们的钱收取了多少手续费。”欧洲的银行家像美国的银行家一样对他们的提议缺乏热情。不过，欧洲之行的伟大时刻，出现在英格兰银行。英格兰银行的委员会接受了马拉穆德的拜访，只是出于一种礼貌，而且他们表示了他们对此不感兴趣。最后委员会彬彬有礼地询问马拉穆德是否能为他做一点别的什么事情。在临出门的时候，一个英格兰银行的委员开玩笑地说：“是的，你们可以让英镑浮动。”然后板着脸，将马拉穆德一行引出大门。第二天，所有的报刊上都长篇累牍地刊登了英格兰银行已经放开英镑，并任其自由浮动。一句玩笑话，被无赖的记者将这个消息泄露出去。

1972年，外汇期货的时代来临了。让美元在全球动荡的外汇市场自由浮动，外汇交易和交易市场开始繁荣(有关汇率的最全面的信息，可以从国际清算银行三年一次的调查中得到)。

芝加哥商品期货交易所不需要从任何政府机构那里获取许可，就可以向外汇期货敞开大门。但是，问题并没有这样简单。商品期货交易所其他的人员虽然愿意接受马拉穆德的领导并且给了他安排的房间，却并不愿意拿交易所的声望、它的银行关系以及可能随着农产品交易池里引入外汇交易所需要的财力来冒险。作为精通法律又熟悉游戏规则的马拉穆德寻找到了一个安全的通道，他编制了一个单独的国际货币市场，对商品期货交易所的500名成员以100美元的价格提供会员资格。但是，商品期货交易所的会员正在猪腩和活牛的交易中大赚其钱。他们愿意支付100美元来加入外汇期货的交易，可是真的不想在外汇期货交易池里与别人一道消耗时间。到1972年，商品期货交易所会员资格的售价是10万美元。因此，马拉穆德为国际货币市场补充了个人会员，这些人将整天待在金融交易池里，因为他们只能在那里进行交易。这种单独的国际货币市场席位以 1 万美元的价格提供给公众，那是在 1972 年 5 月 16 日交易开始后的第一年。接下来，花名册就被合上了，大约有 150 个国际货币交易所会员资格被售出。到了 1987 年，国际货币市场会员资格的售价就高达 25 万美元。但是，还有一个亟待解决的问题，商品期货交易所的交易可能与现实市场没有任何联系，交易所的价格是不是一个真实的价格？还是一个交易所价格？因此，必须要有银行或者银行客户参与其中。为此，马拉穆德引入了“机构套利人”。某位银行的客户，在现货市场买入了德国马克并在国际货币期货交易所卖出德国马克期货，或者反向操作，以实现对冲。如果只赌单边，就成了套利行为，而现在市场中 90%以上的人都是在进行套利交易。

机构套利人在银行的远期市场内部创造了一个市场，交易国际货币市场中交易的所有货币。也就是说，交易池的交易商会卖给你一份期货合约，在 90 天之后，为你的美元支付比银行承诺到时候给你的马克更多的钱，并且会从你那里以更多的美元买入 90 天后的马克期货合约，比银行承诺的更多。

1976 年 3 月，马拉穆德已经将利率期货合约引入了国际期货市场。利率期货必须获得新的商品期货委员会的批准，根据特许状，委员会有权监管“无形商品”的交易，当然它获得了批准。米尔顿 · 弗里德曼亲自在开始交易的那天敲响了开市的钟声。

这种合约的安排并不简单，因为国债期货在现货市场上是按照利率报价的。但是期货合约却必须根据国债本身的价格来报价。当利率上涨时，国债价格就会下跌，反之亦然。这意味着交易商不得不反向思维，对交易商来说，这有点困难。

为此，马拉穆德通过创造一种“国际货币市场指数”解决了这个问题。该指数是用 100.00 减去国债的年利率。如果交易商预期年利率将从 5.83%升至 6.56%，那么，他们的买价将从 94.17 美元跌到 93.44 美元(注：美国财政部的国债是以折价的方式出售，也就是说，购买 10 000 美元国债的人，不是在 3 个月以后获得 162.50，而是只支付 9 837.50 美元，到期获得 10 000 美元)。

马拉穆德非常重视对机构投资者的培养，曾经努力向英格兰银行兜售外汇期货，同时，又去拜会了比利 · 所罗门。当外汇期货将会为债券自营商提供一把保护伞被论证后，所罗门成了头号交易商。

其他的利率期货合约也相继出现了，最引人注目的是 90 天欧洲美元期货合约，它实际上是给了他的购买者在合约到期日以合约确定的利率在伦敦接受 10 万美元的 90 天贷款的义务，同时给了它的卖出者放出 10 万美元 90 天期贷款义务。这些事物互为因果，交易商和银行开始交易“TED 差价”，也就是国债利率和欧洲美元存款利率之间的差异，这个比率反映着市场对银行体系的信任程度。国债交易池和欧洲美元交易池之间每天交易着价值 700 亿美元的合约(19 世纪 80 年代初)，每天晚上的未决权益都高达几百亿美元。但是，欧洲美元合约的重要性超越了它自己的交易收益。因为商品期货委员会在 1981 年底批准欧洲美元交易打开标准普尔指数交易的大门。

“欧洲美元合约，”马拉穆德说：“是人们做的改变历史的事件之一。它是第一种购买者不必以实物接受交割的金融工具。我们与联邦政府辩论。我们说：‘保值者希望得到保护，但是，他希望通过自己的经纪人和机构获得实物的、具体的工具。他要的是保险。为什么不给他们钱而给他们商品本身呢?’我们需要商品交易所，‘是的——他们关于现金清算的主张值得尝试’。”

在伦敦，多年以来人们早已能够对道琼斯指数方向打赌下注了。拉德布罗克(Ladbroke’s)赌注登记公司做好了充分的准备来接受你的赌注。在英国赌博获利是不必纳税的，而股票合约的利润却必须纳税。

马拉穆德对金融期货的理解非常深刻，他已经认识到股票指数期货并不只是赌博者的游戏，对于养老基金、保险公司、信托公司以及所有那些需要一种方式来锁定一段时间里一组投资组合的价值，而又无须真正地抛出他们的股票，或者可以使他们推迟一次计划好的购买而不必承受失去市场的风险的机构而言，是一种威力巨大的保值工具。单个证券的期权，早已在芝加哥进行交易了。他们可以保护基金的头寸，但是，成本也是相当高的，而指数期货就要便宜得多。

实际上，堪萨斯城交易所第一个商品期货交易委员会，于 1982 年 2 月获得了批准，开办一种基于价值线指数和多伦多股票交易所以及柜台交易中交易的 1 650 种股票价格变动百分数的几何平均数，每种股票在平均数中的权重都是相等的。IBM 股票价格变化对价值线指数的影响是 0.06%，但它对标准普尔

500 指数的影响却是 4.40%，因为标准普尔 500 指数的权重，是按照基础公司的资本化程度即股本大小来计算的。而芝加哥交易所则向商品期货交易委员会申请开办一种基于道指的合约。

1982 年 8 月 20 日，出现了标准普尔 500 指数，并以此作为交易标的，形成了股票指数期货。伊利诺伊斯最高法院最后命令芝加哥交易所必须取得指数所有权人的允许才能使用这种指数，为了达成协议使用它的指数，从每一份合约中提取一定的比例，作为专利税。结果，这笔专利税的安排竟超过了商品期货交易所成本的价值，而使得标准普尔指数成为芝加哥最大的机构。

迈克尔·彭博在所罗门兄弟公司负责公司的计算机系统，这是一个后台职能部门。彭波认为利用计算机系统可以帮助交易员，譬如，对两个本质上相似而交易价格却不同的证券比较风险溢价。聪明的交易员会买入两者中较便宜的，卖出较贵的，锁定一笔基本上没有风险的差额。当这种误定价格现象自我纠偏，消除不合理的差额时，交易员就可以赚钱了。正在此时，彭博被炒了鱿鱼。1981 年，作为与菲利普斯兄弟公司合并的一个条件，所罗门答应减少合伙人数量，当时公司认为彭博可有可无，便让他走人了。

彭博很受伤，但是他也想到被所罗门扫地出门为他提供了一个机会——拿回合伙人资本，约有 1 000 万美元左右，他可以创设一个属于自己的公司。彭博创办的公司使用新的小型台式计算机，收集比较两个以上不同债券的价格，在市场上帮助交易员锁定利润。他请了一个程序员，开始干了起来。大约一年以后，他有了一种可以实现这个功能的机器——“彭博机”，并着手把这种机器租给华尔街的公司。美林公司是最早租用“彭博机”的公司，接着，用彭博的话说“就是尽人皆知的历史了”。——这就是“彭博咨询公司”。

此后又出现了一场数量分析技术革命，能让所有这些定价数据得到更好的利用。早期市场“数量分析家”，如费雪·布莱克、马尔龙·斯科尔斯等，都在忙于建立各种数学模型。例如，市场如何运行的模型、均衡定价应在何处出现的模型、套利交易机会点的模型、对冲策略应该如何确定的模型、复杂风险管理程序和控制模型等。而在他们之后出现米尔顿·弗里德曼这些在数学、经济学、金融学方面最有才华的人。

20 世纪 90 年代后期，一种新型的信用衍生工具信用违约掉期诞生了。并很快地被银行和其他信用中介所采用。这是针对贷款违约所做的一种保险，信用违约掉期合约由两个交易对家签订。据此合约，一方应每年支付一笔款项，以便能在出现违约的情况下，将与信用义务有关的风险转移给另一方。现在信用违约掉期市场非常活跃，为贷款头寸进行保险的成本信息，可以轻松地从市场上得到。这样的成本信息在信贷市场上已成为一种具有信号作用的重要因素，因为它反映了具体公司偿债能力。

信用衍生工具的成本，随着影响债券、贷款等信用头寸的价值因素的变化而变化。这些因素包括：预期违约率或偿还率的变化、信用评级的变化、作为整体债务工具的流动性变化、债务保险或担保已觉察到的价值变化。信用衍生工具成本的波动性可以从 2007 年次级抵押贷款危机中看出来：2007 年 7 月，美林证券 1 000 万美元债务违约保险的成本是 2.5 万美元。9 个月以后，升至 15 万美元。

据国际掉期交易商协会报告，2008 年，所有发行在外的信用衍生工具的名义价值为 38.6 万亿美元。

第三节　衍生品的三种形式

衍生品包括了期货（如上一节所述：以指定的价格在未来交割的标准合约）、期权、信用掉期。尽管没有必要把股票指数如此划分，但它也是一种衍生品。

衍生品最初用途是对冲，以保护交易者免受价格变化的影响。商品交易者以期货、期权、信用掉期的形式进行简单的对冲。

期权是指：一方与另一方以预先制定的价格进行买卖的机会。交易的另一方可能是投机者——他们虽然不知道事情的结果如何，但是他们愿意接管他人的不确定风险。至少从理论上讲，商品投机者在长期的情况下是能够盈利的，因为大多数人的财政余额不足以抵抗波动性的风险。结果，波动性的风险通常会导致价格的低估。在商品市场上尤其如此，而制造商对损失的厌恶心理又为投机者提供了内在优势。这个现象有一个名称叫“交割延期费”

(backwardating)。

17 世纪，著名的荷兰郁金香泡沫涉及了郁金香的期权交易，而不是郁金香本身的交易，该交易在很多方面与现在使用的方法具有相同的复杂程度。如果郁金香的交易员想确保在价格上涨时，他们能够增加存货数量，那么他们就会购买看涨期权。这些期权赋予交易员的是权力而不是义务，使他们能够要求另一方按照预先约定的价格交割郁金香。郁金香种植者为了避免价格下跌而遭受损失，他们会购买看跌期权，该期权赋予郁金香种植者将郁金香按预先约定的价格出售给另一方。出售期权的一方，假设购买期权交易者所支付的费用可以弥补这些风险所带来的损失，收取这些费用能够大抵补偿出售看涨期权所承担的价格上涨风险，也能够补偿出售看跌期权所承担的价格下跌的风险。

最近的研究揭示了在 17 世纪的荷兰出现的对郁金香的疯狂投机，可能是由于期权的使用造成的。实际上，期权好像为更多的人提供了参与市场的机会。而在这之前，他们是无法参与该市场的。

在美国，期权出现的很早。早在 18 世纪 90 年代，经纪人就开始交易股票的看涨和看跌期权了。在著名的布雷顿森林体系建立不久，这个交易所最终成为纽约股票交易所。

1863 年 6 月 1 日，一份十分巧妙的风险管理合约被设计了出来。当时美国南方处于信用危机并且急缺资金，于是签发了“利率为 7%的棉花贷款”。这项贷款中有些不同寻常的条款，使它看起来像一种衍生品工具。

这项贷款的本金既不用南方政府的资金支付，也不需要在弗吉尼亚首府里士满的南方国会中交割。取而代之的是，本金被调整为“300 万先令或 7 500 万法郎”，按照债券持有人的选择，分 40 期偿还，每期间隔半年，交割地点在巴黎、伦敦、阿姆斯特丹或是法兰克福。债券持有人还有一项特别选择权，他可以选择用棉花而不是用货币偿还本金。折算率是每磅棉花折合 6 便士，“此合约在交战双方的和平协议批准以后的 6 个月以内的任何时间执行”。

陷入困境的南方政府利用这种复杂的风险管理形式来吸引英国和法国的投资者借给他们急需的外汇，以便于他们能用这些外汇的海外支付，购买战争物资。同时又增加了对南方政府生存有着既得利益的支持者。南方美元贬值的风险被使用英国和法国的货币进行偿付所弥补，采用棉花来支付债务的方法可以避免通货膨胀所带来的损失。而 6 便士 1 磅棉花的价格使这种方法更具有吸引力,因为当时欧洲棉花的市场价格是 24 便士 1 磅。进一步来说,由于这项债务“在任何时候”可以被转换为棉花,这个选择抵消了战争命运的变化,它能够使借款人在南方政府垮台之前,迅速地收取他们的棉花。

南方各州是这些期权的卖方。他们承担这些不确定的债务,因为他们别无选择。用南方美元来偿还贷款的承诺在信用市场会被一笑置之,或者必须接受无法忍受的两位数的贷款利率。南方政府从购买期权的借款人那里收取的费用降低了这项贷款的利率。7%的贷款利率只比美国政府当时的长期利率高出一个百分点,这种期权的引入使得不确定性本身成为这项交易的一个主要部分。

这些债券认购登记始于 1863 年 3 月,但是遵从当时的惯例,款项只能到 9 月份才能收到。这些债券在 3 月发行后,其卖价超过发行价的时间很短。当与密西西比一些遭受拒付的债券有关联的消息传出后,这些债券的价格迅速下跌。南方政府担心债券的认购者会在 9 月份到期支付违约。于是,南方财政部介入,购买了所发行的 300 万英镑债券的 140 万英镑债券,以此来支撑债券的价格。南方政府经历了 1863 年 9 月的到期支付和 1864 年的两次半年期的付款,这就是最后的结果,仅仅有 37 万英镑的债券以棉花赎回。

许多人是自愿的却是无意的期权购买者。任何取得有预先支付特权的房屋抵押合约的人都拥有了一项期权。在这里,是借款人,也就是房屋所有人。而不是贷款人有选择权来决定偿付的条件。那么这项期权的价格是什么呢?如果没有偿付期权,那么借款人付给银行的利率会高一些。如果抵押贷款利率下降了,房屋所有者会提前偿还原有的抵押贷款,并同时申请新的、低利率的抵押贷款。而银行不得不承担借款人用低息贷款替代高息贷款而产生的损失。当今的房屋抵押贷款都具有期权这一传统特征,而绝大多数的房主们并没有意识到他们正在为这一特权支付额外的费用。

呈现在我们面前的不仅是棉花债券的设计和农场主的期货合约、郁金香期权以及抵押贷款预付的特权,绝大多数的商业和金融领域的交易就是一场赌博。在这个赌博中,买家希望买得便宜,卖家希望卖个好价钱。他们有一方注定是失败的。风险管理的产品是不相同的,他们的存在不一定是因为有些人在追求利润，而是因为市场上需要某种工具能将风险从风险厌恶的团体中转移出去。在棉花贷款的案例中，美国南方政府自己承担了风险甚至是它取得战争胜利的风险。通过承担风险来减少7%和在没有期权的情况下支付的利率之间的差额。他们甚至可能获得在其他情况下不可能得到的资金。贷款人——购买南方债券者，需要期权来充分降低他们的风险，从而能够对较低利率和南方可能输掉战争而带来损失进行补偿。通过交易不确定性，达到了双赢。

下面举例说明期权的运作机制：假设现在是6月，软件热销使你预测微软的股价将会从现在的25美元/股，在3个月内上升到30美元/股以上。为此，你可以买下微软的看涨期权。通过咨询发现：执行价30美元，面值100股，价格2美元/股。如果你买入该期权，即支付2×100=200美元，你将获得在3个月以后(9月)以30美元/股的价格买入100股微软股票的权力。到期时如果微软的股价在30元以上，你就会执行该期权合约向出售方支付3 000美元，从而获得100股微软股票。如果当时的市价是40美元/股，你的收益将是1 000美元减去最初支付的期权费，即800美元。

微软股票的期权与其他衍生合约一样，都是零和游戏。出售方最初收到你200美元的期权价格，如果到期时的股价是40美元/股，他将把价值40美元/股的100股的微软股票按3 000美元的价格交出去。因此，该期权的出售方的损失是800美元，这正是你赚到的数额。如果到期时微软的股价低于30美元，那么购买方不执行该期权，在这种情况下，购买方损失的200美元正是出售方赚取的200美元。

外行人经常对衍生物提出质疑，总的受益与损失显然不能平衡，这使其看起来更像赌场而不是严肃而有益的事业。这是因为其基本原理存在于个体而非总体的层次上。衍生物消除了市场参与者认为麻烦的限制因素，并用新的、较简洁的方式代替。

通常，作为衍生品基础的工具是债券、股票指数与外汇。

芝加哥商品交易所(Chicago Mercantile Exchange，CME)是芝加哥商品交易所集团(CME Group)(纳斯达克上市公司，CME)的全资子公司，后者是Russell 1000 Index的成分公司。CME创立于1874年，其前身为农产品交易所，由一批农产品经销商创建，当时该交易所上市的主要商品为黄油、鸡蛋、家禽及其他不耐储藏的农产品。

1898年，黄油和鸡蛋经销商退出农产品交易所，组建了芝加哥黄油和鸡蛋交易所，重新调整了机构并扩大了上市商品范围后，于1919年将黄油和鸡蛋交易所定名为目前的芝加哥商品交易所。自那以后，该交易所又吸纳了许多种新商品，如猪肚、活牛、生猪、肥育牛等商品的上市期货合约。1972年该交易所为进行外汇期货贸易而组建了国际货币市场分部（International，Monetary Market，IMM）。此后又增加了90天的短期美国国库券和3个月欧洲美元定期存款期货交易。1982年又成立了指数和期权市场分部（Index and Qption Market，IQM），主要进行股票指数期货和期权交易，最有名的指数合约为标准普尔500种价格综合指数及期权合约。

1984年，芝加哥商品交易所与新加坡国际货币交易所建立了世界上第一个跨交易所期货交易联络网，交易者可以在两个交易之间进行欧洲美元、日元、英镑和德国马克的跨交易所期货买卖业务。目前该交易所每日交易量达55万份合约，其中3万份为农产品合约，其余则均为金融期货合约。作为一个国际市场，CME使买主和卖主都来到CME Globex(R)电子交易平台和它的交易大厅里。

芝加哥商品交易所（CME）主要提供以下四类产品的期货和期货的期权：利率、股票指数、外汇和商品。

2004年，该交易所每天进行大约15亿美元的结算付款，截至2004年12月31日，它管理的抵押保证金为441亿美元，其中31亿美元是为非CME产品抵押的保证金。

2007年7月12日，该交易所已经与CME（芝加哥商品交易所的简写）合并成为全球最大的衍生品交易所即芝加哥商品交易所集团（CME Group Inc.），该所以上市大豆、玉米、小麦等农产品期货品种为主，这些品种是目前国际上最权威的期货品种，其价格也是最权威的期货价格。

芝加哥商品交易所现有会员2 724人，其中芝加哥商品交易所会员625人，国际货币市场分部812人，指数及期权市场分部1 287人，交易所工作人员867人（非交易所会员）。交易所的最高理事机构是董事会，由25名董事组成，下设多个专门委员会。

董事会官员：董事长、第一副董事长、第二董事长、秘书、司库、特别律师、执行委员会主席。

交易下设委员会有：农业顾问、美国灵活汇率联合体、获准的交割设施、农产品分部仲裁、金融分部仲裁、建筑改进及房地产、业务经营、黄油交易、育肥牛交易、活牛交易、票据交换所、商品代理/客户申诉、计算机化交易重组系统、集资、教育、股票指数、执行、金融、金融期货筹划顾问、场内经纪人资格审查、场内通讯、农产品场内交易、金融期货场内交易、场内经纪人活动监察、场内服务、外汇、林产品、黄金、利率期货、租赁、生猪、会员服务、会员资格、会员空缺分配、新合约推销、期权、许可证管理、交易池监督、猪肉制品、公共事务、餐馆及俱乐部、蒲氏耳股指交易监督、蒲氏耳股指波动限价。

协调委员会：农产品交易筹划、设施协调、金融工具交易筹划、国际业务筹划、会员协调。

高级职员：总裁兼首席执行官、执行副总裁兼首席业务官、执行副总裁兼首席经济学家和研究员、高级副总裁（负责管理、财务、政府关系、法律和条例事务、销售、业务）、副总裁（负责审计、结算、商品研究和销售、申诉、货币、金融管理、金融研究、首席律师—法律、政府关系、国际金融市场销售、伦敦、纽约办事处、管理信息系统、市场监督、市场分部交易、公共事务、专项计划、战略计划）。

芝加哥商品交易所的主要合约有：

农产品：育肥牛、冷冻五花猪肉、活牛、生猪、8—20 英尺不规则长度木材的期货和期权合约。

金融工具（国际货币市场分部）：澳元、加元、德国马克、法国法郎、日元、英镑、瑞士法郎、人民币、3 个月期欧洲美元、3 个月期美国政府短期国库券期货合约。

金融工具（指数和期权市场分部）：澳元、加元、德国马克、法国法郎、日元、英镑、瑞士法郎、人民币、3 个月期欧洲美元、3 个月期美国政府短期国库券期货合约、S 和 P 指数期货和期权合约。

现在的芝加哥商品交易所

2007 年 7 月 9 日美国芝加哥商业交易所（CME）和芝加哥期货交易所

(CBOT)最终合并成功，两家交易所合并成全球最大的衍生品交易所，缔造了全球最庞大的期货期权交易市场——芝加哥商品交易所集团(CME集团)。

合并后的公司被称为芝加哥商品交易所集团(CME集团)，总部设在芝加哥。合并后的公司的资产总额据估计将达到250亿美元，CME占其中的180亿美元，CBOT约占其中的70亿美元。原CME主席A. Duffy成为合并后公司的主席，原CBOT主席Charles P. Carey被任命为副主席，原CME首席执行官Craig S. Donohue成为合并后交易所的首席执行官，原CBOT的首席执行官Bernard W. Dan被委派负责监管CBOT的业务直到合并完成。合并后的公司的董事会将由29名董事组成，其中CME委派其中的20名，CBOT委派其中的9名。

合并后的交易所交易品种将涉及利率、外汇、农业和工业品、能源以及诸如天气指数等其他衍生产品。CME表示，由两个行业内领先的公司合并为一个公司，有助于巩固其在竞争日益激烈的环境中的成长能力。

2010年CME集团执行了31亿笔期货及期权合约，涵括所有类别资产，总值近1千万亿美元。交易方式包括GLOBEX电子交易，或中央柜买结算交易。所有交易均受到CME结算系统的中央对手机制保护。

2012年5月2日据路透社：据两位知情人周一透露，在洲际商品交易所提出24小时交易方案后，芝加哥商品交易所(CME)集团有限公司将延长其特有的粮食合约的交易时间，捍卫自己的地盘。芝加哥商品交易所由于手中攥有全世界最大的粮食交易所——芝加哥交易所，因此牢牢掌控着粮食交易。知情人透露，芝加哥商品交易所董事会已同意延长交易时间，但尚未决定延长的具体时间，以及何时落实这一方案。此前曾有媒体引用芝加哥交易人员的话称，芝加哥商品交易所计划将交易时间延长至22小时，与州际交易所几周前推出类似的粮食合约交易时公布的延长方案相对应。芝加哥商品交易所目前进行13个小时的隔夜交易，其中白天交易时间将近4个小时。受传统束缚的芝加哥商品交易所一直在使新兴对冲基金、机构投资者与场内交易员、农民和其他散户之间的需求呈现出平衡的态势。此次的延长交易时间方案将成为该交易所的最新改革举措。期货研究机构R·J·奥布莱恩与合伙人副总裁里奇·费尔特斯说："依我看来，交易所并不关注人们在交易日里交易多久，但它却在乎竞争和保住市场份额以及使股东收益最大化。"

从1982年开始，芝加哥商品期货交易所已经出现了标准普尔500指数，并以此作为交易标的，形成了股票指数期货。

许多交易商不希望把未轧平的头寸留到明天，芝加哥商品期货交易所在纽约交易所闭市之后延长15分钟结束交易，以便交易商轧平他们期货品种从而帮助规避下一个交易日开盘时的市场风险。

债券期货的功能

1. 价格发现

期货于未来时间的交割结算特性，使得价格发现功能成为期货最重要的功能。依据持有成本理论(Cost of Carry)，期货价格应为现货价格加上期间的持有成本扣掉交易成本。实际上现货价格会一直在变，期货的价格也会随着市场变化而变动，期货的交易者会根据各种因素对未来现货价格进行判断而做出买卖决策，因此期货与现货价格的不一致会反映出市场未来的走向。

另外，期货市场是集中交易市场，期货价格代表了最大多数人共同决定的价格，因此期货价格往往成为现货市场价格的重要指标。

最后，期货市场存在着大量的套利者，这些套利者不断地监视着现货与期货市场的价格，从而进行套利交易，这使期货价格与现货价格间一直维持着合理的关系，更好地促进期货的价格发现功能。

2. 风险转移

一个良好的金融市场，一定会满足三类投资人的需要：投机型投资人、避险型投资人以及套利型投资人。有了套利型的投资人，市场价格形成机制更有效率；有投机型投资人的存在，避险型投资人才能将其风险转移给投机型投资人，也就是说，投机型投资人是风险的承接者。而利率期货则在这三类投资人之中扮演最有效也最灵活的桥梁角色。

3. 避险工具

国内的债券市场交易成员除了一般投资人以外，还包含证券公司、保险公司、基金公司、银行以及财务公司，这些机构通常持有大量的债券，而这些债券多数因为营运上的原因或是法规限制，不能很好地在市场上进行灵活的交易，甚至有些券种根本没有流动性。所以当市场发生变化，如利率上升时，这些库存的债券价值降低，从而无可避免地给这些金融机构带来损失。

如果有了债券期货，这些投资机构便能利用债券期货进行避险，因为期货避险时，只要在到期前平仓，便不需要实物债券的交付，直接以保证金进行结算，因此降低了交易成本的同时也让避险成为可能。

4. 投资组合久期（Portfolio Duration，在利率变化不大时，作为一阶导数能起的作用）的调节器

投资组合久期是衡量利率变化对一个债券投资组合价值变动的敏感性，久期越大，投资组合受利率变化的敏感度越大。因此当投资者预期利率会发生改变时，必须判别利率改变的方向（升高还是降低），进而调整手中持有债券组合的成分，以改变投资组合的久期，适应市场未来的变化。

以往，这样的做法必须通过买卖债券来完成，比如说，要想延长投资组合的久期，则需先卖掉久期较小的债券，用得到的钱买入久期较长的债券，这样做的交易成本很高。

由于债券期货的交易标的物是一个虚拟的债券，本身也是个固定收益证券，因此通过债券期货的交易就可以在不进行实物债券买卖的情况下，仅需保证金交易就能达到调整久期的效果，这对投资人，尤其是大资金型的机构，特别方便也特别有效率，对安定市场可起到正面的帮助作用。

5. 更有效的资产配置工具

保险、基金、银行等大资金的投资组合管理者，常会为了因应市场环境的变迁而调整其投资组合中各种资产来达到提高操作绩效的目的。在以往，必须通过现货的买卖才能达到，有了债券期货，就可以通过保证金交易来达到相同的效果，而且效率更高。

6. 提高资金运用效率

就像前面提到的，期货交易可以通过保证金交易来完成，因此进行债券期货交易并不需全部的本金，只需付出小额度的保证金就能进行大金额的交易，因此交易成本就比现券交易低。投资者运用低成本的期货进行避险、套利或资产配置时，所需资金不需太多，多余的资金可做其他用途，相应地也就提高了资

金运用效率。

7. 增加交易的灵活度

不需实物、通过保证金来交易的债券期货,带给投资人以更大的交易灵活度。在传统现货买卖上,如果投资者因看好某个债券(最好是期货的 CTD)想买进,苦于手中无钱,就只能望券兴叹,但是通过债券期货,投资者只要缴纳少量的保证金就能取得买入该券的权利,到期交割时再交付全部的交割金取得债券,或如果到期前期货价格上升就卖出,获利了结。同样的推论也可以应用在看空债券上。因此,有了债券期货,投资人对交易时机的掌握度将会变得更高,因此债券期货交易常会比现货交易更容易达到资产配置的目的。

国际债券期货介绍

1. 美国芝加哥期货交易所(CBOT)

CBOT 的债券期货商品结构最为完整,包含短、中、长期的美国国债期货契约,短则 2 年,长则 30 年,其中的 10 年期债券期货则是成交量最大的商品(以 2002 年为准),以下是美国 CBOT 国债期货契约规格:

契约名称三十年期美国政府债券期货十年期美国中期债券期货五年期美国中期债券期货二年期美国中期债券期货

交易标的面额 10 万美元,票面利率 6%;长期国债面额 10 万美元,票面利率 6%;10 年期国债面额 10 万美元;票面利率 6%;5 年期国债面额 20 万美元,票面利率 6%;2 年期国债。

可交割债券待偿期至少 15 年的长期国债待偿期 6.5—10 年的中期债券待偿期 4 年 3 个月以上,发行期限小于 5 年 3 个月的中期债券待偿期至少 1 年 9 个月—2 年,且发行时的到期期限不超过 5 年 3 个月的中期债券

报价方式　百元报价

最小升降点　1/32 点　1/64 点　1/128 点

交割月份　3,6,9,12

最后交易日　交割月份倒数第七个营业日下列取较早者:1. 当月 2 年期债券标售前第二个营业日;2. 当月最后营业日

最后交割日　交割月份最后一个营业日最后交易日后第三个营业日

交割方式　联邦准备国债登录转账系统(实物交割)

交易时间　人工喊价：周一至周五 7:00—14:00；电子盘：周日至周五20:00—隔天 16:00；到期契约最后交易日交易至当日中午

涨跌限制　无

仓位限制无　最近月：5,000 口；其他单月：无限制；合计：5,000 口

2. 欧洲期货交易所(EUREX)

EUREX 主要的债券期货包括长期欧元债券期货(Euro-BUND Futures)、中期欧元债券期货(Euro-BOBL Futures)，以及短期欧元债券期货(Euro-SCHATZ Futures)，其 2002 年的年成交量分别为 19 126 万、11 468 万及 108 761万口，大幅领先 CBOT 的美国债券期货，稳居全球前三大债券期货，而 EUREX 也超越 CBOT 成为全球最大的期货交易所。以下为 EUREX 债券期货的合同规格：

合同名称　长期欧元债券期货(Euro-BUND Futures)　中期欧元债券期货(Euro-BOBL Futures)　短期欧元债券期货(Euro-SCHATZ Futures)

交易标的　面额 100 000 欧元；票面利率 6%；德国政府长期债券　面额 100 000 欧元；票面利率 6%；德国政府中期债券　面额 100 000 欧元；票面利率 6%；德国政府短期债券

可交割债券　待偿期 8.5 年至 10.5 年；发行金额 20 亿欧元以上；德国政府长期债券　待偿期 4.5 年至 5.5 年；发行金额 20 亿欧元以上；德国政府中期债券　待偿期 1.75 年至 2.25 年；发行金额 20 亿欧元以上；德国政府短期债券

报价方式　百元报价

最小升降点　0.01(相当于 10 欧元)

交割月份　三个季月(3,6,9,12 季月循环)

最后交易日　交割日前两个营业日

最后交割日　交割月份第 10 日，若该日为非营业日，则顺延至最近的营业日

交割方式　实物交割

交易时间　一般交易时间为 8:00—19:00；最后交易日为交易时间至 12:30

涨跌限制　无

仓位限制　单一月份 80 000 口 单一月份 50 000 口 单一月份 40 000 口

第四节　衍生品市场的历史轨迹

衍生品之所以被称为“衍生品”，是因为它们的价值源自其他资产的价值。

衍生品市场存在的合理性：由于交易标的资产成本过高，或者存在交易限制，而衍生工具交易是一种低成本而有效的交易标的资产的方式。

17 世纪，荷兰郁金香根茎远期和期权合约盛行，1637 年冬天郁金香根茎价格暴跌，引起大量合约违约。

1848 年，芝加哥交易所(CBT)成立，为谷物交易的现金和远期提供了集中化的市场。

1865 年，芝加哥交易所完善了远期市场，推出农产品期货合约，这些新合约在交货质量、数量、时间和地点上都是标准化的，还采用了清算所和差价制度。

1870 年，纽约棉花交易所(NYCE)成立，交易棉花期货。

1874 年，芝加哥产品交易所(CPE)成立，交易黄油、鸡蛋、禽类以及其他易腐烂产品。

1878 年，伦敦玉米交易协会在英国推出了第一个期货合约。

1882 年，一群咖啡商人成立了咖啡交易所(CE)，以交易咖啡期货。

1898 年，黄油和鸡蛋交易商退出 CPE，成立了黄油和鸡蛋交易所(CBEB)。

1904 年，温尼伯商品交易所推出了加拿大首个商品——燕麦的期货合约。

1919 年，圣保罗商品交易所（BMSP）在巴西推出首个商品期货合约。

CBEB 改为芝加哥商品期货交易所（CME）。

1933 年，商品交易所（COMEX）成立，推出首个非农产品——银的期货合约。

1952 年 10 月，伦敦金属交易所（LME）在英国推出金属铅的期货合约。

1960 年，悉尼期货交易所（SFE）成立，以交易未脱脂羊毛期货。

1961 年 9 月，CME 推出首个牲畜期货合约——冻牛肚。

1972 年 2 月，CME 推出首个金融工具——外汇期货合约。

1973 年 4 月，CBT 成立了芝加哥期权交易所（CBOE），以交易在纽约股票交易所（NYSE）上市的 16 种普通股股票的期权，交易一开始在期货交易所上面的吸烟室进行。

1975 年，CBT 推出了首个利率期货合约——国家抵押贷款协会（GNMA）期货。

蒙特利尔交易所（ME）开始在加拿大推出股票期权。

1 月，美国股票交易所（AMEX）开始交易股票看涨期权。

6 月，费城股票交易所（PHLX）开始交易股票看涨期权。

1976 年，太平洋股票交易所（PSE）开始交易股票期权。

澳大利亚期权市场（AOA）在澳大利亚成立，以交易股票期权。

1 月，CME 开始交易国库券期货合约。

3 月，多伦多股票交易所（TSE）在加拿大推出股票期权。英国也在这一时期推出了股票期权。

1977 年 6 月，在美国普通股票的看跌期权第一次在 CNOE、AMEX、PHLX 以及 PSE 上市交易。

8 月，CBT 开始交易国债期货合约。

1978 年，伦敦期权市场（LTOM）成立，开始交易股票期权。

欧洲期权交易所（E0E）于 1977 年 11 月在荷兰成立，开始交易股票期权。同时，NYMEX 推出第一个能源期货——热油。

1980 年，国际石油交易所（IPE）在英国成立，交易石油产品期货。首个场外国库券期权推出。

9月,多伦多期货交易所(TFE)在加拿大成立,交易金融资产的期货合约。

1981年,第一个场外利率互换交易推出。

12月,CME推出首个以现金结算的期货合约——欧洲美元期货。在到期日,欧洲美元期货按当时市场上普遍的3月期欧洲美元存款利率以现金结算。而现金结算使股票指数衍生工具的产生成为可能。

1982年,伦敦国际金融城期货交易所(LIFFE)在英国成立,交易金融衍生品的期货。

2月,堪萨斯城交易所(KCRT)推出首个股票指数(价值线股票指数)期货。

4月,CME开始交易S & P500指数期货。

10月,第一个非普通股股票期权开始交易。CBOE和AMEX开始交易国债、政府票据以及国库券期权。CBT开始交易国债期货期权。COME开始交易黄金期货期权。咖啡、糖和可可交易所(CSCE)开始交易糖期货期权。

12月,PHLX开始交易外汇期权。

1983年1月,CME和纽约期货交易所(NYFE)开始交易股票指数期货期权。

2月,SFE开始在澳大利亚交易所有普通股股票价格指数期货。

3月,CBOM开始交易股票指数期权。

1984年,新加坡国际货币交易所(SIMEX)成为亚洲第一家金融期货交易所。

5月,LIFFE开始在英国交易ET—SE指数期货。

12月,NYMEX推出无铅汽油期货。

1986年,中国香港期货交易所开始交易恒生指数。

9月,SIMEX开始交易Nikkei 225股票平均值期货。

1991年,场外衍生品的名义总额超过交易所交易的衍工具。

1992年,信用衍生合约开始在场外市场交易。

1996年3月,NYMEX推出电力期货。

2004年3月,CBOE推出CBOE市场波动率指数(VIX)的期货合约。

5月,CBOM推出3个月S & P500现实方差的期货合约。

在衍生品交易市场中，衍生品合约首先由交易所标准化，然后再进行交易。衍生品交易所很早以前就已经存在了，芝加哥交易所(CBOT)成立于 1848 年，该交易所把农场主和商人汇集到了一起，最初芝加哥交易所的职能是将交易的谷物的数量和质量标准化。几年以后，产生了标准化合约。投机者很快就对合约产生了兴趣，并发现这种合约是对直接交易谷物的一个很好的替代。芝加哥交易所的竞争对手芝加哥商品交易所成立于 1919 年，现在世界上已经有了很多的期货交易所。

全球主要期权期货交易所：

北美股票交易所(AMEX www. amex. com)

澳大利亚股票交易所(ASX www. asx. com. au)

巴西商品及期货交易所(BM&F www. bmf. com. hr)

马来西亚股票交易所(BM www. bursamalaysia. com)

芝加哥交易所(CBOT www. cbot. com)

芝加哥期权交易所(CBOE www. cboe. com)

芝加哥商品交易所(CME www. cme. com)

欧洲期货交易所(EUBEX www. euaexahange. com)

泛欧证券交易所(EURONEXT www. euronext. com)

中国香港期货交易所(HKFE www. hkex. com. hk)

洲际交易所(ICE www. thsice. com)

英国国际石油交易所(IPE www. ipe. uk. com)

国际债券交易所(ISE www. iseoptongs. com)

堪萨斯城交易所(KCBT www. kcbt. com)

伦敦金属交易所(LME www. lme. cu. uk)

西班牙金融期货交易所(MEFF www. meff. es)

墨西哥衍生产品交易所(MEXDER www. mexxdex. com)

明尼阿波尼斯谷物交易所(MGE www. mgex. com)

蒙特利尔交易所(ME www. me. org)

纽约期货交易所(NYBOT www. nybot. com)

纽约商品交易所(NYMEX www.nymex.com)

纽约股票交易所(NYSE www.nyse.com)

大阪证券交易所(OSE www.ose.or.jp)

费城股票交易所(PHLX www.phlx.com)

新加坡交易所(SGX www.ses.com.sg)

悉尼期货交易所(SFE www.sfe.com.au)

东京谷物交易所(TGE www.tge.or.jp)

东京金融交易所(TFX www.tfx.co.jp)

加拿大温尼伯商品交易所(WCE www.wce.ca)

进入新世纪以后,许多交易所进行了合并。如:CBOT 和 CME 在 2006 年 10 月合并,合并后成为世界上最大的交易所;Euronext 和 NYSE 在 2006 年 6 月宣布合并;ASX 与 SFE 在 2006 年 7 月合并;ICE 在 2006 年 9 月及 2007 年 6 月分别购买了 NYBOT 和 IPE;EUREX 现在由德国的 Borse AG 公司和瑞士 SWX 交易所共同拥有;EURONEXT 现拥有伦敦国际金融期货交易所(LIFFE)以及两家法国交易所;纽约股票交易所在 2005 年 9 月并购了太平洋交易所等。交易所的合并是为了追求规模效应、降低交易成本和费用,更有利于流动性。

衍生市场分为交易所市场和场外交易市场。

场外市场工具最大的特点就是具有灵活性,可以根据客户的需要为客户提供量身定制的合约。但是交易双方必须自己采取措施防范对手的违约风险。最早的衍生品是以场外交易的方式存在,由于市场缺乏深度和流动性,要想在到期日之前进行解套,通常需要与交易对手进行谈判,而大多数情况下交易条款很不利。更有甚者,违约十分常见,使市场统一受损。因此交易所交易逐渐取而代之。交易所市场进行的标准化合约的买卖,提供了一个富有深度和流动性的市场,交易的完整性由交易所清算中心负责保障。交易所设计了金融资产衍生工具,而且还规定了现金结算的方式。

场外交易的兴趣不在商品而在金融资产上,银行业也很快意识到他们可以为顾客量身定做任何交易的工具，由于场外交易几乎不受到监管的影响，他们可以为客户设计各种衍生工具。金融衍生品场外市场成长于20世纪80年代，不久以后，更新产品结构以避免市场统一性的违约成了首当其冲的问题。一个全球化交易协会，称为国际互换和衍生品协会（ISDA）的机构在1985年成立。今天，ISDA有五大洲37个国家的450多个会员（大多为有场外衍生品交易的大银行），其主要目的是通过促进银行自身有效经营管理与场外交易的协调性，包括发展并维护衍生品市场的文本记录，来鼓励谨慎而有效的衍生品市场的发展。

一般来说，场外衍生品市场的信息在诸如《华尔街日报》这样的金融杂志上是看不到的。事实上，因为场外交易的衍生合约是私下协商的，使用的信息范围很广，所以没有办法系统地汇集和报告这些信息。要获取指示价格或某种“一般性”场外交易，一个办法就是订阅诸如Bloomberg、Reuters以及Telernate这样的公司服务，他们提供实时报价。这些服务可以使人们进入一些页面（互联网），每个页面都列出了当前一般交易类型的市场报价。

与交易所交易不同，场外交易存在信用风险及合约方违约的风险。在场外交易，交易双方只能自己处理信用问题，而场外交易的双方通常是交易商与用户或交易商对交易商。因此，信用度对不同的交易者是不一样的，大银行的信用度要比一些小银行或公司高很多。

管理风险的一个可能办法是只与信誉高的对手交易，但是银行这么做，可能并不符合股东的利益，因为信用较低的客户可能存在着大量有利的交易。另一个处理信用风险的办法是要求信用低的一方提供担保人。在这种情况下，信用低的一方要支付一定的金额（固定比例）给第三方（担保人）。还有一种方式就是考虑违约成本，对合约条款作相应的调整。

定价和风险管理是另外一个重点，衍生合约是管理头寸资产的预期和风险特征的强有力工具，为了充分利用其提供的机会，需要详细了解衍生合约是如何定价的。如果不理解哪些因素影响定价，就无法精确测定风险，自然也就无法有效地进行风险管理。

金融决策中的关键问题就是风险、收益、现金流的时间，决定证券价格的因素就这三个。

外汇交易方式：

1. 即期外汇交易：又称现汇交易，是交易双方约定于成交后的两个营业日内办理交割的外汇交易方式。

2. 远期交易：又称期汇交易，外汇买卖成交后并不交割，根据合同规定约定时间办理交割的外汇交易方式。

3. 套汇：是指利用不同的外汇市场、不同的货币种类、不同的交割时间以及一些货币汇率和利率上的差异，进行从低价一方买进，高价一方卖出，从中赚取利润的外汇交易方式。

4. 套利交易：利用两国货币市场出现的利率差异，将资金从一个市场转移到另一个市场，以赚取利润的交易方式。

5. 掉期交易：是指将币种相同，但交易方向相反、交割日不同的两笔或者以上的外汇交易结合起来所进行的交易。

6. 外汇期货：是指以汇率为标的物的期货合约，用来回避汇率风险。它是金融期货中最早出现的品种。

7. 外汇期权交易：外汇期权买卖的是外汇，即期权买方在向期权卖方支付相应期权费后获得一项权利，即期权买方在支付一定数额的期权费后，有权在约定的到期日按照双方事先约定的协定汇率和金额同期权卖方买卖约定的货币，同时买方也有权不执行上述买卖合约。

8. 以后将出现由银行和互联网投资公司合办的外汇交易平台，这样为个人投资降低了不必要的成本。

第四章
金融地理

第一节　世界范围的金融中心

“二战”以后，当美国把“金融”作为国策的第三支柱以后，已经很难将政治和金融割裂开来。因此提及“金融地理”也就不能不说到地缘政治。

大家总是把地缘政治与《大棋局》联系在一起(《大棋局》一书作者兹比格纽·布热津斯基，美国波兰裔著名地缘政治思想家)，其实，早在1917年第一次世界大战还没有结束时，就有人开始策划犹太复国。英国外长亚瑟·巴尔弗与罗斯柴尔德家族的私人关系，他们两人都是新兴的帝国主义派成员。而罗斯柴尔德是“热爱锡安山运动”的出资人。大约从19世纪90年代初开始，一群主要来自牛津和剑桥的精英，形成了一个政策圈子。这个圈子在此后半个多世纪中非常有影响力。这个圈子并不承认自己的存在，可是人们称呼他们为“圆桌骑士”。“圆桌骑士”企图建立一个永久的全球帝国，一个建立巧取豪夺、肆意分割地球资源基础上的大不列颠的帝国。他们的影子可以在1910年创办的刊物《圆桌》里找到。

“如果我们把这个世界看成一个岛屿，阿拉伯半岛是从欧洲到印度，从北部腹心地带到南部腹心地带的走廊，是世界岛屿的中心，那么，在当今世界上，耶路撒冷这个山地城堡的战略地位，与在中世纪或者在古代巴比伦和古埃及时期，同等重要。

……

在苏伊士运河上成千上万的船只穿梭于印度和欧洲之间，这些船只处于巴勒斯坦驻军的有效打击范围之内。而且穿越雅法附近海岸的铁道线正在修建，通过这条铁路线可以将南部腹心地带和北部腹心地带连接起来。

巴勒斯坦成立犹太国是最重要的胜利果实。这是一片处于世界的实际中心和历史中心的国土，它扼守着阿拉伯石油产区的咽喉，同时也控制了南部非洲。自1848年加州‘淘金热’以来，德兰士瓦是世界最大的黄金和钻石的产区。因此，耶路撒冷是与黄金、钻石和石油有关的战略要地。”

在相互割据、争吵不休的阿拉伯国家的包围之中，由犹太人主导巴勒斯坦，只有求助于英国的庇护才能勉强存在下去。这正是“圆桌骑士”精心策划的结果，以较低的成本投入，实现其对“伟大博弈”战略制高点的控制权。当然，随着“二战”以后，大不列颠帝国走向了衰落，这一战略制高点又成为美国布热津斯基《大棋局》中的一颗重要的棋子。而基辛格，成了成功的践行者。

19世纪法国作家邦雅曼·贡当斯的《僭主政治》，很好地诠释了国际金融寡头利用资本力量，对一个国家的政策的制定，以及战争与和平产生着巨大的影响。从罗斯柴尔德与巴尔弗的关系，说明了金融寡头确实可以通过多种多样的方式以及私人关系，影响到国家制定政策的核心人物。

如果要说得再远一点，那就是俄国女沙皇——叶卡林娜说过的：“我已经不能保卫我的疆土了，只有当别人不安全的时候，我才是安全的。”

这句话被奉为地缘政治的经典。

从这里可以看出，所谓的“地缘政治”浸透了殖民主义者思维，它的目的就是攫取全球资源。地缘政治本身，并没有能达到殖民者的战略目的，而在以后的“金融地理”中，美国佬使用金融国策，实现了所谓的“全球化”。因此殖民主义者才在很大程度上实现他们的构想。

中东问题的关键点——以色列。以色列建国以来，中东大小战事不断，所有的矛盾点都在以色列身上。支持以色列是美国的国策，回顾“一战”以后，关于“圆桌骑士”的政治经济地理学说，还有美国的前国家安全顾问布热津斯基的

《大棋局》。以色列本身就代表了美国帝国主义的核心利益。看看地图就知道，以色列正处在中东、地中海、非洲以及亚洲的咽喉通道，在这一点上它是不可动摇的。因此，不要说犹太金融寡头利用资本力量影响了美国的“黑金政治”，对外政策以偏袒以色列为主。而是以色列建国本身就是美国的核心利益，与犹太人没有关系。

如果说真有“货币战争”的话，那么首先是由货币政策出手，打乱你的结构配置，恶化其财政，然后再由对冲基金出面收网。

从金融中心的角度来理解金融地理，为我们提供了一个比较直观的方法。

金融中心的基本功能是银行业，先是零售银行业务，然后是批发业、银行业务。即成为银行业中心，具有资本聚集、向海外贷款并作为跨国清算机构。证券管理是另外一项重要管理功能，之所以如此是因为它与大量的债务有关，也与之对中心的信任间接有关，即相信中心能够专业性地处理这些债务。中心的第三个基石是保险业。

由于历史的原因，银行业中心被认为是具有永久性的，不容易消失的。显然，确认这一中心是根据重要银行的总部所在地。国际金融中心的主要活动是借贷、证券发行和交易、资金管理，还有保险。证券也包括债券和股票并作为衍生品的基础工具。大多数原始证券是本国的，但为国家投资者发行的比重正在增长。交易在正式的交易所和场外交易市场都可以进行，客户可能是外国人也可以是本国人。交易不一定限制在一个特定的区域，尽管标准交易所的交易总有一个地点。与此相反，场外交易和发行可以在城市水平上分散或集中，尽管人们对特定地区的认识还不统一。

证券机构和大多数批发银行承销发行，签订衍生品合约，并参与交易和以后的结算。所有的银行都从事长期和短期、国内和国外的借贷。它们还买卖外汇并提供支付服务。许多还给予投资指导，提供资金管理和保管业务。总之，范围很广且许多活动只具有表面上的全球规模。

第一次世界大战之前的世界范围的金融中心是伦敦、巴黎以及阿姆斯特丹。在战后，纽约加入了这个集团，而阿姆斯特丹降到了第二级。这些中心的标志特点就是它们的金融资本输出能力。

"二战"以后,没有一个国家成为持续的资本输出国。美国曾有过很好的开端,但是没有坚持下来。当其领先地位开始明显衰落时,它求助于法规而不是依靠竞争。日本在达到同样的地位时,做法完全一致。

英国优势尽失,再也无法发挥曾有的资本输出国的作用。但它很快就挽回了自己作为全球东道主的地位,一个重要的原因是原有的开具票据或支付货币与债权国、发行国、所有权国家和交易国之间的联系逐渐分离。另外一个原因是欧洲时区需要一个金融中心,英国抓住了机会。

金融资本的输出,它是金融中心存在的有利条件,但不是必备条件。由于银行业是金融中心的重要组成部分,能够使银行业务增加的因素对金融中心来说十分关键。对外贸易和对外直接投资是重要的因素。当然,对外直接投资是资本输出的一个特殊方面,但贸易金融并不如此。因为银行家需要参与债务发行,他们就要在发行地有落脚点。换句话说,不仅仅资本输出地,而且一贯的资本输入地也吸引着金融中介。一个例子就是日本银行和证券机构大规模进驻纽约作为美国政府债券和本国客户之间的中介。

除了内部因素和宏观因素之外,还有现实市场的监控和法规。一个国家或城市一般情况下不能迫使外商进行区位决策,但是可以通过扫除不必要的障碍来实现。这正是 20 世纪 50 年代和以后所做的。它选择了对不直接影响本国经济的金融交易放宽的法规限制,这被看成是一个明智的长期战略。也可以看成是为摆脱困境所做的努力,伦敦看起来更像一座自由城。

法规和监督的概念具有多方面的内容。这包括汇率和利率调控、中央银行无息最低储备金要求、最低资本、资产比率、强制性保险计划、资本收益、收入和利润的直接税收、不拖延地返还预扣税、营业税、印花税、依从官员管理、事前事后报告、时间延误预先报告以及关于被禁止的和非道德的操作行为的没完没了的条目。除此以外,还有关于管理的公正性和持续性的规定,其重要性并不亚于管理条文本身。实际上,它们是关系到安全的一个特殊方面,而安全是所有金融业务的根本要求。

伦敦的例子间接说明规制越少,情况就越好。在合理的范围内,这完全是成立的。国际金融以批发为主,或称为"高级"金融产品交易,这应当由买主自己当心,即英国法律中"货物出门概不退换"的原则。法规根本没有必要,因为长期以来创建这些法规都是为了保护个人和小企业的利益，对国际交易的影响是弊大于利。外国人经常能在美国规定的报告和披露要求中看出弊端，对此一个可能解决的方案是对国际和国内各采用不同的法律体系。事实上，在许多小的离岸中心已经采用了这样的办法。在那些地方，金融活动的两极分化十分明显，以至于法规的分离情况非常普遍。

尽管法规制定者很容易受到缺乏耐心的中介人士的批评，但是如果没有他们，金融系统就不能正常运行。譬如：列支敦士登的基金会、麦克斯韦儿养老基金被盗空；在新加坡的巴林银行证券部草率的衍生物交易以及纽约 Daiwa 银行的欺诈和伪造案。在以上这些案件中，尽管监管者都没能及时调查和纠正错误的行为，但是若没有任何的法规，类似的问题会发生得更多。因此，法规是有利于多数人的。

影响金融中心运行的因素还不止这些，另外还有中介机构的劳动队伍。批发业务只需要少量人员，但对他们的技能和诚信要求较高。零售业务要求大量的人员，对技能要求一般。各国的情况参差不齐。有些国家提供正规的金融专业教育，另外一些国家依靠大学毕业生，少数国家喜欢在岗培训。但所有国家都要求雇员在国际业务中使用英语。在现代金融活动中，英语是共同语言。没有足够数量掌握英语的人员，金融中心就不可能获得国家上的优势。

技能水平要求上的差异并不能掩盖一项事实，即大规模的零售业不仅是高级金融业的一个补充，而且是在惨烈的国际竞争中，无法进入高级金融中心的安全网。人力资源的重要性在小的离岸中心更为突出，他们必须引进高素质的劳动力，而当其吸引力枯竭时，商务活动也就被限制住了。即使在世界级的大都市，也可能出现最佳人才短缺而必须引进的情况。

人力资源的下一个阶梯是在会计、法律和技术单位工作的人员。他们是一个功能正常的金融中心不可或缺的。但并不像金融从业人员那么引人注意。

一个金融中心的物质结构以及办公和生活成本是相对容易定量化的，因此是经常进行讨论的对象。他们并非不重要，许多金融中心机构由于高成本而迁址，但这仍然是在收益和成本之间进行平衡的做法。如果业务是活跃的和有利可图的，就能够支付租金和其他费用。同时在大多数情况下，反作用力都在发挥作用，高租金刺激新的建筑物建设，居住和后台办公活动重新布局在远离商业中心的地方以及交通系统升级等。只有绝对的空间短缺才能对其发展造成永久性的障碍。生活方式也是影响金融中心的一个因素？在伦敦进行调查的人员并不认为生活质量对金融中心的建立有很大的影响。

当前全球金融业的一个基本特征就是有三个分别以北美、欧洲和亚太为中心的相互联系的时区。因为这三个时区的人们都在白天工作，这就意味着工作时间的重叠是很有限的，或者根本没有重叠。在各种经济模式的作用下，每个时区形成了一个主导中心。在美洲时区，美国经济的绝对规模优势使其国内中心纽约成为时区的中心。在欧洲时区，因为英国的相对规模减小，伦敦作为时区面临着更多的挑战，这个弱点被其长期形成的技术基础和为维持其传统地位而潜心研制的政策所弥补。在亚太地区 19 世纪 80 年代以前，日本拥有时区 GDP 总量的 70%，很自然，日本的国内中心——东京被看做全球结构的第三极。

全球金融中心链条间的时差，纽约—伦敦—东京—纽约，分别是 5 小时、9 小时和 10 小时。这就意味着只有纽约和伦敦可以在一个正常工作日之内直接对话。即使这样，重叠的时间也只有三个小时。这就是说，许多一般在一天之内就可以决定的常规事件现在需要两天的时间，因此就有充分的理由在另一个时区开设机构。使全球体系具有弹性的是伦敦和东京都在大陆上具有替代者，比如巴黎或法兰克福、中国香港和新加坡。它们具有已被认可的时区中心的部分、全部甚至更多功能。如果伦敦和东京同时被替代的话，时差将为 6 小时、7 小时和 11 小时。这种情况会大大提高欧洲的相对地位，并使其成为中央时区。

纽约、伦敦和东京这三个中心拥有国际银行借贷总额的 45%，伦敦和纽约加在一起拥有非本国交易的大约 90%。在其他领域里，如欧洲债券发行和交易、国际资金管理、国际保险和黄金交易，三个中心所占的总市场份额与前面的情况相同，但是活动更集中于伦敦。给人最明显的印象是伦敦是一个国际中心，纽约和东京比较起来主要是国内中心，尽管与东京比起来，纽约的国际性要强得多。

从表面上看，情况就是如此。伦敦占据国际金融中心的首位是一个事实。

第二节 纽 约

“二战”以后，美国强大的经济实力无疑应该保证纽约在世界级金融中心居首位，但这并没有成为现实。因为美国的政治以州为基础，各州不会对发展其他州的某个城市感兴趣。同时还有对于金融界的一种谨慎态度，这种态度是大萧条年代和大规模托拉斯全盛期的后遗症。在大萧条的数年间(1929—1934)，大约有 9 000 家银行倒闭，致使 13 亿美元的存款化为乌有。

如果再追溯文化根源的话，是简单的农民社会意识。大城市是金融汇集地，有时抑制其散发出能量成为重要的政治目标。《1933 年银行法》(《格拉斯一斯蒂格尔法》和《麦克费登法》)，这些法律包含了一个共同的主题，即银行也由于过度投机，应在很大程度上承担大萧条的责任。

《1933 年银行法》规定加强联邦储备系统的作用，设立联邦存款保险，强迫银行业务与证券业务分业经营。在这以前的多数货币中心银行都在混业经营银行和证券业务。因为有了《1933 年银行法》，银行不得不将涉及证券业务的职能部门分拆出去。摩根银行的证券业务改组成了摩根士丹利，其他一些银行的证券业务合并为第一波士顿。在接下来的 50 年里，商业银行和投资银行之间壁垒分明，并且为人们所广泛接受。

20 世纪 60 年代导致纽约的金融实力向伦敦输出，先是对新发行的外国股票和债券征收平息，其后是资本输出的“自愿”指导，达到顶峰时则采取了限制措施，从而外国贷款变得很不景气。在海外赚的钱和贷方偿还的钱都留在了欧洲，也是为了规避储备金要求和存款保险，从而形成了欧洲美元市场的基础。在 1963 年 7 月开始实施资本控制以前的 18 个月，纽约金融业连续下滑，对这些政策提出了质疑。

不管怎么说，纽约在国际业务方面的影响还是很大，这主要是依赖它的资本输出能力。除了美国，没有其他国家能够提供如此数量的资本和对非传统的风险债务有如此大的胃口。另一个方面，美国竞争力的削弱是由于资本对资产比率，美国规定该比率比巴塞尔协定中规定的最小值还要高若干个百分点，还有3%的无息最低储备金。此外，还有0.2%的存款保险金。商业银行和投资银行间的分离，使前者相对缺乏进行证券业务的技能，而这正是国际金融中心中介快速发展的部分。因此，直到20世纪90年代以前，投资银行的规模比它最弱小的竞争者欧洲通用银行还要小。

纽约银行界自然是这些管制政策的主要反对者，而且这种对抗关系很容易地被转移到国际事务上。不然就很难理解，为什么国际货币基金组织和世界银行设在接近政治中心，而远离商务中心——华尔街。由此推断，地方政治家不太支持，纽约也是在1961年才允许外国银行开设全业务分支机构。

银行业界第一次对《格拉斯—斯蒂格尔法》和《麦克费登法》提出严肃挑战是在20世纪80年代。当时，美孚银行想出售商业票据，并获得了批准。随后，银行开始了旷日持久的努力，一点一点地破坏这部法律的效力，并开始向美国国会游说，希望获准至少部分进入证券市场。在另外一个方面，商业银行也遭到了投资银行的反对，一些投资银行企图阻止商业银行在华盛顿所做的努力。与此同时，另一些投资银行却在悄悄地探明路径，试图获得银行执照，进入存款市场。

高盛是最早试水的公司，它在20世纪80年代初就购买了达拉斯第一国民银行以伦敦为业务中心的一个小型分行，当时这家银行正遇到困难，想关闭在欧洲的业务。高盛趁此机会加入了收购谈判，并竭尽全力使交易获得英国央行的批准。可是英格兰银行不愿意卷入美国的一场有争议的放松金融管制的斗争，于是就要求高盛必须先获得美联储的同意。当时的联储主席保罗·沃尔克不愿意《格拉斯—斯蒂格尔法》被违背或推翻，于是就采取了官僚式的拖延，要高升去找纽约州银行委员会。该委员会当时由通过政治任命的穆丽尔·希伯特主持，她还是纽约证券交易所有史以来第一位女性会员。谁知这位女性会员富有远见地对这次收购给予认可。随即高盛与英格兰银行进行了18个月艰苦谈判，终于拿到了银行执照，进入了伦敦银行市场，为公司的交易头寸以及新的外汇交易业务进行融资。此后不久，美林证券也在伦敦获得了银行执照。而此时，美国银行业界首先看到的却是，他们所从事服务的领域已经被欧洲大型全能银行所占有，那些银行的监管部门都允许它们从事各种形式的服务，包括证券和保险。

欧洲大型银行在欧洲债券市场以及其他国际市场非常活跃，也积极向美国公司放款，而传统的美国银行却由于资产负债表上的问题，借贷受到了约束。结果，时至 20 世纪 80 年代中期，美国银行的光环在消退。有着不错的资信评级的外国银行(其中包括好几家日本银行)，已占到向美国公司进行批发借贷 22%的国内市场份额。这对美国银行来说，是一个令人感到非常不安的问题。这些多种业务集于一身的银行实体，就是美国银行未来的目标。于是他们便努力游说，以获取像欧洲一样的全能银行，这样才能与之展开竞争。

1992 年，随着欧洲《单一市场法》的通过，欧洲共同体已演变成为欧洲联盟。这旨在撤销所有阻碍商品、资金、人员和思想在欧洲跨界流动的限制。欧盟发布的一项银行业务指示，规定在欧盟一国从事业务活动的银行，可以在欧盟所有国家从事银行业务活动，欧盟各地应该接受全能银行。在欧盟拥有子公司的美国银行，像欧洲银行一样，给予相同的权利。但是美国银行在规模上并不具有全能银行的力量。此时，随着格林斯潘替代沃克尔出任联储主席，他宣布美联储可以对在“非关联子公司”中允许“禁止业务”设定数量限制。美联储首先规定来自“禁止业务”的资产和收入上限为 5%，这些业务包括承销证券和证券经纪业务等。对银行来说，这是一次重大的突破，但在最初，按自己意愿行事的余地太小，做起来意义不大。慢慢地，随着时间的推移，银行克服了这一点，他们不断游说，把允许做的业务比例扩大到了 20%，也通过不断整合提高了银行的资产规模。

1998 年，旅行者保险集团将与花旗公司合并，合并后的新公司将称为花旗集团。按照 1997 年底的财务数据，合并后的新集团总资产为 7 000 亿美元，净收入达 500 亿美元，将成为世界上规模最大、盈利最多的金融服务公司。花旗集团也将成为世界上唯一涉及所有业务的全能银行——银行、证券、保险、资产管理等。但是让人感到困惑的是：这一宗违法的并购案，直接违反了《格拉斯—斯蒂格尔法》。这场交易只有在获得银行管理部门的批准之后，才能有效。因此，合并协议条款载明：两个实体将在两年的时间保持独立经营的状态，如果届时《格拉斯—斯蒂格尔法》没有被废止，该项交易未能获得合法性，则交易宣告无效。

1999 年 11 月，克林顿总统签署了《金融服务现代化法》，废除了《格拉斯—

斯蒂格尔法》。花旗集团正式确立。

第三节 伦敦金融城

早在公元1世纪,罗马人就来到今天伦敦金融城的所在地,建立了伦迪尼乌姆。罗马人在这里交换生活资料,由此形成了人来人往的交易集散中心。为了人流的方便,并在泰晤士河上架起了各式各样的桥梁。

伦巴第在亚平宁半岛上,是阿尔卑斯山脉的延伸部分,坐落在意大利和瑞士交界的地方,南部有浪漫的科摩湖和宽阔的马祖尔湖,以及波河平原。因公元6世纪入侵意大利的伦巴野蛮人部落和伦巴第人而得名。在公元7—8世纪的伦巴第王国,位于意大利北部,世界著名城市米兰是它的首都。中世纪时期,伦巴第是神圣罗马帝国的一部分,但伦巴第人对日耳曼统治者一直不肯低头。伦巴第人天生有着银行家的头脑,做起生意头头是道,他们是中世纪活跃在整个欧洲的"伦巴第商人"。他们的性格偏于保守,对任何打扰他们生活的外来干扰都很反感。现在这一地区是意大利的中心,有着大量豪华的湖畔别墅,花园中栽满了奇珍异草;许多奢华的宫殿以及金碧辉煌的大教堂。

14世纪初叶,圣殿骑士会灭亡了以后,整个欧洲的金融业,几乎被伦巴第商人所垄断。伦巴第人背负着真金白银,途经法兰西,跨越多佛尔海峡,闯荡英格兰。他们在伦敦西部的中心区的一个街道聚居,安营扎寨,主理金融业务和其他商业生意,伦巴第人街因此得名。

伦巴第人街位于泰晤士河北岸。这个东起奥尔德盖德、西至圣保罗大教堂、南抵大炮街、北达伦敦墙的方圆之里,只不过是伦敦市33个行政区中最小的一个而已,但是伦敦金融城却有自己的市政府、市长、法庭,是名副其实的"城中之城"。历史的变迁形成了伦敦金融城作为一个特别行政区的特殊地位。伦巴第人街最令人瞩目的是位于伦敦金融城内的伦敦证券交易所(London Stock Exchange,LSE)。2004年7月前,创始于公元1773年、堪称世界之最的伦敦证券交易所旧址已经成了一栋摩天大楼的一部分,矗立在英格兰银行附近,它向人们展示它那深厚的金融历史。

现在的伦敦证券交易所，已经搬到伦敦著名的景点圣保罗大教堂的旁边。伦敦证券交易所是世界著名的证券交易所，已经有200多年的历史，是世界主要证券交易中心之一。它在世界三大证券交易所中历史最为悠久。它的前身为17世纪末伦敦金融城交易街上主营咖啡饮品业务的露天市场的一个名为乔纳森的咖啡店。1773年，这个咖啡店由露天市场迁入伦敦金融城司威丁街的室内，并正式改名为“伦敦证券交易所”。1802年，伦敦证券交易所获得英国政府正式批准。据相关机构统计，伦敦证券交易所经营的各种债券、股票以及股权证等近万种，总值超过了1万亿英镑。“我持有证券，我便拥有发言权”是伦敦证券交易所的格言。

伦敦金融城每天的外汇交易量高达6 300亿美元，是华尔街的两倍。国际期货交易所，日均交易量为8 840亿美元，是国际上最大的电子期货交易市场(2008年初数据)。尽管“二战”以后华尔街甚嚣尘上，但是，伦巴第人街的重要性并没有被削弱，反而更加迸发出时代的光芒。伦巴第人街除了服务于英国的金融业，还与纽约、东京实现金融市场交易的无缝衔接。伦敦金融城面积虽小，却是英国的经济中心，伦敦金融城所创造的经济价值占英国国民生产总值的3%。伦敦金融城的银行、证券、外汇、保险和衍生业务的经销商、船运、咨询等交易与服务十分密集，是名副其实的欧洲和世界金融业的中心。全球的金融家想要做任何生意，都可以在伦巴第人街内找到。因此，伦巴第人街被世界金融业界奉为“全球力量的中心”(a global powerhouse)。有媒体更形象、更优雅地将伦敦金融城——伦巴第人街称为“全球动力之都”。

因此，国际金融中心的位置，也就是世界经济的重心从来未曾从欧洲大陆转移出去，伦巴第人街才是世界上最大的国际金融中心。

伦巴第人街兴盛于中世纪，大概是这个原因吧，街的两侧全是中世纪的建筑艺术和风格。这儿的建筑风格非常丰富、造型独特，既有古罗马式的凝重富丽，又显露出哥特式的明快细腻，还有巴洛克建筑厚重的艺术底蕴。在其间漫步，厚厚的石墙、半圆形的拱门，以及彩色玻璃镶嵌的花窗；仰顾环视，挺秀的小尖塔、通透的飞扶壁以及那修长的立柱等，这一切都显示出人类文明丰厚的积淀，营造出一种天国神秘之幻觉。

西斜的阳光使这些尖顶的或是圆顶的建筑物抹上了一层金辉，显得是那样的金黄，圣保罗大教堂的钟声遥遥传来，使人仿佛置身于人间天堂。只是察觉到自己在缓缓而行的人流之中，才从无限的遐想拉回到现实。强烈的反差，折射出古老和现代、底蕴和时尚相交织的韵致，让人更加品味出人类创造力之伟大。

英国的工业革命——始于18世纪后期，一直递延到20世纪初。工业革命使英国得以发展成为世界上最繁荣的经济体，又由于经济发展所提供的资源，让英国统治了世界。影响英国资本市场的各种因素，建立了资本的供给和易得性的基础，促成了经济发展的辉煌。

国际金融中心做得好坏，主要是依赖资本的供应能力。1960年美国人都避免将他们的美元资本返回国内，这些资本基本上都流向了伦敦。国家权力能够通过各种方式限制资本运作，甚至发生最坏的情况——没收。1973年12月，为了惩罚美国在当时的战争中帮助以色列，而第一次大幅度提高石油价格以后，阿拉伯的石油输出国也有类似的担心。这些国家的担心不是没有道理的，作为解救人质危机的对策，1979年11月5日就冻结了伊朗政府的资产。如同在2012年1月6日，美国奥巴马总统宣布冻结伊朗所有的金融资产一样。

20世纪60年代美国人都避免他们的美元资本返回本国，这些资本基本上都流向了伦敦。一旦金融交易可以在货币发行以外进行的想法被接受，其他的货币也就加入了进来。欧洲美元变成了欧洲货币，因为其他大陆的人不断加入。尽管中国香港、新加坡、巴哈马和开曼群岛也参加了进来，但业务主要还是在伦敦。感谢英国早期工业革命积累的资本，伦敦曾为美国的许多基础设施建设提供资金，这提供了很有价值的经验。即使在“二战”后最黯淡的日子里，自由主义和自由贸易的传统也使得法规比较宽松。在经济形势好转以后，管制的放松也很快开始，对与英国经济无关的金融交易的限制在1958年被废止，其最后残余也在1979年消失已尽。可以理解，不仅储蓄，外汇也从这市场中受益匪浅。债券和中期票据这样的证券也作为欧洲信用工具发行。所有这一切发生在纽约对资本输出解禁和建立IBF反击以前。至此，伦敦的地位亦不可动摇。

美国人可以在伦敦用自己的语言操作，阿拉伯人也无需学习新的语言。许多历史原因也被赋予很大的权重，曾经是人类历史上第四大帝国的大不列颠以伦敦为金融中心。许多金融业精英都曾在伦敦接受高等教育，现在已经形成了一个价值无限的联系网络。

1973年以来，历史悠久的英国新闻机构路透社尝试着向资本市场投放电子交易系统。

1976年，英国工党政府考虑到纽约的“五一”改革，通过了一部新法，将有关商业限制的法规延伸应用于服务领域。公平交易局要求伦敦证券交易所，与旅游业和房地产经纪商一起，呈示各自的“规则手册”，以备检查。公平交易局发现伦敦证券交易所历时百年的规则有150条违反了限制性惯例法，于1979年对交易所提起诉讼，这事正是玛格丽特·撒切尔当选首相之前。

伦敦交易所把此事看成是完全妨碍公共利益的行为，以为新的保守党首相会予以取缔。但是他们对新的国家领导人并不了解。原来，撒切尔夫人是一个顽固的自由市场倡导者，她认为公平交易局做得完全正确。撒切尔夫人计划要把英国的很多国有企业私有化，这些国有企业是在过去工党政府的国有化浪潮中逐渐形成的。她明白，要做到私有化就必须得到资本市场的大力支持。而要想获得资本市场的支持，就必须对伦敦资本市场进行改革，以发展成为世界级的竞争能力。

古老的伦敦金融城，已经变成了一个老鼠迷宫般的地下洞穴。这里有多种不同类型的玩家，这些玩家与其他玩家保持隔离状态，大概是为了保护自己的生计免遭过度竞争的威胁。经纪商只能做经纪商，不能做交易。交易商只能做交易，不能做经纪商。投资银行承销股票债券，但不能成为经纪商也不能做交易。商业银行和保险公司对这些业务都不能参与。这里的多数公司规模较小，持有很少的资本金，雇佣大量薪酬相对较低的职员，盈利能力也都不太好。他们拥有根基稳固的传统客户，多年与之交往，并不十分关心业绩表现。金融城里的经纪人、交易员和商业银行家全都相互认识，或有专业交往，或有社交联系。因为他们大多出自牛津或剑桥，都来自中上层的家庭，不少人还有贵族血统。他们所形成的这种社会网络，一直起着双重的限制作用。既将金融城内部的人与外面的经济社会隔绝开来，又切断了本国经济基础与金融城的联系。因此就形成了一种垄断，金融城形成了伦敦的城中之城。城内的精英们几乎不做营销，喜爱在长时间的午餐中大喝葡萄酒，热衷于看歌剧，周末便早早地离开了公司，到乡间别墅去度假。他们也很精明、机智、富有个人魅力，对客户的服务也能思考缜密，客户对他们都很忠诚。这些“老鼠”如此优雅的工作态度，与华尔街的开放与竞争相比形成了强烈的反差。

1983 年伦敦证券交易所宣布了与公平交易局达成的三条协议，规则产生了变化。新规则是交易佣金可以通过协商确定；交易所会员可以充当经纪商或交易商，也可以两者兼顾；会员资格将对任何想要加入的合格者开放。当然技术的发展也迫使伦敦金融城不得不做出改变，像美国拉斯达克市场那样全面实现了电子化交易。协议带有三年的执行延缓期，1986 年 10 月 27 日该协议付诸执行。英国一些爱说笑的人把这次事件称为“宇宙大爆炸”。但是事情没有这么简单，这三条新规能很好地贯彻执行吗？能撼动壁垒森严的老鼠洞穴吗？那些坚守着篱笆，要保住饭碗的人可都是一些穿着镀了金色外衣的骗子哦。

不管怎么样，一些境外足够资格的投行可以获得伦敦金融城的会员资格，华尔街的高盛就是率先获取这一资格的公司之一。

1979 年玛格丽特·撒切尔成为英国首相，她行使首相职责一直到 1990 年，是英国 100 年来担任首相时间最长的人。她是米尔顿·弗里德曼的忠实信徒，为了拯救英国经济，在经济政策上，包括减税、消除外汇管制、对许多国有化企业实行去国有化、改革旧的机构，让一切在充分竞争的公开环境中运行。对国有行业要在英国和海外股票市场，卖出实施去国有化公司的股票。

第一次这样的发行是在 1979 年 11 月，2.8 亿英镑的英国石油公司股票在全球协商承销中卖出，其中不少股份配置给了海外投资者。接下来一次的发行规模要大得多，英国国家石油公司发行 5.49 亿英镑的股票。这是英国有史以来规模最大的股票发行。政府在发行价上向承销商施压，而发行时，市场疲软，上市以后交易价格跌破了发行价。但是英国政府不顾一切继续向前推进。1984 年 11 月，又成功地发出了 39 亿英镑的英国电信股票。

这次规模巨大的发行，倘若没有普通民众的积极参与，是不可能完成的，他们此前并没有什么投资股票的历史。在这次发行中，由电视广告支持的声势浩大的营销活动起到了很大的作用。散户投资者可以分期付款，持有所买股票还会得到股票奖励。大约有 20%的股票配置给了美国、欧洲和日本的机构投资者，其余的则以散户投资者为认购目的。

“宇宙大爆炸”生效 6 周以后，54 亿英镑的英国天然气公司股票进入市场。

这一次，对外国市场发行首次成为英国股票承销的一部分。美国与英国的股票发行是不同的。在美国，股票发行是先向证交会注册，再做市场营销，然后是定价销售。在英国，股票发行是通过“前端承销认购”发行方式进行。承销商宣布，承销以某个确定价格购买所有股票，之后便开始为期约两周的认购。在此期间，投资者首要进行认购。认购结束时，统计认购数，如有不足承销商完全补足认购数；如出现超额认购，则认购比例减少。如果此时市场疲弱，投资者就会犹豫退缩，他们更愿意在承销商开始抛出其所购买的股票之后再买入股票。随后就是英国石油公司70亿英镑的股票发行，此次发行是为了卖掉政府最后持有的该公司31%的股份。这是英国第一次发行价值超过120亿美元的国有企业私有化股票，是当时美国最大规模股票发行的20多倍。华尔街的高盛、摩根士丹利、所罗门兄弟和雷曼兄弟参与其中，承销了10亿美元的股票。可是认购期正好赶上1987年10月19日，这一天美国道琼斯指数暴跌了500余点，跌了22%，对全球的资本市场产生了重大影响。英国石油公司的股价大约下跌了30%。所以认购期间没有投资者认购，所有发行的股票都砸在承销商手上。美国的四家投行总共亏损了约2.5亿美元。尽管后来英格兰银行提出限定最低价格，以防止出现进一步的损失，但是包括郁闷的华尔街公司在内的承销商都咬牙挺了过来，股票发行准时结束。第二年，英国国有企业为私有化而进行的股票发行仍然进行着，“前端承销认购”的发行方式不变。

虽然近30年的时间过去了，人们对撒切尔夫人的改革以及对1986年伦敦金融城的“大爆炸”评价颇高。但现实的情况却是：这是一个错配现象。由于历史的原因，伦敦金融城并不需要像其他金融中心一样的国内基础。伦敦金融城拥有世界上最大额的流动资本，作为世界的金融中心，其资本的聚集能力与资本的输出能力都是第一位的。与之极不相配的是——英国，一个二流经济体的国家。

撒切尔夫人推行国有企业私有化的政策获得了成功，政府旗下有些国营企业脱离政府之手后，业绩很快有了改观，这首先引起了英国的一些欧洲的对手国家的注意。它们也对国有企业采取了同样的政策，其中以法国最为突出。所有这些国家都需要筹集现金，减少政府采购，以更多的竞争来刺激经济增长。

随着欧元体系的推进，欧洲银行怀着乐观的心态迈进了20世纪90年代。

他们拥有一个新的单一市场，不受国家边界或竞争性限制的约束。欧洲人认为全能银行模式会成为世界标准，规模最大的一些全能银行还认为，面对正在来临的竞争，它们享有美国银行所不具备的优势。

里昂信贷银行是法国的一家全能银行，首席执行官是法国前财政部部长，他与社会显贵人物关系密切。该银行极力想把自己打造成为欧洲的首席银行，采用了快速收购其他银行和银行分支机构以扩大规模。但是在收购的过程中，却让自己背上了不良贷款的沉重负担。这样一来，不仅抹杀了自己付出的努力，而且还让法国纳税人支付了 400 亿美元的救助费用。欧洲银行业与其他大洲的银行一样，同样遭受不良贷款的困扰。

荷兰银行主要选择与国内银行合并，以此来打造规模更大、更具有竞争实力的全能银行。法国的巴黎银行也是如此。

英国的两家大型结算银行米德兰银行和莱斯银行，与其他主要经营零售业务的银行合并之后不久都消失了。与美国一样，欧洲也有银行出问题和银行并购的 10 年经历，多数的并购就是为了帮助被贷款损失拖垮的银行渡过难关。

2009 年初，欧洲主要有三家打造得比较成功的全能银行，它们是德国最大的银行德意志银行、瑞士的瑞银集团和瑞士信贷银行。这三家银行能获得目前的地位，一路行来经历了很多的艰辛。它们当初在各自的国内占据主导地位的大型银行。但国内并没有满足它们活力的资本市场。它们必须在伦敦、纽约或是东京适应国外市场，这就需要把主要的经营责任转移到那些地方。而在那些地方，语言、商业文化也不尽相同，需要雇佣当地人。譬如英国人、美国人、日本人。但却不能指望这些人的忠诚。虽然德意志银行或瑞士银行提供了在它们本国已经算是很丰厚的薪酬，但是顶尖的投行业务人员通常都很难管理。他们像剧团的首席歌唱家一样，自以为很了不起，稍有不如意，便会愤愤离去。1990 年，德意志银行收购摩根建富银行，这是位于伦敦的一家商业银行，业内对德国人要他们做的事情坚决抵制。并且反过来，还让德国人为一些不当的代客理财诉讼支付了大笔金钱。德意志银行于 1998 年在美国收购了美孚银行和亚历克斯·布朗证券，但不久便遭遇了一些损害德国人利益的行动，于是德意志银行不得不中止使用它们的品牌。从 2002 年开始担任德意志银行董事和首席执行官的约瑟夫·艾克曼通过坚守提高股东价值这一对德国人很新鲜的理念，让德意志银行发生了深刻的变化。提高股东价值的途径便是专注于资本市场的国际机会。德意志银行已在很大程度上减持了拖累自己的战后工业公司的股份，将较为重要的一些决策部门迁往伦敦、纽约，并且不顾当时激烈的内部抵制，引入国际业务惯例和成本消减方法。艾克曼也正在努力把德意志银行转变成主要服务于公司和个人投资者的银行，并减少自己在德国零售银行业中所起的作用。

瑞银集团是1998年经瑞士联合银行和瑞士银行公司合并而成的产物，瑞银的首席执行官马塞尔·奥斯佩以前在美林做过执行董事，行为方式非常美国化。瑞士银行公司以前收购了一家总部设在芝加哥的金融衍生品公司，还有一家英国的投资银行华宝证券，并使用在收购中获得的业务技能，大大地提高了自身的业绩和能力。瑞银集团也是世界上最大的私营银行资产管理者，该集团在2000年又收购了美国的惠普证券。

瑞士信贷银行与自己以前称作瑞士信贷第一波士顿的美国子公司，并通过这家子公司，在全球资本市场发展了持久的经营能力。瑞士信贷银行曾大举介入瑞士的保险业和零售银行业务。但2000年又回过头来专注国际市场。这一年，瑞士信贷银行经过艰难的曲折，以110亿美元的价格收购了帝杰证券。

伦敦从来不是美国和德国国内清算环节中的一部分。伦敦是美国以外最大的以美元名义进行交易的中心，伦敦金融期货交易所的德国十年期债券合约是主要德国马克衍生品。伦敦显然是三个金融中心里外向性最高的一个。但它缺乏纽约和东京具有的国内基础，也不考虑英国是否会加入欧盟。因为它认为欧盟是很久以后才能实现的事情。在欧洲大陆上，伦敦最强的竞争对手是法兰克福。

法兰克福与伦敦竞争的核心是流动性和协同性。我们在注意到伦敦金融城国际主义部分时，也应该注意到金融城与国内经济的割裂。

第四节 日本30年

“二战”之后，日本成为一片废墟。朝鲜战争期间，日本的经济发展开始起步。当时美国在日本购买军需品，创造了一阵子经济繁荣。1956年日本加入联合国，实现了向国际社会的回归。

1960年，池田勇男内阁以"所得倍增计划"为旗帜，推行"高度经济增长政策"，产业界积极进行设备投资，引进美国等国的新技术，推进产业自动化。因此，汽车以及电器机械部门、钢铁、造船等生产能力得到提高，出口方面保持了良好的势头。并于1968年，日本GDP成为世界第二位，成为经济大国。

自1964年东京奥运会以后，世界银行宣称日本有能力从国际市场上筹集资金以来，日本经济每年以10%以上的比率增长，这主要得益于异乎寻常的高储蓄率，还有政府经济决策者、工商企业和劳动者抱成一团的集体努力，那时一些专家把这三方合称为"日本股份有限公司"。日本是一个低成本的"制造工厂"，第二次世界大战以前就发展出了高水平的产业技术和技能。它复制产品，使之更加便宜，成批地向美国和其他地方出口，但主要还是向美国出口，因为美国是世界上一切产品的最大消费市场。这给日美贸易主管部门之间带来了数十年的紧张关系，但美国人需要日本制造商的低成本纺织品、消费类电子产品、汽车和其他日益增多高科技产品。那时候全世界都相信，这一过程会持续很多年。并且，尽管日本股票市场已经注入了很多外国投资，发展得出人意料的好。但是日本公司还是需要从海外融资。在日本很活跃的第一波士顿为日本政府发行过一次债券；摩根士丹利始终是重视声望的日本人的宠儿，与日本多家大型工业集团有密切的接触。高盛为汽车制造——本田，在60年代初做过一次股票发行。其他一些美国投行也参与其中，积极地做着投行业务。

日本公司主要依赖日本银行为新工厂和设备的不断投资进行融资。多数日本公司的资产负债表上权益融资很少，负债融资较多，外国投资者认为这不是风险较低的良好投资对象。寻求发行债券的日本公司，早年只有获得了银行担保才能发行债券。但它们的股票具有吸引力，所以，有些公司不久便在海外开始发行可转换债券，同时在国内继续发行股票。

1973年的石油冲击对日本产生了很大的不利影响，因为日本所用石油几乎全部需要进口。此后，日本经济增长率大约下降了一半。但日本经济却以较快的速度恢复。最主要的原因是，以大企业为中心实施了压缩成本和人员开支的"减量经营"，并且引进计算机和自动装置，努力实现技术革新。与此同时，日本公司开始增加海外融资，其中多数发生在欧洲市场，因为欧洲市场融资速度更快，成本更低，也很少受到其他因素的影响。高盛于20世纪70年代初在东京开了一个窗口，办理企业融资业务，其中主要是欧洲债券发行业务，竞争对手主要是来自华尔街的投资银行、英国的商业银行和欧洲其他地区的全能银行。最初几年，多数发行涉及的是可转换公司债券。以后，由银行担保的附有认股权证的债券更受欢迎，偶尔也会有一家勇敢的公司选择在美国通过注册申报来发行证券。

二十世纪七八十年代，日本公司在融资方面都不是很成熟。公司需要资金时，会向它们的"主办银行"要。银行通常会给公司贷款，但有时也会建议公司另外筹集一些资金，为不断增加的债务提供支持。然后公司又会找到自己的"主办银行"，让它决定公司应如何操作，在日本发行股票还是海外发行债券。有时，如果公司想跟上竞争对手，或者想炫耀自己做得更好，这一过程会有点变化。不过，这一过程把很大的决策权交给了与公司关系密切的日本投资银行。所以不久，为了得到业务授权，所有外国投资银行都得想办法进入野村证券、日信证券、大和证券和山一证券的门槛。

20世纪80年代期间，日本大型银行和证券公司以伦敦和纽约为基地，在国外发展了强有力的借贷和承销业务，主要是为渴望筹集资金的日本公司提供金融服务。当时有四大日本证券公司和10个城市银行，它们也有着雄心勃勃的国际追求。但是美国占领日本后，仿照《格拉斯—斯蒂格尔法》，日本的商业银行与证券公司必须分业经营。进入20世纪80年代，日本的股票市场越来越火，因为在这个年代，日本股票市场的上涨也吸引了日本公司的剩余资金，新的养老金账户以及大量海外资金进入了股市。这十年间，股票市盈率大幅攀升，到1989年平均升幅至70倍。日本公司也得以筹集资本，用于海外投资。譬如，收购洛克菲勒中心、凡士通轮胎公司、园石滩高尔夫球场和哥伦比亚电影公司等。另外还有其他众多的高调收购，包括1987年住友银行竟花费5亿美元巨资，收购高盛公司12%——没有投票权的股份。事实证明，收购高盛部分股权对住友来说是一次很好的投资，对于高盛则是拿到了成本非常低廉的资本。

1984—1989年，日本公司发行的欧洲债券要多于来自其他任何国家的公司。他们在欧洲总共发行了3 300亿美元与股权的债务证券，在日本国内市场发行了2 900亿美元，远远高于同期美国公司的发行量。1987—1989年，日本上市股票的市值超过美国上市股票。1988—1989年，日本股票交易金额超过美国，虽然日本股票过半数为机构交叉持有，而且从不交易。20世纪80年代，日本股价上涨了5倍，相比之下，在里根政府的最佳时期，美国股市仅上涨了2倍。1989年12月，日经指数创历史新高38916点。

在此期间，股市支持了日本公司的扩张和海外投资，住友银行投资高盛就是通过发行5亿美元的股票来融资，发行市盈率为100倍，这个市盈率说明资本成本大约为1%。可是，股价的上涨也给日本银行带来了资本升值，因为日本允许银行将所持客户公司股票的税后价值为核算资本。银行持有大量的这类股票都在大幅升值。银行的资本增值，鼓励银行更加激进地提供贷款给日本的借款人（以所持股票和房地产为担保）和外国公司及政府。

1989年12月，东京股市开始崩盘，日经指数从39000点跌至1992年中期的15000点，然后在20世纪90年代剩余的时间里保持着18000点的平均水平。随着股市的崩盘，日本人便对国际金融失去信心。2000年以后，美国股市深受高科技崩盘和安然事件的影响而疲弱不堪。日本股市受此影响跌得更惨，2003年又创下7600点的新低。股市的暴跌对日本金融业和整体经济造成了巨大的打击，迫使国家陷入长期经济衰退，持续时间长达20年之久。其间没有增长，也没有什么进步。与此同时，公司破产潮也达到历史最高水平，为了撑住亏损严重的旧式工业企业，付出了前所未有的努力。股市崩盘之后，随着保证金被要求增加，破产激增，处处有肮脏交易被披露，日本的金融系统分崩离析，所有证券公司和多数大型银行以各种方式卷入丑闻之中，差不多所有的这些券商和银行都被迫更换了首席执行官，并减少开支，艰难度日，等待经济状况的好转。银行间突然发现自己面对着堆积如山的坏账，这些坏账需要经过很多年才能核销。证券公司的境况更惨，集经纪商和做市商于一体的野村证券，作为日本最大的券商，幸存了下来。但是"四大券商"中的其他三家都消失了。山一证券破产，大和证券被住友兼并，日兴证券被花旗集团收购。

以客户关系为导向的日本银行，在账面上以历史成本记录了大量投资与客户公司的股票。根据日本有关规定，这些股票的历史成本与税后市值之差可以作为资本核算。随着股价的暴跌，银行资本也跟着暴跌，而这时他们在向房地产运营商和不诚实公司所做的贷款，也正承受着惨重的损失。银行因此慌乱不堪。为了更好地吸收股市崩盘后的经济衰退所形成的大量不良贷款，只好无可奈何地接受政府主导的强行合并，形成了四大巨型银行。住友银行与三井银行、樱花银行以及其他银行合并，形成了三井住友金融集团；日本兴业银行、第一劝业银行和富士银行合并而成瑞辉金融集团；三菱与东京银行以及两家信托银行合并，组成三菱东京集团。该集团后来又与三和银行、东海银行和丰田信托组成 UFJ 集团合并。日本当然还有其他不少独立的银行在运营，但所有的重要货币中心银行均已合并进了三大集团。在这些合并进行的同时，银行与证券分业经营的法律也被废止了。

自 1964 年日本成为国际货币基金组织第 8 个成员国，日元也成为可自由兑换的国际货币之一。1973 年日本固定汇率制向浮动汇率制转变后，改变了过去出口和进口均以美元计价的状况，出口逐渐增加了日元计价，但所占比重仅为 0.1%，不仅比不上美元、西德马克、英镑、瑞士法郎，甚至不及荷兰盾。

80 年代初，日本政府全面修正了《外汇法》，从而使日元国际化迈出重要的一步，日元已占 4.2%，在国际货币中升至第三位。到 1989 年则达 7.9%，虽然仍低于美元和西德马克，却远远超过其他货币。1984 年 5 月大藏省发表的《金融自由化与日元国际化的现状和展望》：允许发行欧洲日元可转让定期存款、解除对欧洲日元短期贷款的禁令、取消日元兑换限制等，使日元国际化进入一个新时期。

1989 年世界贸易中以日元计价的比率为 4.3%。日元的可自由兑换以及在国际贸易所占的比重，都促使日本东京成为亚洲时区的金融中心。因为，时区以内需要一个金融中心。

东京是全球金融中心的第三极。与伦敦的自由、灵活、世界主义完全相反，东京保守、僵化和充满管制。像日本这样一个后封建国家，并不具有真正意义上的国际金融中心。只是亚太时区需要一个金融中心，而历史并不能提供其他选择。除此以外，等级制度、偏爱资历和权威、不惜一切代价避免直接冲突的文化，还有对道德的理想等，使得法律成为空中楼阁。这样，东京作为国际金融中心的先天缺陷就很容易为人理解了。

东京的金融中心地位来自日本的强大经济体和成熟的技术，其在国际银行业务中的份额曾达到15%—16%。东京证券交易所的市场资本估价和交易额在20世纪80年代大大超过了纽约证券交易所，尽管现在已经衰退。日本的金融技术是成熟的，特别是结算，居世界第一位。但是东京在国际化上的薄弱，使它把作为证券交易所外国上市补充部分的外汇业务留给了中国香港，它不擅长的资金管理和公司债权发行流向伦敦和纽约。东京国际业务的大部分来自那些想利用东京弱点的外国人，他们并不是想在亚洲做真正的操作。由于东京的弱点如此的明显，外国人对它的利用也不少于十年。外国经纪人在1997年6月创造了证券交易所市场份额的27%的记录。基金管理者也被给予了立足点，其市场份额为3%，并且还在不断增长。

业务的大量流失，促使日本仿效美国模式，在1986年建立了它自己的离岸市场——JOM(离岸表示遵循与主体经济不同的规则并与主体分离的金融结构)。JOM没有利率控制、储备金要求、储蓄保险和预扣税。但是只有特许银行才能够利用JOM，并且要缴纳所有的地方和国家税收，同时还有印花税。幸运的是，它不必和灵活的离岸中心竞争，但与规范的外国在岸中心的竞争仍然不可避免。它主要的作用是使在纽约的资金返回本国。1995年，它在日本跨国借贷中的比重接近50%。

东京真正衰落的原因在于掌管金融市场的大藏省。因为怀疑市场力量的自动调节能力，大藏省偏爱监督发展的过程并进行自认为适合的指导。也就是说，大藏省用封建主义管理着资本主义，变化是无法避免的。但是通过多数人赞成的办法和逐渐的过程就可以不破坏平衡和不影响人民的生活。在日本，竞争者不会对新方法感到吃惊，因为新的金融产品在投放市场之前已在相关部门间循环流通，成为各方面都有的财产。这与国际金融业的发展完全不同。国际金融业最明显的是你死我活的竞争。在日本受挫的外国人抱怨这里除了明确允许的事情之外，一切都是禁止的。因此，不可能有创新以及挑战大藏省的权威。

影响东京竞争力的一个重要因素是其成本水平。东京的费用在20世纪80年代末一度居全球首位。但从那时起，至少在相对一段时间里开始下降。居家在东京的外国人每年需要花费100万美元，问题在于他能不能经营足够的业务以弥补支出。最有才干的日本人以文化不同为借口，回避为外国雇主工作。外国公司知道解雇日本人可能要花费一年的时间，并且会造成灾难性的公众影响。

20世纪90年代初日本金融业陷入困境，业务开始向海外转移。股票上市在纽约；股票交易转向了伦敦；新加坡取得了大阪衍生品交易的一大部分。许多借款人转向欧洲日元市场，以逃避东京0.3%的营业税。

日本作为一个岛国，国内充满了怪癖和杂乱无章。日本人的核心就是所谓的"团结"，意思是所有的国民都必须朝一个目标团结协作，携手共进。日本人总认为自己是特殊的、高等的。移民在日本受到严格限制，日本不相信任何外国人，有时甚至是鄙视外人。日本人不仅自认为优于别人，而且还经常通过直接与外国人竞争来证明这一点。因此，日本人非常具有挑衅性，这是非常危险的。在20世纪初，日本人就是通过这种灾难性的直接挑衅，而给全世界、主要是东南亚带来了深重的灾难。当然，最后日本人受到了严厉的惩罚，这个惩罚同样是灾难性的。记得在2013年读过一篇文章："原子弹下无冤魂"，以大量的事实说明了，在"二战"中的日本是全民犯罪。在日本，如果没有尽到社会责任或是辜负了集体，这个人就应该感到耻辱。即使国家或集体误入歧途，作为日本人个人也应该不离不弃。

日本为世界呈现出一个怪异的后封建资本主义，社会更像是一个蚁群，它不像西方资本主义那样——社会中的每一个人都在追求个人利益的最大化。日本的经济从封建主义推进到资本主义的时间很短，社会的每一个人更像一只工蚁一样，确切地知道自己的位置，都在为集体的利益而忙忙碌碌。这是一种通力合作，高度集中的后封建资本主义。日本以大企业为重，它们认为，大企业将永远存在。以前社会体制承认的财阀制度被美国人占领后，强制解体。日本就以不要公开的"经联会"替代，而这些大企业都受到"经联会"的制约，在"经联会"中错综复杂的相互持股，取代了直接所有。大企业与大企业之间相互协作，也很少有小企业跳出来挑战它们，大企业与大企业之间也很少有重大的竞争。日本是一个缺乏创新的国度，大企业引进一些新技术和新产品，经过高质量技工工艺的改进，然后就应用于生产，生产出来的产品一般都达到相当高的工艺水准（注意：是工艺水平）。然后主要出口到美国及东南亚。

对于企业来说，工人并不是成本，而是农奴或家臣。譬如，对待松下的职员，朋友们就可以称呼他为“松下桑”。工人们聚会或喝醉酒时会唱企业之歌，企业可以在销售下降时随时踢掉他们。但是日本所谓的大企业并不会像日本人所相信的那样永远存在。据凤凰财经 2012 年 11 月 22 日讯，外媒报道，日本电子产品制造商索尼和松下都出现创纪录的亏损，因此惠誉评级将 2 家公司的长期信用评级下调至垃圾级，理由是电视机市场难以复苏。本月早些时候，惠誉已将夏普评级下调至垃圾级。

日本的这些大企业根本不关心利润，它们认为追求利润是短视的，它们想要的是市场份额和增长率。

从来没有一个国家像日本这样尝试如此多的财政刺激计划。将利率削减到几乎为零的水平之后，日本人开始了史上最大规模的政府支出项目，这些支出其实并无必要。

由于没有军队来浪费钱财，日本开始把注意力集中在公共建设上，无处不在的高速公路、新的桥梁，新的铁路等。到 20 世纪 90 年代末，小小的日本岛上倾倒的混凝土比美国 50 个州还多，这对水泥销售商来说十分鼓舞，但对于整个经济毫无作用。18 年后，日经指数仍然比当初下跌了三分之二。

大规模的公共支出使日本的政府债务上升到 GDP 的 180%，是现在美国债务水平的两倍多。但是，这么大规模的基础设施建设将日本拉出衰退的困境了吗？

日本的住房回到了 1975 年的水平，比 20 世纪 80 年代末巅峰下跌了近 90%。股市，日经指数回到 25 年前水平。日本经济下滑始于 1990 年，此后的二十几年，日本的房地产价值损失超过了 1923 年的东京大火以及第二次世界大战中美国投掷原子弹造成的房地产总和。蒸发的财富是其 GDP 的三倍，而这还是在利率接近于零以及一次凯恩斯式的英勇救市行动的情况下实现的。

美国作家阿列克斯·科尔在他的《犬与鬼现在日本的堕落》一书中，这样描述道：“日本已经是世界上最丑陋的国家，这对于那些仅从印刷着京都寺庙和富士山等美景的精美宣传小册子来了解日本的读者而言，可能会大吃一惊，甚至无法接受。可是对于当地居民和真正到过日本的旅行者来说，这就是现实：山坡上风貌多姿的原始森林被砍掉，代之以杉柏组成的人工经济林；河流被堤坝切断，海岸也被混凝土覆盖；丘陵被夷为平地，混凝土成了填海筑港大建人工岛的填料；无用的林道蜘蛛网般缠绕着山地；昔日美丽的乡村与小岛，已经湮灭在工业污染和废弃物的汪洋中。”

日本不能重建它们的经济，面对二十几年萧条，重建也不失为一种解决的办法，特别是当传统的方式——货币政策和财政政策失效时。是的，货币政策和财政政策的确在日本失效了。日本当局不断地降息，甚至最后准备牺牲一些资金，也要扩大支出以刺激经济，结果却破产了。虽然做出了这么多的努力，但是合作的能量和集体化的能量——正是这两者曾经让日本经济取得了非凡的成绩——如今却成了阻碍经济调整的绊脚石。事实上，低利率只是推迟了清算日的到来，将一场经济大崩溃变成保罗·克鲁斯曼所谓的“一场长期的、缓慢的大萧条”。

克鲁斯曼还说：“我多么希望我能自信地说，日本悲惨的历史与美国没有任何关系。当然，美国和日本之间有很多不同。但是，日本10年前发生的和美国几周前发生的、现在正在继续发生的事情之间有一个明显的相似之处。实际上，日本的故事读起来就像是一场为我们量身定做的道德剧。”

到了今天，日本的经济萧条已经二十多年了。经济衰退、疲软、经常出现负增长。可是他们既不尝试改变，也无力进行调整或改组。而是任由经济的持续萧条。这让全世界都充分地意识到，日本人实际上是非常无能的。东京的缺点已经困扰政治家和权力机构，经过了二十几年的挣扎，已经毫无希望了。最近，“二进宫”的首相安倍晋三上台之后，推行了被称为“安倍经济学”的经济政策。

安倍自称其政策的基本方针为“三支箭”：即大胆的金融政策、灵活的财政政策、辅以民间资本投资的成长策略。上台伊始即坚决地执行了日元贬值的政策。美元兑日元的汇率，从2012年11月的80.79，一直飙升到101.08，日经指数随即上升，重新站上万点大关以上。

2012年日本贸易逆差为历史最高，6万万9 273亿日元。进入2013年，由于汇率的急剧跳水，出口开始上升，到5月份出口顺差达5万万7 676亿日元，同期增幅10.1%，汽车、机械等行业均有大幅的增加。

日本是一个资源匮乏的国家，石油、天然气、金属等工业原材料，以及超过半数的食品和日常用品均依靠进口。汇率的下跌虽然有利于出口，但同时也会造成原材料价格的提升。因此日本中小企业以及民生却更加艰难。

汇率走低，股市长红，多数企业的经营状况几乎有了不同程度的增长，就连一贯谨慎的日本银行，也在7月初做出了“经济形势正在有条不紊地复苏”。但是，生活必需品——油盐柴米却无一不涨。福岛核危机以后，日本的电力供应基本依靠火力发电。而火力发电的燃料——液化石油气，主要是从俄罗斯购买。日元汇率跳水，汽油费和电费上涨幅度更是惊人，大幅提高的成本不可避免地转嫁给了消费者。

人口老龄化、出生率低下的情况愈发严重，社会保障的费用激增。日本政府债台高筑，高于GDP的两倍多。为了减轻债务和利息支出的压力，日本政府一直在探寻增加消费税的可行性，拟将现行的5%的税率增加到10%再加上汇率差走低的影响，增加消费税将会引发新一轮通货膨胀。

日本现在作为金融中心的第三极，只不过徒具形式而已。但目前在时区以内，还没有强有力的竞争对手。

第五节 新兴市场

“新兴市场”是指一个过去并不存在资本市场的地区或国家，由于经济的持续增长，从而使融资、投资活动聚集起来，变成一个重要企业的融资来源和投资者充满机会、流动性较好的资本市场的地方。“新兴市场”一词，最早是用于描述20世纪80年代的德国，此时，德国和欧洲大陆的其他国家经历了资本市场走向活跃的转变。以后，“新兴市场”就泛指一些发展中国家为提高经济增长，促进资本市场的长期发展，取得了比较明显进步的地区和国家。这些地区和国家最初包括了“亚洲四小龙”、后来的“金砖四国”等。

20世纪70年代石油美元借贷热潮之后，很多债务国家拖延了本金和利息的支付。这些债务国家所借的资金很大一部分被不当投资、浪费和贪腐窃取了，使得借款带来的产出低于资金成本。为了避免贷款违约，便开始通过利息资本化，提供新的贷款。到了1988年，巴西的贷款是820亿美元，墨西哥是720亿美元，银行开始担忧。1989年陷于债务危机的拉美国家急需进行国内经济改革。美国国际经济研究所邀请国际货币基金组织（IMF）、世界银行

(WBG)、美洲开发银行和美国财政部的研究人员以及拉美国家代表在华盛顿召开了一个研讨会，旨在为拉美国家经济改革提供方案和对策。曾任世界银行美国国际经济研究所经济学家约翰·威廉姆森执笔写了《华盛顿共识》，系统地提出指导拉美经济改革的各项主张，包括实行紧缩政策防止通货膨胀、削减公共福利开支、金融和贸易自由化、统一汇率、取消对外资自由流动的各种障碍以及国有企业私有化、取消政府对企业的管制等，得到世界银行的支持。

威廉姆森对拉美国家的国内经济改革提出了已与上述各机构达成共识的十条政策措施，由于国际机构的总部和美国财政部都在华盛顿，加之会议在华盛顿召开，因此这一共识被称作"华盛顿共识"。在威廉姆森看来，由于这些思想秉承了亚当·斯密自由竞争的经济思想，与西方自由主义传统一脉相承。后来人们将这些观点称之为"新自由主义的政策宣言"。

体现"华盛顿共识"的政策主张，曾由国际货币基金组织、世界银行等国际组织在发展中国家推动，其后果引起极大争议。在次贷危机、全球信贷危机愈演愈烈背景下的2009年二十国集团伦敦峰会上，英国首相戈登·布朗称"旧有的华盛顿共识已经终结"。

在财政政策方面，加强财政纪律；把政府支出重点转向经济回报高和有利于改善收入分配的领域，如基本医疗保健、基础教育和基础设施；改革税收、降低边际税和拓宽税基。

在货币政策方面，推动浮动利率，采用具有竞争性的汇率制度。

在贸易和资金政策方面，推动贸易自由化；外资进入自由化。

在宏观产业政策方面，推行私有化；放松政府管制、消除市场准入和退出的障碍、保护产权。

20世纪90年代，随着左翼政治势力的抬头，反对华盛顿共识，随即失去作用。拉美逐推行较自主性的经济政策。

墨西哥成为第一批进行这样尝试的国家之一，卡洛斯·萨利纳斯CARLOS SALINAS，墨西哥总统(1988—1994)，生于1948年。墨西哥参议员的儿子，曾在哈佛大学获得经济学博士学位并担任各种政府职位，直到在1988年以些微之差当选总统，其舞弊行为受到广泛谴责。他实施经济紧缩和民营化计划，卖掉数以百计低效率的国营公司并将部分款项用在基础设施和社会服务建设上。他的政府在1991—1992年间参与北美自由贸易协定。他的协定立刻导致了经济崩溃，使他成了被严厉批评的目标。他的党内继承提名人被暗杀，使人认为是他的策划，他因此被迫逃亡美国，最终到了爱尔兰。他的兄弟劳尔因涉嫌广泛受贿，并在1999年因另一桩谋杀案中被判处死刑。

他在位时，实行了一系列改革措施，开始对国营企业进行“私有化”，使政府甩开包袱，轻装前进；他也成功地与债权国进行了债务谈判，使墨西哥克服经济危机；执政第二年就在拉美率先恢复经济增长，并成功进行了北美自由贸易谈判。在国内，萨利纳斯积极推行全国互助计划，进行大规模的扶贫，帮助落后地区解决经济发展和社会福利；仅前5年就修建、改善了74 000所学校，使1 200万学龄儿童受益。那时，几乎每周都去各州视察，是一个不知疲倦的人。因此，他在国内外都很有声望。

1993年，萨利纳斯即将卸任的时候，一度想竞选新成立的世界贸易组织总干事。为此，还派出总统特使向一些国际上有影响的大国游说，争取支持。但是，就在他卸任之际，在墨西哥发生了一连串事件，包括执政党的总统候选人科罗西奥被刺身亡、萨利纳斯的哥哥卷入刑事案件等。尽管他在位时的声望可谓如日中天，而这时候却遭到执政党内外的强烈谴责。结果，萨利纳斯不得不自我流放，侨居国外。

这是萨利纳斯一生最大的失败。尤其是在墨西哥这样一个总统制的国家，不仅总统在国家政治生活中历来享有极高的权威，而且，萨利纳斯代表的革命制度党在墨西哥执政60多年；在他之后也仍然是革命制度党的总统执政。

2000年，墨西哥国家行动党大选获胜。福克斯总统执政后，据报道，萨利纳斯希望回到祖国；并表示，作为交换，愿以自己在国内仍然具有的某些影响力和经济工作的经验为新政府效力。但是，也没有得到福克斯政府的同意。归根到底，还是没有得到国家的谅解。

对于发展中国家的贷款，美国财长尼格拉斯·布拉迪表示：债务国可以购买美国财政部发行的长期零息债券，用来担保发行新的长期债券，以交换未偿还的银行贷款，这种债券称为“布拉迪债券”。多数银行得到这种债券后都急切地希望把它卖掉。于是，这些债券开始非常活跃地在纽约、伦敦进行交易。不久,市场价格便开始反映有关债务国的资信情况,债券投资者的收益也可以与同期美国国债进行比较。所罗门兄弟和雷曼兄弟公司最先参与了布拉迪债券的做市交易,后来又参与了未受布拉迪债券担保的发展中国家不良债权的做市交易。随着这类交易变得活跃,债券评级的需要也浮出水面,债券评级机构开始发布债券评级。如,穆迪、惠誉和标准普尔公司。

的确,这些都发生了。第三世界逐渐以"新兴市场"而闻名。1991—1994年,在新兴市场,外国直接投资和金融投资大幅上升,助长了一波私有化股票浪潮,公司股票和债券市场一时间繁荣兴旺。很多国家以前不愿意让市场经济取代政府的严密掌控,而"华盛顿共识"对它们产生了吸引力。

但是,正当新兴市场的支持者们高歌猛进的时候,各地市场却卷入一片混乱。1994年底,墨西哥比索崩溃,突然终止了这一派繁荣的局面。全世界新兴市场国家的股票市场几乎同时崩盘。以美元计的国际新兴市场投资综合指数1993年上涨80%,1994年下跌了12%。按1994年1月1日水平衡量,土耳其股市下跌57%、墨西哥股市下跌56%、波兰下跌50%、中国香港下跌41%,其他国家暴跌20%—30%不等。市场暴跌是美国和欧洲大型机构投资者夺路狂逃造成的。尤其是它们之中,本来做长线投资的国家基金管理公司都争先恐后地退出市场。因为他们震惊地发现,墨西哥——这个"华盛顿共识"最早开始的国家,出现了由政治原因驱动的具有欺骗性和误导性的可疑操作,于是不约而同地认为,该是撤出的时候了。可是市场又回升了,经济改革从经济增长方面看已经取得成效,这保住了外国直接投资。在俄罗斯、中国、拉丁美洲国家、印度,改革逐步实施,虽然有时也有延宕,但到底还是在进行着。

2003年,高盛公司一位经济学家吉姆·奥尔尼发表了一篇研究论文指出,如果四个新兴市场大国巴西、俄罗斯、中国和印度的经济增长率持续下去,到2050年,它们将超过西方所有最大规模的经济体,成为地球上最重要的经济力量。奥内尔指出:1999—2006年的8年间,新兴市场作为一个整体,平均经济增长率为5.9%,俄罗斯是6.5%、中国是9%、印度是6.6%。而相比之下,同期日本经济增长率为1.5%、欧盟为1.9%、美国为2.8%。

自20世纪90年代以来,世界上主要投资银行都竭力在新兴市场确立自己的地位,他们见证了许多大浪淘沙,也因为业务发展常常被拖得筋疲力尽而深受挫折。但毋庸置疑,新兴市场也曾给予了它们无限的机会。

进入 2013 年第三季度,由于美联储将退出 QE 预期的影响,新兴市场国家货币持续贬值、股市吸引力下降,资金撤出甚至引发恐慌,因此印尼、巴西等国家相继加息,以维持本国汇率的稳定。

2013 年 8 月下旬,第一财经报道:印度卢比汇率创 40 年最低 7 月蔬菜价格同比涨 47%,资本疯狂外逃。印度卢比汇率创 40 年最低 7 月蔬菜价格同比涨 47%,报道没有说房价下跌,只用了资本疯狂外逃一句委婉带过。

印度政府连续一周的救市政策不但没有提振信心,反而加深了国内外投资者的担忧,卢比及印度股市周一再创新低。

8 月 19 日,卢比继续此前跌幅,北京时间 19 点已经跌至 62.25 卢比兑 1 美元。而印度股指 Sensex 指数更是暴跌 4%至 18598.18 点,降至 2011 年以来的新低。

下跌本身已经不是新闻,过去两个月内,卢比跌幅达到 12%。暴跌一方面来自美联储缩减 QE 预期的进一步升级。另一方面,印度国内的经济问题仍不容忽视。"触发器可能是外部的,但问题是国内的。"一位新德里资深政策人士表示。

同时,印度政府密集出招,希望遏制快速下滑的本币汇率以及可能由此引起的印度 20 多年来最严重的危机。

8 月 13 日,印度政府宣布将黄金、白银和铂金的进口税上调至 10%。14 日,印度央行表示,将居民往海外汇款的限额从每财年 20 万美元削减至 7.5 万美元,同时将印度公司海外投资限额从净财富的 400%降至 100%。16 日,印度央行再次采取措施收紧资本外流,并限制黄金进口。

在投资者看来,这一系列的资本管制根本无法达到改善经济的作用,反而显示出印度政府已经走投无路。"政府似乎是在黑暗中摸索,并没有从行业进行认真的考虑,资本管制是一个经典的例子。"印度医药联盟秘书长 D. G. Shah 表示。

分析显示,资本限制可能对企业盈利有负面的影响。在美联储缩减 QE 规模的预期已经对新兴市场造成不确定性的时候,这很可能阻吓外国投资者的进入。如果外国投资者有不良预期,将可能引起更进一步的抛售。

从印度国内来看，以印度制药公司为例的国内产业已经开始想办法如何屏蔽这些管制。根据媒体报道，制药公司已经开始大举收购外国小型药物公司，试图运用其海外分销网络，来瓦解新的投资限制。

从国外来看，印度政府一系列资本管制措施造成了更多的资本恐慌。“我从没有见过印度市场如此没有信心，”一位匿名的养老金投资人表示，类似的国际长期投资者很可能继续将资金撤出印度市场。

在出台外汇限制后的首个交易日，8 月 16 日，市场继续直线下跌。为了缓解国内外投资者对政策的焦虑，印度政府不得不在周末出台解释，称印度将不会对在印度市场投资的外国资金进行任何限制。印度总理安抚投资者称，印度 27.9 亿美元外汇储备足以让国家渡过经济危机。

然而，经济学家们已经在预警——印度长期的高通胀和低增长可能是货币贬值的核心原因，并担忧印度无法走出滞胀。

分析认为，投资者对印度经济放缓、创纪录经常账户赤字以及外资持续流出感到担忧，使得卢比贬值预期居高不下，而这三者之间形成的恶性循环更令印度经济雪上加霜。鉴于印度经济目前所处的复杂局面，要找到迅速解决问题的办法恐怕难上加难。

“金砖四国之父”、前高盛资产管理部主席吉姆·奥尼尔十多年前创造金砖四国概念，但他最近受访时表示，除中国外，其他三个国家近年来的经济发展令他感到失望。如果他能更改这个概念，只会留下中国一个国家。

奥尼尔补充，人们不太清楚中国的经济规模，如果中国经济像他预计般在今年增长 7.5%，相当于额外创造 1 万亿美元财富；对于美国来说，如要达到这样的财富创造水平，其经济增长率需要达到约 3.75%。

奥尼尔称，预计金砖国家 2011 年至 2020 年的平均年增长率为 6.6%，低于前十年的 8.5%，迄今为止，金砖国家的经济增长动能大多来自中国。

对印度最失望，巴西竞争力锐减。奥尼尔表示，印度的表现最令人失望，而投资者对巴西的看法则经历了最剧烈的变化。2001 年至 2004 年期间，许多人告诉他金砖国家本不应该包括巴西。可是在 2008 年至 2010 年，有部分人告诉他，将巴西纳入金砖国家是非常明智的。但现在又有人告诉他，巴西称不上是金砖国家。

奥尼尔称，巴西货币雷亚尔的强劲走势，令该国在大宗商品外的领域变得不具竞争力，加剧本土近年来的问题。他表示，雷亚尔贬值有助于巴西提高竞争。

2013 年 8 月 8 日和讯外汇消息亚洲交易时段内，亚洲货币全线走软，其中印尼盾下挫 1.7%跌至 4 年新低，有消息称印尼央行抛售约 2 亿美元平复市场，但仍然无济于事；印度卢比时段内再度下跌 1%并创历史新低，据称印度央行亦入市干预。上个交易日印度卢比即下跌了 2.4%至 63.2。而在过去两年，印度卢比已经下跌近 30%。外界开始担忧卢比的进一步下跌将致印度重陷 1991 年的巨大危机。

除了新兴市场货币全线下跌之外，新兴市场股市也遭到了抛弃，周一印尼雅加达综合指数大跌 5.8%，周二上午再跌 4.7%，外国投资者净卖出大约 7 000万美元股票；泰国股市两天下挫超过 6%；印度股市今日虽然略有上涨，但前两个交易日跌幅超过 7%；除此之外，中国香港股市、韩国股市、马来西亚股市及日本股市都出现大幅下挫。同时，新兴市场债券遭遇重挫，上周五，印尼 10 年期国债收益率上涨至 2011 年 2 月以来最高纪录。今日，印度 10 年期国债收益率上升 23 基点至 9.47%，创 12 年新高。因为，随着亚洲地区的各国经济普遍走软，亚洲作为全球经济增长引擎的角色正在减弱。投资者因此撤出数以十亿计美元的资金。

在过去几周，新兴市场国家公布了疲软的经济数据。新兴市场商业活动出现了 4 年多以来首次收缩，汇丰调研显示这些国家制造业活动下降而服务业陷入停滞。这也显示出新兴经济体增速放缓的预期强化。实际上，从 2010 年末到现在，新兴市场的股票表现一直差于发达市场。而在之前的十年里，除了在金融危机的 2007—2008 年期间的一小段时间都没有发生这种现象。而新兴市场与发达市场的差距在 2013 年更是被拉开了。

事实上，6 月中旬亚洲及新兴市场就因为热钱回流而一度引发恐慌。6 月 13 日日本股市暴跌 6.4%；泰国股市跌幅超 5.5%；菲律宾股市收盘大跌 6.8%；中国台湾股市收盘下跌 2%；上证综指收盘跌幅近 3%；恒生指数跌幅超 2%。同时，亚洲各国债券收益率全线大幅上涨。而市场认为是美联储退出货币刺激的预期推动热钱削减新兴市场资产，美国国债收益率的攀升引发亚洲股市,外汇和债券遭遇全面暴跌。信用评级机构标准普尔上调美国主权评级展望,推动美元兑新兴市场国家货币上涨。而刚刚发布的中国经济状况更是加重了市场对新兴经济体的增长忧虑。

在新兴市场近期的大波动之后,资产承压的情况将会持续一段时间。因为全球利率正常化才刚刚开始,所有一切均表明,汇率、利率和信贷波动将进一步持续,新兴市场货币将进一步走软。如果货币紧缩伤害到国内银行和企业的话,情况将会更加严重。

2013 年 6 月中国建立上海自贸区,从概念上讲是在岸操作的离岸中心。

从地理上讲,任何被一片水面隔开的地方都是离岸,而在经济上"离岸"一词表示,遵循与主体经济不同的规则并与主体经济分离的金融结构。

日本在 1986 年,仿效美国模式 IBF,搞了一个 JOM 在岸操作的"离岸中心"。JOM 没有利率控制、储备金要求和存款保险以及预扣税。但是只有特许银行才能够利用 JOM,并要缴纳所有的地方税和国家税收,还有印花税。因此,中国上海自贸区在这次应对新兴市场危机,所能发挥什么样的作用,还将拭目以待。

第六节 伊斯兰教银行和私人银行

伊斯兰教律法对伊斯兰银行业同样具有约束力。它禁止银行和放贷者索取利息。并且认为"确定"的利息就是高利贷。任何从存款上得到净利息都被从个人手中剥夺,并捐给慈善机构。

但"不确定"的利息是许可的,也可以理解为交易利润。

在银行业务中安全是首位,业务的开展存在风险。所以交易利润被普遍认为是可以接受的。伊斯兰银行可以基于伙伴关系接受一笔存款,把它用于贸易融资,并与存款者分享净得的收益。原则上一次交易结束,下一笔交易是一个新的合同,这导致了借贷行为的短期性。

资本市场的长期投资,在沙特阿拉伯的伊斯兰教法学院制定了基本的教令,投资工具一般采用互助基金。但是必须规避那些涉入银行、保险和酒业的公司。

伊斯兰银行可以开展租赁业务，譬如银行买下设备，利用分期付款的方式将它卖出。

从地理位置来看，伊朗、巴基斯坦和苏丹严格地遵守教义；东南亚是实用主义；而海湾地区相对于伊朗、巴基斯坦要灵活一些。由于宗教委员会的教义束缚，伊斯兰银行很难形成一个大规模的统一市场。也就是说不存在真正的阿拉伯市场区，各个银行都专营于它们的母国。巴林群岛在1980年初，对沙特阿拉伯的融资项目中兴起，成为一个具有成本效益的中心。但是后来又逐渐衰落。虽然巴林群岛、沙特阿拉伯和阿联酋都无视金融市场的存在，但那些可以把长期的资产变成可转让证券，也能见到日周转率的金融市场基本上是没有限制的。

金融业的标准是欧洲白人制定的，伊斯兰银行不给予存款利息，不保护存款人的利益，也没有最后的借款人（央行），使人们对资金安全产生了后顾之忧。因此，伊斯兰的资本，譬如石油美元都在欧洲寻找他们的代理银行。伦敦一直保持着它作为伊斯兰教的外国金融首都的传统地位。但是在这里的金融运作都是按西方的规则来进行。英国银行不承认伊斯兰教银行的合法性。因为后者不对存款者提供保护，也不支付适当的利息——西方就不把它们称作银行。

巴林伊斯兰金融机构，作为伊斯兰银行的先锋已经成在了40年了。在19世纪90年代中期，规模达到7 000亿美元至一万亿美元。并且在以每年15%的速度扩张。由于伊斯兰教义是禁止收取利息的，所以巴林的伊斯兰金融机构只能采用出售再回租的模式进行投资。但在2002年以后，巴林银行把保险、投资、资本市场、货币市场都放在同一个监管制度下，这样就有了一个统一的标准，明确了经营活动中必须遵守的规范，这是伊斯兰银行向现代金融靠拢的努力。但是，穆斯林世界要改变金融弱势的状况，还有遥远的路程要走。因为在非自由经济体制之下，金融只是财会系统的簿记单位，而不是别的。

伊斯兰教银行真正有潜力的市场在东南亚。马来西亚于1994年开设了一家伊斯兰银行，建立同业结算和票据结算体系以及存贷业务，拥有世界上第一个伊斯兰股票指数，正在成为一个伊斯兰证券交易所、银行和金融中心。

私人银行是一种负有无限责任的合伙制银行。合伙人制度增加了经营的灵活性，按照西方的法律，合伙关系不需要公开账户，因此也不能公开吸收存款。资本规模的扩张也受到了限制。但是它们一直提供着最优良的服务。瑞士的苏黎世、巴塞尔是私人银行的集中地。此外还有百慕大、开曼群岛等。

第五章
投资银行

第一节 商业银行与投资银行

投资银行最初与商业银行密不可分，18 世纪的法国和英国运作的商业银行——“商业银行家”这个词是“商业”与“银行家”的组合，它意味着一位商人通过为客户提供信用（最初是接受商业票据）而扩大了业务的范围。它的起源非常古老，可以追溯到 12 世纪在意大利的热那亚的银行家。热那亚的银行家们吸收存款并且制定了跨国金钱转账的清算制度。他们是兑换钞票的商人，以海外代理银行的方式进行运作，并且进行汇率投机。但他们也将一部分存款用于投资，并且作为商业公司和航运公司的合伙人持有股票。此后，一些公司放弃了扮演货物商人的角色，专注于交易金融证券案，另一些公司则专攻产权投资。

最初的银行家都是王室的借款人。事实上，教会禁止高利贷，除了借钱给政府。譬如，圣殿骑士会就曾借钱给法国国王路易七世，用于 1146 年第二次十字军东征。自从 12 世纪初以来，意大利商业银行家就为他们的国王和王族提供融资。1250 年前后他们成了罗马教皇的银行家，之后不久又成为英国爱德华一世的银行家。从 1276 年开始，弗洛伦撒的弗雷斯克巴尔迪家族来到伦敦，服务于王室，直到 1311 年被爱德华二世驱逐。成为国王的银行家并不容易。作为当时最有实力的银行业家族，弗洛伦撒的巴尔迪和佩鲁齐家族从 1336 年英法百年战争开始，就为爱德华三世提供金融支持。不幸的是，英国国王很快破产，佩鲁齐和巴尔迪家族也于1342年和1346年相继破产。

创立于1397年的罗马教皇的首席银行——美第奇银行是那个时代最大的银行。作为一个持有众多子公司产权的家族合伙企业，它以中心—辐射周边的模式分布。1494年，美第奇家族因为与入侵者法国人站在一边而被驱逐。

接下来最有势力的商业银行家族是德国的富格尔家族。雅各布·富格尔(1459—1552)是神圣罗马皇帝马克西米连一世的御用银行家。

尽管是为国王和王室服务，银行家们也需要为自己融资。16世纪，高利贷法律被撤销，他们开始利用安特卫普和里昂的货币市场，后来又在阿姆斯特丹证券交易所进行融资，也开始掌握了融资技术。

欧洲国家的银行业结构以商业、家族和个人银行相混合为主，英国、德国、法国的情况几乎完全不同。

英国的银行业并没有参与实业，与欧洲大陆银行业紧密联系实业的模式相比较，可以看出其中的智慧。在欧洲大陆和英国，19世纪工业革命的融资主要集中于私募股权投资和银行贷款。

在英国，由于资金匮乏，私人银行在南部农业地区与中北部工业地区间充当了媒介。1880年以后，伴随着私人银行的衰落，英国的银行业系统把注意力集中到了合资银行上。

银行业结构基本上是以商业和国际金融为导向的，清晰地划分为存款业务和商业银行业务。合资银行吸纳活期存款，扩张短期信贷。商业银行(巴林、罗斯柴尔德和汉布罗斯)通过债券的承兑和浮动汇率为国际贸易融资。

金融市场的快速扩张导致商业银行家们对实业投资失去了兴趣。在18世纪初，巴林银行主导了政府和公共债券的发行业务。早在1763年，弗朗西斯·巴林就已经建立一家公司为其他公司充当进出口代理商，后来这家公司在1776年成为巴林银行。1780年，巴林银行与欧洲顶级金融中心阿姆斯特丹最有实力的商业银行霍普公司结成联盟。美国独立战争期间，巴林银行提高了融资额度，以支持英国军队在北美作战。从1803年到19世纪70年代初，巴林银行一直是伦敦主营美国业务的银行。它为当时的美国政府进行支付和购买业务，并代表其金融利益。例如，1803—1804年间，它筹措了从法国人手中买下路易斯安那州的资金。

巴林家族的主要竞争者是罗斯柴尔德家族。罗斯柴尔德家族崛起于1814年资助威灵顿的军队与拿破仑军队作战。此后,内森·罗斯柴尔德为战后稳定欧洲保守派势力提供资金。1815年以后,确立罗斯柴尔德国际金融统治地位的是"规模的庞大和复杂"。通过发行与英镑挂钩的固定利率外国债券,罗斯柴尔德家族为国际债券市场的开创进行了大量工作。1830年,他们发行新成立的比利时的首只债券。但是,需要注意的是罗斯柴尔德家族的衰落是因为他们美国业务的缺失。

尽管起初汇丰银行并不是一家英国银行,汇丰银行于1865年前后在中国香港和上海成立,它为增长中的欧洲国家、印度以及中国贸易提供金融服务。1874年,汇丰银行运作了中国第一笔公共债券,之后针对中国政府发放了大批贷款。1949—1955年间,汇丰银行在中国大陆除上海以外的办公场所被关闭。此后,汇丰银行到其他国家发展,后来才发展到了伦敦。在20世纪90年代后期成为欧洲最大的银行和全球第二大银行。

在法国,19世纪名为"马申特银行"的私人银行就已经紧紧地与商业绑在了一起。

革命和帝国战争促使商业银行家们改进了他们大规模金融服务的技术。巴黎日益成为国内和国际支付中心,欧洲商人纷纷转向巴黎人开的银行,以管理他们对盎格鲁—撒克逊人的国际债务。以瑞士的新教徒和从德国过来的犹太金融家为代表的外国银行也纷纷在巴黎设立分支机构。

新崛起的瑞士新教徒银行家有马利特、德利赛特和霍廷古尔。最具代表性的犹太银行家是詹姆斯·罗斯柴尔德,1814年他创立了罗斯柴尔德银行的法国分部。在波旁王朝复辟期间,由20家私人银行形成的一个非正式封闭性的组织——"高级银行"成为巴黎的主流银行。在法国大革命前,一部分私人银行也发展得很好。

在法国,无论是参与直接还是为实业提供建议,长期信贷这类高级的银行业务都比其他地方的银行开展得早。铁路投资风潮极大地推动了银行对矿山、钢铁和冶金的投资。

银行可以投资实业的想法可能源自法国,但是这种状况却没有持续多长时间,这些法国投资银行很快就相继破产了。

商业银行为存款人和借款人提供中介服务，而投资银行则帮助企业直接进入资本市场。“简单地说，投资银行帮助企业作出市场决策，还为政府部门、跨国公司、私人公司和个人客户提供公共投资和私人投资等级债券、该收益产品和金融市场的渠道。”(J·P·摩根)

投资银行还通过自营账户从事证券交易，其中很多涉及第三方资产管理。

法国银行家、政治家雅克·拉斐特一直希望建立一家专门从事长期融资业务（投资银行性质的持股及长期贷款）和普通商业银行业务（吸纳存款）的综合性银行。他的一生几乎都是在政治生涯中度过。1837年，他创立了拉斐特银行，这家银行的主要业务从吸纳存款转变为向长期工业股票和铁路投资。1848年，拉斐特银行破产。1852年佩雷尔兄弟创立了动产信托银行，通过发行短期债券和定期存单为铁路和冶金企业提供融资。这家银行仅维持了15年，于1867年宣告破产。罗斯柴尔德银行也曾参与过铁路和实业投资，并与佩雷尔家族竞争（今天，罗斯柴尔德银行仍然活跃在欧洲，专门从事并购业务的投资银行）。

1912年，普通（Generale）联合银行的最终破产成了法国银行向实业投资的转折点，自此以后，法国银行不再投资于实业。

1863年，法国颁布了一项建立合资银行不需要政府预先授权的法律。法国里昂信贷银行和法国兴业银行两家合资银行在金融业务方面都以竞争对手佩雷尔银行为目标。他们为了约束自己，通过自身分支机构网和短期信贷交易积累营业收入，不再从事普通的银行业务。两家银行至今都还存在（法国里昂银行最近并入了法国农业信贷银行）。

虽然法国开创的银行体系在本国没有结出硕果，但当时却在德国获得了成功。约翰·门罗的研究表明：在为工业企业提供融资方面，投资银行扮演的角色在德国比其他任何国家都重要。

德国的私人银行起源于18世纪后期“殷勤的犹太人”的繁荣的商业和金融活动。17—19世纪初叶，“殷勤的犹太人”是欧洲中部国家王室的御用金融家。这些德国银行的缔造者包括曼海姆市的塞里格曼（冯·埃克托银行的创始人）、法兰克福的贝斯曼和罗斯柴尔德以及来自汉诺威的奥本海默。1798年沃柏格在汉堡建立了一家银行。同时，梅耶·罗斯柴尔德把他的第三个儿子内森送到了英国，6 年以后，内森在伦敦又成立了一家银行。

1848 年科隆银行的成立，标志着在德国开始出现第一家真正意义上的投资银行。1852 年达姆施塔特银行参照了动产信托银行模板建立，但是直到 1870 年法律才允许建立合资银行。随着 1870 年德意志银行、德国商业银行和 1872 年德累斯顿银行的建立，德国银行才成为普通银行的模板。

德意志银行在柏林成立，“办理各种银行业务，特别是为提升和推动德国与其他欧洲国家间以及海外市场的贸易服务”。这些银行与新兴的工业实业建立了坚固的合作关系。格奥尔格·冯·西门子（德意志银行的首任董事之一）和他的堂弟弗里德里克·冯·西门子（著名的实业家）就是最好的例子。这些银行今天仍然存在，而且德意志银行仍然是西门子公司的家族银行。

一、美国投行的兴起

1861 年在美国内战期间，杰·库克公司在承销国债业务中取得了巨大的成功，虽然库克公司最后破产了，但它对美国投行业务的发展有着深远的影响。

1863 年美国颁布的《国家银行法》第一次确认了美国的国家银行体系，管制特许银行，以使其发行的票据必须由美国政府债券提供支持。与英国情况相同的是，特许银行不能混业经营；与英国不同的是，私人银行却可以。约翰·E·泰勒和布拉特创立的波士顿公司就是一家主营业务包括经济、投资、贸易、存款和保险的私人银行。

纽约的温斯洛公司和拉尼尔公司除了提供债券配售和付息业务外，还专门从事铁路金融服务。也许是公众投资者对股票不信任的原因，铁路公司的财务杆杠都很高。有的银行常常会采取一些措施改善某家公司的财务状况，然后宣称对它有某种程度的控制。

1838 年，一位名叫乔治·皮博迪的美国商人设立了一家伦敦商业银行，也就是后来的 J·P·摩根银行。在 19 世纪中叶，美国还需要从欧洲募集资金。当时在美国最为成功的银行都与欧洲银行有着密切的联系，起步于英国的J·P·摩根银行，带着美国经济急需的资金和人脉转移到了美国。当时 J·P·摩根银行的主要业务是为政府和铁路融资。19 世纪后期，银行家之间的竞争并不明显，所以银行家在某公司担任董事，也就意味着该银行成为这个公司的主办银行。这种关系一旦建立,就很难改变。银行之间争夺客户的事情,直到“二战”以后才出现。

J·P·摩根银行在为美国工业提供融资和重组方面扮演了重要角色。它为通用电气的成立提供援助;并且通过购买卡内基公司的钢铁业务,建立了在那个时代产量占全美总产量60%的美国钢铁公司。20世纪初,J·P·摩根银行、库恩·雷波银行和斯派尔银行承销了大量公共事业和铁路证券的发行。

除了J·P·摩根公司几乎占据了资本市场供给市场的垄断地位外,还有两家投资银行专攻较小企业的股票的一级市场,他们是高盛公司和雷曼兄弟公司。1869年,德国人马库斯·戈德曼在纽约成立了马库斯·戈德曼公司从事借据的经纪业务。1882年更名为高盛公司,19世纪末公司成长为美国最大的商业票据公司。

亨利·雷曼是一位德裔移民。1844年,他在美国亚拉巴马州蒙哥马利市开了一家日用小商品店——雷曼兄弟公司。在经济蓬勃发展的19世纪后50年,他拓展了业务范围,从日用品销售跨越到投资银行的经纪业务。建立证券交易业务后,它于1887年取得了纽约证券交易所会员资格。

雷曼家族财富不断增长和社会地位不断提高,他们逐渐与纽约其他犹太家族联姻。在某些情况下,他们甚至族内通婚,以确保公司处于家族控制之下。他们也与犹太业务伙伴交好。譬如,菲利普·雷曼就与亨利·高盛特别要好,后者正是高盛创始人之子。“一战”前,高盛开始与雷曼兄弟联合承销股票发行。刚开始的时候,因为工业企业和公共事业发行市场几乎被J·P·摩根垄断,他们就专攻零售企业的发行业务。1906年,成立于1893年的连锁零售企业商店西尔斯罗巴克公司的证券发行成了它们的第一单业务。在接下来近30年里,它们联合为56家不同的发行者承销了总计达140起证券发行业务。后来两家公司做大后分道扬镳,但双方约定互不竞争。这种联盟对雷曼和高盛的投行业务发展的成功,起到了积极的作用。但进入2000年以后,两家公司却势同水火,成为关系非常恶劣的竞争对手,雷曼的破产清算与此有着直接关系。

1925年,由罗伯特·雷曼执掌公司大权,他是雷曼兄弟家族财富的继承人,也是德国犹太人在美国“自己圈子”中的最后一人,他们原来就是从事银行业务的家族。罗伯特·雷曼在34岁代替父亲成为高级合伙人。在20世纪20

年代股票牛市的最后几年中，他始终泡在市场上，成为最为活跃的交易者。

1929年股灾之后，资本市场承受了“经济大萧条”的极大压力。雷曼兄弟公司是金融技术创新的先驱之一，它包括首创私募配售，为可靠的借款人和私人贷款人撮合贷款业务。罗伯特·雷曼在第二次世界大战前后，拓展了公司的投资银行业务，所用的手段是与重要的实业家和军界人物交往，给他们感兴趣的技术公司做融资。他积极地将公司的资本投放于当时大多数华尔街公司都不愿意涉猎的风险投资项目，并获得了巨大的成功。罗伯特·雷曼很早就开始支持泛美航空的创始人胡安·特里普和美国无线电公司的创始人戴维·萨诺夫，也很早就投资了零售业和好莱坞电影工业。

其他的银行也走出了不同的发展道路。1848年，拉扎德公司在新奥尔良从事干货生意。“淘金热”开始后不久，拉扎德兄弟就进入了旧金山，开始经营进口货物和出口金块的买卖。像雷曼兄弟一样，他们逐渐介入了银行业务和外汇业务。1876年，他们的业务已经完全集中在提供金融服务。拉扎德公司先后于1852年、1870年在纽约、巴黎和伦敦开设了分支机构。20世纪初到中期，伦敦、巴黎和纽约三家拉扎德分支银行一直保持着各自业务的独立增长。20世纪初，拉扎德兄弟的儿子们一起到巴黎周边开设银行，伦敦银行却于1932年卖给了培生公司。

第二次世界大战期间，欧洲遭到了战火的蹂躏。拉扎德的儿子与一位年轻的巴黎同伴安德列·梅耶一道来到了纽约。战后纽约拉扎德银行大举提升了自己的实力，获得了并购的霸主地位。与此同时，巴黎拉扎德获得了“卓越金融顾问”的美名。20世纪，在当时公认的最重要、最复杂的并购案与最知名的大型跨国公司重组案中，拉扎德银行都扮演了核心顾问角色。

查尔斯·马瑞在困难重重的1914年创立了美林证券，那个时候经济业务和投资业务是混业经营的。1926年，美林证券收购了西夫韦公司，接着又收购了南卡罗莱纳的一家杂货连锁店。1928年，马瑞向他的客户发出了即将发生股灾的警告，使得声誉大增。1930年，他将公司经纪业务卖给了EA皮尔斯公司，之后他重点发展了西夫韦公司并宣称“要将华尔街带到各主要大街”，意即要把证券卖给普通的美国人，它做到了，而且做得很好。1938—1941年，美林证券通过收购和并购的方式重新进入了经纪业务市场。1941年是一个艰难的年份，但是美林证券却成为世界上最大的证券公司。

20世纪70年代的瑞士银行充满了现金，这些资金有来自产油区，也有一部分来自日本和其他的区。随利率的下降和美元升值，他们非常乐意购买以美元为面值的股票和债券。但是瑞士银行在为客户保密方面有严格规定，除非购买的债券不记名，并且免于缴纳发行人所在国的预扣税，否则不愿意购买。美国财政部不发行不记名债券，所以瑞士银行不能购买美国国债。然而，它们可以购买美国知名大企业发行的AA或AAA级债券。不过还有一个条件，也就是在购买这些债券时必须免缴预扣税。美国公司可以通过已受担保的子公司来发行欧洲债券，可免于缴纳预扣税，这种做法对各方面都很有利。于是，有些瑞士银行开始主动寻找有偿债能力的美国大公司，以很低的利率与它们做生意。为了创造满足客户需求的债券供给，这些银行实际上开出了美国大公司无法拒绝的条件。譬如，美国某大公司是美林的AAA级客户。如果它想在纽约市场筹集1亿美元，就得支付8%的利息，这还不包括其他费用。这样美林作为主承销商，而瑞士银行作为副主承销商，共同承销美国大公司发行的1亿美元欧洲债券。对于美国的大公司来说包括利息和发行费低于原来的8%。瑞士银行不但可以与美林分享承销费用，还可以向它们的客户收取经纪佣金，何乐而不为呢。客户也乐意接受这些债券，这种债券相对于瑞士法郎在升值，因为美元在走强。

美国证券法要求，发行证券必须向证交会注册申报文件，之后，证交会对申报注册进行审核。审核结束，证券获得发行允许，便可以向公众出售，整个过程大约需要30天。在这期间，市场可能恶化，发行人也没有机会根据为这次发行所做的最低成本竞价来选择承销商，承销商业无法在允许销售证券前竞价。结果，对于发行证券的公司来说，与多家承销商保持关系并没有什么有利之处。他们都有自己的主办投资银行，可能还有一个副主承销商。如果公司债券在欧洲发行，它们对于较低利率的发行交易更感兴趣。

随着时间的推移，美国证交会也意识到了大量的美国公司债券正在离开美国市场。如果要吸引债券发行业务的回归，就要改变债券的发行规则，以此做到与更加自由的欧洲市场相竞争的有利条件。虽然美国证交会过去的50年里没有犯错，但是它必须找到办法，说明有理由对债券发行规则作出重大的改变。

于是,理由找到了。根据金融学者提出的“完全市场理论”,一旦信息向市场发布,信息就会被充分地吸收和传播,会立即对价格产生影响。那么包含了新债券发行信息的注册申报一旦递交,就可以认为信息已经发布了。因此,针对已受监管的发行公司冗长的审核过程就没有必要了。这是美国证交会为很好地保护美国公司的债券发行市场的国际竞争力所做的努力,虽然这种努力是被迫的。

1984 年,美国证交会批准了 415 规则,这个所谓的“储架注册制度”使公司能够提前注册证券,当证券准备好发行时,即可“离架”发行。这对美国的投资银行关系产生了巨大影响,因为这意味着公司可以通过讨价还价,将新债券发行交给出价最高的承销商。当然很多公司正是这样做的,由此结束了排他性投资银行关系。开启了以定价为基础,竞争各种投资银行业务的新时代。这同时降低了公司发行债券的成本,因为承销商可以商量确定。或者,因为随着新债券开始在美国以“全数包销”的方式,按照一切的利息成本卖给承销商,承销费用实际上消失了。这对于实体企业来说,充分地体现了资本的易得性。

1990 年,证交会又引入了一条新规,允许外国债券和股权发行人在美国发行证券时,不必向证交会注册申报。规则规定,只要投资者是“合格的机构投资者”,外国发行人发行证券可以按“私募发行”对待。私募发行没有注册申报的要求,但必须只卖给成熟的投资者——合格的机构和富有的个人。然而规则还规定,允许这样的投资品再出售给其他合格的机构,以前的私募发行规则并不许可这样的交易。这样一来,证券可以在合格的机构买家之间进行交易,从而形成流动性相当大的市场。这对新兴市场来说,是一个有益的突破。20 世纪 90 年代初,新兴市场的国家,如中国、巴西和俄罗斯等国的公司,发行债券或股权证券,即使在国内注册,也可以在美国卖出。

二、现代投资银行的诞生

1863 年,美国《国家银行法》禁止特许银行从事承销、配售公司债券和股票活动,但是大型银行确立为国有特许会员,却可以绕开这条限制,从事承销业务。1913 年美国颁布《联邦储备法》后,耗时近 50 年,美国才把中央银行体系确立为联邦储备系统。1927 年,《麦克法登法案》对《国家银行法》和《联邦储备法》做了补充，该法禁止了洲与洲之间的银行业务，但是明确允许全国性银行通过自有证券部门经营和承销投资证券业务。商业银行要么通过自有证券部门涉足证券业务，要么通过国有银行会员的形式活跃在证券市场上。

1903年，彼得·德鲁克在沃顿的一次会议上，做了一个非常有趣的演讲："1903年第一本关于银行的教科书出版，它开头的两句话是：'银行的成功必然是建立在对公众利益的忽视上，银行在向客户持续支付的金额与客户没有取出的存款差额中赚钱。'"

在20世纪初，银行在获取存贷利差之外还经营其他业务。银行将自有资产投资于投机性证券，将风险带给了存款人。刚开始的时候，银行控制着铁路公司，但从19世纪90年代开始，更多的公司回归公众。例如，1892年通用电气的回归，银行的控股逐渐转向了其他工业企业。1910—1915年，一个投资银行财团通过授权信托控制通用汽车公司。银行对自己持股的公司采用了相当宽松的贷款政策。紧接着，银行又借钱给客户购买证券。1914年，《克莱顿法案》禁止银行和企业内互相兼任董事长，但是银行董事仍可以在非银行公司的董事会任职。

1929年10月24日，这个被称为"黑色星期一"的日子，股票市场遭遇了大崩盘。资金开始向银行回流。但这仅仅是个开始：1930—1933年，有将近10 000家银行破产。1929年10月，美国银行紧急召回放到欧洲的贷款，这加速了德国和奥地利的银行危机，并直接导致奥地利国际银行于1931年5月破产。1855年，罗斯柴尔德家族在奥地利维也纳创建了奥地利国际银行，它曾是奥匈帝国最大的银行。战后，奥地利和德国曾经严重依赖美国银行为战后重建提供贷款。1931年，德国大法官布鲁宁被迫宣布所有银行停业两天，并寻求外汇管制保护。1933年，希特勒上台以后，把所有的银行收归国有。

1933年3月美国总统罗斯福也将国有银行停业一周。随后颁布了三个重要的法案：1933年的《证券法》(针对一级市场)、《银行法》以及1934年的《证券交易法》(针对二级市场)。《银行法》也被称为《格拉斯—斯蒂格尔法案》，该法案将商业银行业务与投资银行业务分离开来，并且禁止联邦储备系统中的商业银行进行投资银行业务(及发行、承销和配售股票、债券和其他证券)。该法案还禁止任何公司通过拥有会员银行的方法主营投资银行业务，并迫使大型银行在投资银行业务和存款业务中任选一项。例如J·P·摩根公司选择了继续从事商业银行业务。一部分高级合伙人和职员离开了公司，重新组建了摩根士丹利证券公司。但正是因为《银行法》将商业银行与投行业务分离开来，才大大地排出了商业银行对投资银行的竞争。

1933年的《银行法》部分是为了谴责银行持有非金融公司股票的风险。该法案要求银行向单一客户贷款的数额不能超过自有资本的15%（与德国和日本不同，他们的限额分别是50%和30%）。《破产法》禁止银行对主要公司施加控制，银行一旦影响公司的决策要负法律责任。美国公司的管理与银行基本没有依赖关系，因为银行业早已形成了减少经理人的道德风险的机制。

与此同时，法国、英国几乎没有大事发生。在德国，希特勒的国有化命令，拯救了银行业。比利时、瑞典、意大利、瑞士的银行则按照美国模式把商业银行与投资银行强制分离。在比利时和意大利，混业经营的银行不得不拆分，只有存款业务的银行被允许使用"银行"这一称谓。混业经营的状况，到了20世纪60年代才得以重新开始。

1956年，在美国颁布的《银行控股公司法》将"银行"定义为"任何一家全国性银行业务联盟或任何一家国家银行，存款业务银行或信托公司"。直到1966年，修订后的《银行控股公司法》才将"银行"定义为"任一接受存款，并从事商业信贷业务的机构"。

市场业务的选择使得20世纪60年代商业银行的传统贷款业务出现了激烈竞争。正如彼得·德鲁克在同一次沃顿会议上所提到的："这些利润消失了。客户们流向了提供最优惠利率的银行。因为不能再依靠利差为生，我们不得不转向收费业务系统。"

《麦克法登法案》和相关的法律都限制了商业银行跨地区扩张的能力，《格拉斯—斯蒂格尔法案》则限制了银行提供的产品范围。商业银行走投无路，投资银行则受到了《格拉斯—斯蒂格尔法案》的保护而免于与商业银行激烈的竞争，从事发行、承销、出售和配售股票、债券或其他证券业务。然而，该法案没有禁止商业银行从事美国以外地区的承销和证券交易业务。

20世纪60年代，真正意义上的欧洲美元市场的发展给予了欧洲的普通银行和美国商业银行承销巨额欧洲债券发行的相同待遇。20年后，对美国投资业的关注使非银行公司试图进入这一领域：1981 年所罗门兄弟公司被菲布罗公司收购；天汇公司被希尔斯公司收购；1984 年雷曼兄弟公司被美国运通公司收购；1986 年基德尔·皮博迪公司被通用电气公司兼并。然而上述这些合并案没有一家成功。1986 年所罗门和菲布罗联姻失败，所罗门另与美邦公司结合成所罗门美邦公司（最终成为花旗集团旗下的所罗门美邦公司）；1994 年雷曼兄弟公司被美国运通公司拆分上市；基德尔·皮博迪公司于 1995 年被通用电气卖给了普惠公司，后来又于 2000 年并入了瑞银集团。

美国很多投资银行独立生存了下来，但它们不得不依赖资本市场。1985 年贝尔斯登成为一家上市公司；1986 年摩根士丹利上市；同年高盛卖了12.5%的股权给住友商事（当时世界第三大银行）；1999 年高盛也上市了。仅存的合伙公司是布朗兄弟哈里曼公司，这是一家美国历史最古老的私人银行，历史可以追溯到 1810 年在利物浦成立的一家商业银行——布朗兄弟公司。1818 年布朗兄弟又在费城开了一家分行，并于 1931 年与哈里曼公司合并。

《银行法》成功地消除了商业银行与投资银行的竞争，但是这一切于 1999 年被《格雷姆—里奇—比利雷法》废除。而在这一切结束前，商业银行已经开始进入投资银行的势力范围了。因为公司进入债券市场，银行贷款的依赖程度逐渐降低，商业银行因此进入了固定收益业务，而投资银行在这块业务上的市场份额也由 1996 年的 41%下滑到 2002 年的 30%以下。这导致了投资银行专注于高端增值产品，如结构化债券、衍生品和股权交易。他们也进入了基金管理的业务。1997 年，美林证券收购了英国顶尖的水银资产管理公司，摩根士丹利则于一年以后，收购了天汇公司。

《银行法》的终结开启了商业银行成为综合性银行的大门。1998 年，花旗银行与旅行者集团的合并涉及 700 亿美元的资产；2001 年初大通曼哈顿与J·P·摩根公司合并成为摩根大通；2003 年 7 月美联银行收购保德信金融公司的零售、经纪业务的大部分股权。

在此期间，欧洲的综合性银行为了抵制美国的竞争，很多家银行与美国银行展开了并购。瑞士苏伊士信贷银行于 1978 年收购了第一波士顿，成为瑞士信贷第一波士顿；瑞士银行又先后于 1994 年和 1997 年收购了总部位于伦敦的华宝投资银行和总部位于纽约的狄龙瑞银行；1997 年瑞士银行和瑞士联合银行合并为瑞银集团。德意志银行于1997年收购美国最古老的投资银行阿莱克斯·布朗公司;又于1999年收购了美国信孚银行。

欧洲商业银行的另一个战略是由法国兴业银行提出的——提高法国零售银行网络稳定收益的财务杠杆。以建立高成长、高回报的欧洲业务和投资银行业务。结果是法国兴业银行于2006年成为世界资本衍生品市场的领导者、传统结构化融资业务(例如:项目、贸易、出口融资等)的领导者和主导欧洲承销资产回购交易的霸主。但是,欧洲大多数银行仍然太过于重视它们旧有单一民族国家业务,而美国银行则非常美国化。综合性银行模式是由欧洲人发明的,但是美国人做得更好,至今已成为全球化的趋势。趋势已经出现,新的问题也就来了,投资银行发展新的战略,将会带来什么样的局面呢。

第二节 商业模式的转变

20世纪70年代末期,美国的摩根士丹利、美林证券、所罗门兄弟、高盛在投行的排名上名列前茅。然而面对市场激烈的竞争,对于其他公司而言,它们只得通过与实力较为强大的公司合并,以便寻求保护。

在金融史上,从一开始直到20世纪70年代的大部分时间里,主导华尔街的大公司的经营模式一直都是低风险的,主要是为投资者和大企业提供建议。

20世纪80年代,华尔街的大公司从私人合伙企业转变成为上市公司,他们不再用自己的钱来赌博,而是用那些公众股东的钱。并且一夜之间钱越来越多,对借入资金利用杠杆也在逐渐增强。怎样创造更多的收益?提高杠杆比率成了达到这一目的的最好方法——通过借贷,可以根据自己偏好的投资组合投入更多的资金。只要预期收益高于融资成本,这几乎就是最聪明的做法。

另一方面,随着竞争的加剧,费用却急剧地减少。因而旧业务,即为客户“代理”去承销企业股票和债券,并向小型投资者出售股票的旧商业模式从20世纪80年代早期到后来30年的日渐式微,每况愈下。

产生这样的结果,技术进步是一大诱因。随着电脑开始应用于资本市场,交易者开始用科技获得市场和证券信息,寻找市场行为的潜在模型,并通过几年前根本不可能的方式来获取更多的数据。有了这些信息，交易者好像第一次有了真正的优势——他们可以获得大量信息来预测价格和趋势。

1978 年 8 月，保罗·沃尔克就任美联储主席。上任伊始，他就大幅提高利率，直到将通货膨胀控制住，随着一系列的措施，利率最高被推到 20%。沃尔克的休克疗法疗效还是不错的，在一片慌乱之后，通胀下降了，由原来的 13% 降到了 4%。1982 年 7 月，在沃尔克的指挥下，美联储降低了短期利率。随后的几个月里，债券市场回升，长期利率下降，道·琼斯工业平均指数也止跌反弹。罗纳德·里根政府通过了《经济复兴税法》，进行减税，刺激了债券市场，交易各种债券及其衍生品成为华尔街后来 30 年主要的经营模式。

在沃尔克之后，就是格林斯潘担任了美联储主席，并且一直连任到 2006 年。2008 年金融海啸之后，人们的评述，“格林斯潘泡沫”一词的出现频率就很高了。

20 世纪 80 年代，通胀的压力稍许缓和，较低的市场利率意味着较低的贷款利率。技术使市场的有效性提高，从而使发生通胀的可能性降低。更低的贷款利率意味着投机者可以借入更多的资金，实行高杠杆。

华尔街也开始了金融创新——抵押贷款支持证券(MBS)，因为制造这些证券产生大量的手续费和创造出新的流动性。在最简单的形式中，MBS 不过是一种把抵押贷款打包的债券，抵押物持有者的偿付转向债券持有者。目的是，银行可以把它们的应收款票据出售给华尔街，华尔街又把它们出售给投资者，这样银行可以发放更多的贷款。所有的债券都能交易，流动性是资本市场的血液，档利率下降时，债券交易火爆。当债券被交易和商品化以后，公司传统的承销和顾问业务的利润率自然就会减少。这就促进了华尔街进一步创新——债券衍生品。这使得债券市场更为复杂、规模更为庞大，并且打包着更为危险的抵押贷款。基于所谓风险最小化的模型，交易变得更为复杂，规模更大。这样华尔街的商业模式已经从顾问、服务型转变成了承担风险。

金融创新一般是指：各种金融工具的运用，新的金融市场及提供金融服务方式的发展。

金融创新在不同的时期，创新的目的、特点、成因均有不同。19 世纪 60 年代末，创新的目的是逃避各国的金融控制和资本监管；70 年代，是为了转嫁风险;80 年代则是为了防范风险;到了 90 年代,国际金融向一体化趋势发展,各国金融管制大大放松,金融机构将面临更多的赢利机会与风险。

在 1970 年,第一笔资产支持证券由房利美售出。房利美是一家被称为美国政府国民抵押贷款协会的政府机构,它经美国政府授权,从银行大量买进房屋贷款,意图刺激银行发放更多的住房贷款。这种资产支持证券是一种转售债券——证券投资者可定期获得发行人"转手"的本金和利息。当时房利美承销这种债券获得了初步成功,很快一些持有抵押贷款的银行也开始效仿房利美的做法。但是当时还不能将转化成债券的抵押贷款从银行负债表上移出,银行仍需要持有资本来对冲抵押贷款的风险。因此这个市场还是一潭死水。

当时所罗门拥有华尔街最大的抵押债券市场部门,它的领军人物是刘易斯·拉涅利。第一波士顿紧随其后,而波士顿的抵押债券交易明星是拉里·芬克。

1977 年,所罗门已经为美国银行将一系列贷款打包成抵押债券。拉涅利以"证券化"的概念说服评级机构,而此时抵押贷款证券化以后,抵押贷款已经可以银行负债表上移至一个被证券化的资金池,这个资金池由很多抵押贷款和其他应收款票据支持,因此违约风险非常小。评级机构同意了,债券从两大评级机构——穆迪、标准普尔那里赢得了 AAA 级的评级。

从理论上说,能够把贷款从银行的负债表上移出,这本应该开启了资产支持证券的淘金热。但是事与愿违,由于税收影响,银行向独立公司销售资产支持证券的成本很高,而且高通胀和高利息也阻碍了资产支持证券热销,所罗门的抵押贷款部门遭受了巨大的损失。拉涅利转而把注意力集中到了华盛顿,他雇用了一群说客去游说修改法律,目的是在储贷机构出售抵押贷款时,税收上能得到优惠。随着通胀开始消失,拉涅利的努力产生了效果。跟着利率下降,低利率促进了债券市场恢复性增长。在低利率的刺激下,出生于"婴儿潮"的那代人终于开始办理抵押贷款,长期沉寂的市场呈现出一片欣欣向荣。

随着市场的增长,抵押贷款成为市场的宠儿,拉涅利的杰作令华尔街的交易商们都称赞不已。

拉涅利的成功极大地刺激了第一波士顿的抵押贷款部门。

由于政府的支持,抵押贷款市场得到了一次大发展。政府作出了对那些能够卖出像资产支持证券的公司减少税收，有利的税收政策全方位地刺激了储贷机构应收款票据从负债表上移出，并把它出售给华尔街。这是政府的一次有利的干预，刺激了房市的繁荣。这不是一次，全世界的政府都知道，刺激公众负债以此来拉动经济增长。

第一波士顿的芬克合并了不同类型的抵押贷款，根据现金流不同的风险程度进行切分，将它分成不同的“层级”，然后将它们分级出售给投资者，以满足对风险偏好不同的投资者。可以忍耐高风险的，可以得到较高的收益。而对风险偏好忍受力较低的投资者就会购买高质量的抵押贷款组成的、几乎不可能违约的 AAA 级债券。根据评级机构的说法，这些 AAA 级债券都像美国国债一样安全。

如果说所罗门的拉涅利在 1977 年为美国银行出售第一支抵押贷款债券而受到好评，芬克现在却因为他的创新产品而独领风骚。芬克和他的分析师们花了很多时间研究，试图获得新产品的正确结构，同时积极联系游说团队，在华盛顿为发行这种债券争取税收优惠而努力。这种新的债券被称为“抵押担保债券”(CMO)——这使得芬克以及以后的交易员可以将风险降到投资者可以承受的范围以内。芬克的第一个 CMO 客户就是房地美的财务官玛西亚·梅尔柏格。她曾就抵押债券多次与拉涅利合作。

第一笔 CMO 在 1983 年投入市场，刚开始时他们计划发行 4 亿美元，但是由于所罗门也积极参与，因此将这笔债券的发行量追加到了 10 亿美元。所罗门和第一波士顿在这场交易中占据了绝大部分份额，使整个华尔街为之震惊。不仅仅如此 CMO 的出现为债券市场的发展起到了承上启下的作用，为市场搭建了新的平台。

随着 CMO 的出现，芬克变成了华尔街闪耀的新星，是他，而不是拉涅利，创造了这种新的热门金融产品。华尔街有两种银行家：一种是圆滑的推销高手，他们靠才智和魅力获得成功；另一种靠的是像斗牛犬一样，坚持不懈的顽强意志。

1983 年沃克尔完成了他的休克疗法，开始降低利率。因此债券市场一片欣欣向荣。政府支持，决定对那些能够出售像抵押债券这样的固定资产的公司减少税收。这促使抵押债券市场发展到了一个新的高度。低利率使抵押贷款大规模发展,有利的税收政策刺激储贷机构将抵押贷款从负债表上移出,并把它出售给华尔街那些将应收款票据证券化的公司。这些都预示着初步形成的打包和交易抵押债券业务发展良好的前景。因为它不像其他债券那样清晰,手续费很高。它推动华尔街利用抵押债券改变其商业模式,并承担风险。公司开始将资产负债表杠杆化,廉价地借入更多资金,投资于这种新型的债券,并将它放入自己的账本,获取利息和价格收益。这种操作方法在市场上被称作"套息交易"。在接下来的25年里,套息交易成为华尔街最为赚钱的方式,后来也造成了巨大的损失。

20世纪70年代的停滞以后,经济奇迹般地复苏了。华尔街大部分利润从债券市场赚得。承销债券以及将抵押债务打包成"借条",形成新证券,投资也十分喜爱这种证券。伴随着利息的降低和低通胀,发行债券是企业最廉价的融资方法。随着债务成本的降低,企业和投资者也越来越喜欢"借条",华尔街找到了依靠这种转变获利的新方式。CMO只是一个开始而已,华尔街在20世纪80年代最伟大的创新之一是MBS的衍生品,即分别将债券剥离为"支付利息"和"只付本金"两部分。这样可以为投资者提供各种各样的证券,以替代银收益率下降的普通换汇契约或低风险的政府债券。

MBS不仅对投资者开放,也是交易员最钟爱的产品。因为它可以直接在市场上进行赌博。这些分离产品是抵押证券中最易波动的品种。因为它独立于CMO,因此它会随着利率的变化而剧烈波动。如果赌注下对了,获利颇丰。当然,方向做饭了,损失也是巨大的。在华尔街,得到好处的不仅是拉里·芬克和刘易斯·拉涅利,抵押债券的交易员们每年都能挣到200万到四五百万美元,他们成为华尔街最富裕的一群人。

德祟证券要想在在债券市场分一杯羹,发行了比投资级别更低的债务,它把它称之为"高收益"的可互换债券或"垃圾"债券。

1973年公司在股票市场大震荡的期间已经是步履维艰了。公司的管理层认为,仅靠一个响亮的名字已经不能使公司幸存了,所以他们特别希望与伯恩汉姆公司合并以渡过危机。虽然伯恩汉姆公司在合并中占主导地位,但是其他的华尔街大投行坚持"德雷克赛尔"的名字必须出现在合并后的新公司名字的首位，要想进入投行领域，这是一个前提条件。就这样，一个新的投行在纽约诞生了，德雷克赛尔伯恩汉姆公司(Drexel Burnham & Co.)，其注册资本为四千四百万美元。

新公司于1976年兼并了威廉维特公司(William D. Witter & Co.)，它是比利时布鲁克赛尔兰伯特公司(Bruxelles Lambert Group)的美国分支，公司的新名字为倒闭前的最终名字——德崇证券。通过合并而扩大的公司由私人拥有，兰伯特公司拥有26%的股份和在董事会的6个席位，剩余的74%的股份多数掌握在雇员手里。

德雷克赛尔公司的强项是向刚刚起步的公司或者濒临倒闭的公司提供咨询业务，这是该公司留给整个行业的一个遗赠。公司里有两个牛人，一个是同样毕业于沃顿商学院的迈克尔·米尔肯，他是德雷克塞尔公司的元老也是垃圾债券理论的创始人，几乎大部分的贷款都是从所谓的垃圾债券中筹集出来的。另一个人是弗雷德·约瑟夫(Fred Joseph)，一个波士顿出租车司机的儿子，也是垃圾债券理论的重要建筑师。当伯恩汉姆刚完成对德雷克赛尔的并购时，约瑟夫还是希尔森汉密尔公司(Shearson Hamill & Co.)的首席营运官。他当时很想干投行这个老本行，所以伯恩汉姆也没有丝毫犹豫，就把他招进来任命为共同的首席财务官。约瑟夫很快就进入了角色，并向伯恩汉姆保证让公司10年后成为行业中的高盛。

"投资级别"的债券是有评级机构评级的，违约风险小，意味着在持有期内必须持续地支付利息，到期时债券持有者拿回本金。如果某种债券的评级降到"投资级别"以下，它的风险就会显著增加，在债券到期前本金都有可能赔得精光，所以取名为"垃圾"。但是米尔肯并不认为这些债券"垃圾"。他做了一个分析报告，声称那些比投资级别要低的债券的违约概率被夸大了。他认为投资者错过了一个获得高回报率的机会，因为这些债券大部分都是很安全的。

当然，这是评价抵押和证券化债券市场惯用的言论——债务并不可怕，反而应该受到保护，因为它使人们更加富有。到20世纪80年代中期，米尔肯的"高贵市场"繁荣了，投资者逐渐喜欢购买垃圾债券。它可以带来12%的年化收益率。这个高收益的市场迅速扩张，1987年的账面余额达到1 870亿美元，二十年前仅有70亿美元。不久，华尔街的其他公司，譬如美林、贝尔斯登、所罗门兄弟、第一波士顿等都纷纷效仿。

垃圾债券市场的扩张和迪亚市场一样，被华尔街认为是一种双赢的增长。同时，垃圾市场发展到了近乎荒谬的程度，垃圾债券被当做"收购工具"，然后再将这些债券分割，以偿付"收购"时所借的债务，这一过程被称为"杠杆收购"。因为债务成本很低，聪明的"收购艺术家"，例如亿万富翁亨利·拉克维斯、罗恩·佩雷尔曼、卡尔·伊坎等可以通过发行债券，给投资者派发高于市场价格的红利，以收购几乎任何一家公司。美国较大的一些公司——美国环球航空公司、大力士集团等都在收购艺术家的狂欢中被收购。这些公司的管理层被替换，公司原有的投资控制者，现在被持有大额债券的人所替代。

从80年代初，德崇证券开始在行业内召开一系列年会。每年，它都会将国内外的融资专家和基金经理召集到洛杉矶，举行行业盛会。通常，这个年会都会促成一些投资，毕竟参会的不仅有投资银行家、货币基金经理，还有企业领袖和政界人物。在这儿，他们集聚一堂，畅谈经济、金融问题，但私下里，人们将这个年会称之为"狩猎宴会"。如此命名，是因为垃圾债券业务是为那些企业猎手和杠杆收购专家提供融资支持。而米尔肯的出席，则是作为"垃圾债券之王"。由于巨大的成功，德崇在业务方面更加过分，毫无顾忌。当公司在80年代进入公司并购领域内，不顾后果的坚持恶意并购，这在当时对大多数公司来讲是一个禁忌。它的主要表现就是给一家上市公司发一封高度自信的信函，声称德崇保证它可以筹集到所需的资金来完成对它的恶意收购。虽然这封信不具备法律效力，但是在当时，对于许多对其他上市公司发动突然袭击的人来说，如果能有这样一封信，就好比得到了现金一样。期间的著名案例包括伯恩皮肯斯(Boone Pickens)恶意兼并海湾石油公司(Gilf Oil)和加利福尼亚联合石油公司(Unocal)，但是没有成功。卡尔以卡恩(Karl Icahn)并购飞利浦66(Phillip 66)，泰特特纳(Ted Turner)恶意并购米高梅(MGM/UA)和克尔伯格克拉维斯罗伯茨(Kohlberg Kravis Roberts)成功恶意兼并RJR纳比斯克(RJR Nabisco)。

华尔街将各种债务和杠杆视为发财的机会。但是同时也有人指出：一旦垃圾债券成为真正的垃圾时，这些交易泡沫破裂，整个市场都会震动，它们只是膨胀的通货。

德崇表面上是一家股份公司，实际上其股票仍由员工持有。于是许多员工在80年代一夜暴富。公司在华尔街的排行榜上迅速崛起，给德崇证券以及员工带来了未曾想到的巨额财富。到1984年末，德崇证券已经在企业证券承销方面跃居行业第二，成为有史以来最快的成长者。但第二年它就从第二名跌落下来，掉到了第五的位置，行业亚军的宝座被第一波士顿获得。第一波士顿能抢得这个宝座，也是因为主导发行垃圾债券，并从米尔肯手上抢了不少生意。德崇证券的市场份额有所下降，从68%降到了56%。但即使是56%的市场份额，也代表着超过80亿美元的年发行额，仅此一项就为德崇证券净挣了3亿美元的承销收入。更重要的是，在1986年年初，德崇证券的资本首次超过了10亿美元。而一年以前，它的资本只有5.6亿美元。资本的增长几乎全部来自留存收益，除了垃圾债券外，合并收购，以及抵押债券也为公司创造了不少盈利。当时美林证券以26亿美元的资本成为行业老大。

尽管公司好运连连，但德崇证券却并不打算公开上市。而摩根士丹利在此后不久即成为上市公司。德崇证券的董事会主席罗伯特·林登说："公开上市是一个壮举，但我并不认为这适合德崇。"公司业务的发展如此的强劲，哪能让其他人分一杯羹呢？当时，德崇证券根本就没有什么长期战略，只不过是尽可能更多的赚钱而已。

组织上，德崇自诩由精英组成，每个部门的奖金根据该部门自己的业绩，而不是同整个公司的业绩挂钩。各个部门之间关系紧张，甚至经常恶语相向，有时让人觉得他们像是来自不同的公司而不是一个公司的各个部门。更有甚者，公司的几个员工同米尔肯建立起了伙伴关系，共同进行投资，有时候他们自己在一笔交易上比公司赚得还多。比如，在一笔特定的交易后，建立起伙伴关系来共同交易的员工得到的认股权大大超过了公司所得。

1986财年对公司来说是辉煌的，净利润达到5亿4 550万美元。那一年，华尔街没有任何一家投行能跟德崇相比，而最大的功臣米尔肯在1987年挣到的钱为税前5千5 500亿美元。

丹斯通(Dan Stone)，一位德崇的前高管说，公司的这种肆无忌惮的企业文化鼓励了员工进行不道德和非法的交易。米尔肯就总是对证券法律及法规不屑一顾，经常宽恕那些违规甚至违法操作的手下。不过，米尔肯曾经有几次打电话给约瑟夫提到过关于操作中的道德的问题。

终于,德崇惹火上身。1986 年 5 月 12 日,公司的一个主管兼投行负责人丹尼斯·勒文(Dennise Lavine)被控告使用内部消息进行交易。这个勒文,其实他在华尔街的全部职业生涯里都是在利用内部消息进行交易,但是,德崇的管理层在 1985 年雇用他的时候并不知情。最后,勒文被控四项罪名成立,他还招认了其交易伙伴、人称超级交易员的伊万·博斯基(Ivan Boesky)。因为博斯基供认了他同米尔肯交易的内幕,美国证监会在 1986 年 11 月 17 日立案调查德崇。两天后,即后来的纽约市市长,时任纽约南区美国联邦检察官的鲁迪·朱利安尼(Rudoph Guiliani)开始了正式的独立调查。米尔肯预感到了不祥的征兆,他拒绝同德崇证券的内部调查合作,只是让他的律师为他代言。

在以后的两年里,德崇一直否认有任何非法的行为,声称那些罪行以及证监会的指控,完全建立在一个已经认罪的雇员为减刑而作的供词。但是,这并不能阻止证监会于 1988 年正式指控德崇在证券交易活动中从事利用内部消息操纵股票交易,欺骗客户和囤积股票非法赢利等。这些指控无一例外地都指向米尔肯和他领导的部门。最引人注目的一项是博斯基在 1986 年因为同米尔肯的非法交易曾经向其支付了 530 万美元,尽管博斯基在早些时候说那是一笔给德崇的咨询费。同年,朱利安尼开始认真考虑是否根据诈骗和腐败机构法案(Racketeer Influenced and Corrupt Organisation Act)对德崇提出起诉,因为该法案的宗旨是公司要为其雇员的罪行负责。

遭受起诉的威胁让德崇的很多人感到不安。一旦被起诉,德崇将被冻结其价值 10 亿美元用于交易的证券或等值的资产。之所以要加入这么一个条款就是要防范有组织的犯罪机构或公司为躲避债务而潜逃。该法案的制定者就是要保证在犯罪发生后有迹可循。不幸的是,德崇的资本同其他华尔街投行一样,大部分都是借来的钱,德崇的比例为 96%,是各行里最高的。如果要偿还这些债务的话,德崇必将破产。基于此种原因,没有人会把钱,借给一家被起诉的公司。

事已至此,德崇的高管门,其中包括约瑟夫一致认为,必须同朱利安尼达成协议以主动认罪而免遭重罚,否则公司难逃破产厄运。令这些人更为紧张的是 1988 年夏天德崇的一个小的合作伙伴普林斯顿纽波特公司,被根据诈骗和腐败机构法起诉,因为要面临被冻结用于交易的债券,公司在开庭前就关门大吉了。几年后，约瑟夫说，他当时被告知，如果德崇被依法起诉，公司最多能坚持一个月。然而，德崇试图同朱利安尼达成认罪协议的谈判在12月19日破裂，因为朱利安尼的要求，从法律上讲，过于严苛，以至于那些原本赞成主动认罪而免遭重罚的人都无法接受。朱利安尼的要求是德崇放弃律师代理特权，有权任意决定德崇违反了认罪协议的哪一条款，要求一旦米尔肯被政府起诉立刻让其走人。德崇的董事会想都没想就拒绝了这些要求。在这一段时间里，人们觉得德崇准备接招了。

两天后，德崇的律师团发现了一个以前从不为人知的叫麦克菲尔森(Mac Pherson Partner)的合伙人公司，该公司曾为斯托尔广播公司(Storer Broadcasting)发行股票。一部分人认股权被卖给了一个客户，然后又被转卖给米尔肯负责的部门，米尔肯接下来又把这些认股权卖给了麦克菲尔森公司，公司的几个合伙人中包括米尔肯的孩子和几个基金经理。这样一来，就变成了自我交易，甚至是贿赂基金经理。再退一步讲，这种行为也违反了德崇的内部规定。公司立即把这件事情报告给了约瑟夫，同时，事件的揭露严重损害了米尔肯的信用，因为在德崇，很多的员工甚至是约瑟夫自己和大部分的董事们在此之前都相信米尔肯是无辜的。

就在大陪审团决定是否起诉德崇的前几分钟，德崇同政府达成了认罪协议，它无争议地承认了六项指控，其中三项为囤积股票非法营利，三项为操纵股票交易。德崇被罚款65亿美元，这是美国根据大萧条后所制定的证券法第一个公司处以的最高罚款。政府放弃了若干针对德崇的严厉要求，但是坚持米尔肯必须离开公司，这位首席炼金术士被逐出了舞台。

1988年9月，米尔肯和德崇被控触犯了多条证券法规，罪名包括诈骗、操纵市场、内幕交易以及为了避税而制造虚假交易等。德崇起初进行了抗辩，后来承认了某些指控，同意支付6.5亿美元的罚金并解雇米尔肯。米尔肯一开始更是顽固不化，拒绝认罪。在1989年春季，他跟他弟弟洛威尔以及德崇的另一位同事一起，收到了一份包括了98项指控的起诉书。如果指控全部成立，总刑期最高可达500年，罚金更是天文数字。其后不久，为了帮助弟弟换取从轻发落，米尔肯同意部分认罪。米尔肯认下了几项次重罪，此案没有进行全面审理。因此也就没有能彻底揭露米尔肯在垃圾债券中狂热中的角色，也没能查明他的全部犯罪事实。米尔肯在1989年3月被判处10年监禁,并终生不得从事证券业务。

在米尔肯被定罪时,人们得知,从1985年到1987年,米尔肯的累计收入超过了12亿美元,媒体因此把这位腼腆的银行家称为"钱疯子麦克",事实上他只服刑了不到两年。

很多消息说德崇最终认罪了,但是事实上德崇仅仅承认它无法对那些指控提出异议。不管怎样,德崇承认了罪行。

1989年4月德崇同证监会达成协议,同意更加严厉的监督交易过程。4月底,公司裁员5 000人,关闭3个交易部门,其中包括零售交易业务,这个老伯恩汉姆公司的核心业务最终卖给了史密斯巴尼公司(Smith Barney & Co.)。

因为一些没有达成的交易和垃圾债券市场的突然崩溃,1989年成为德崇在诉讼后最难过的一年,第四季度亏损达8千600万美元,其商业票据评级在11月份被降低,这意味着德崇在证券市场上将借不到钱了,同时还要偿还到期债务。有谣言说银行随时都可能拉紧对德崇的贷款。不幸的是,不像其他的美国金融机构,德崇没有母公司可以对其注资。在同比利时的布鲁克塞尔兰伯特公司协商时,要不是约瑟夫降低了谈判底线,兰伯特公司根本就拒绝考虑任何的投资。德崇1989年的营业额为负四千万美元,这是其54年历史中的首次亏损。

德崇试着想要把它的一些分支的剩余的资本转移到德崇控股公司那里以求在1990年还可以苟延残喘,但是被证监会在1990年2月叫停了,因为证监会怕此举会使得交易商出现资金周转问题。随着证监会,纽约美联储(New York Fed)股票交易市场(New York Stock Exchange)也开始怀疑这项重组计划,约瑟夫估计到从此德崇将被收购从而丧失独立性。不幸的是,对德崇在民事赔偿诉讼中可能出现债务的疑虑吓跑了可能的买主。

1990年2月12日,很明显德崇正走向破产。当日,它的商业票据评级继续走低,约瑟夫最后的一招就是希望政府来解套,正当此时,报应来了。利福尼亚联合石油公司的投资银行在当年被皮肯斯恶意兼并的时候是迪隆里德公司,它当时的主席是尼古拉斯布拉迪(Nicholas Brady),现在是美国财政部部长。布拉迪从来没有原谅德崇在那起并购案中充当的角色,所以根本就没想过签署什么解套方案。反之,他和证监会,纽约股票交易所还有纽约美联储强烈建议约瑟夫进入破产保护。一天之后,德崇申请破产保护,同时一叫名为 DBL 的贸易公司,德崇的一个分公司,在同葡萄牙中央银行(Central Bank of Portugal)的黄金贷款交易中,因为无法履约而一同进入破产保护。

曾经一度风靡华尔街的,通过在垃圾债券市场上融资来兼并其他上市公司的热情在 80 年代已逐渐消退。取之而来的是各种的批评。垃圾债券,这种新发明的债务证券给人们带来的疑虑比其带来的收益更大。它本身,有时会给持有者带来更大的债务。一些人认为,这只不过是在 80 年代所谓的贪婪的十年中所显露的冰山一角,在那段时期里,只有 25%的合并或恶意兼并是通过此种手段来完成的。不管怎样,到了 1990 年,持此债券的违约率已经从 4%涨到了 10%,并继续不断地摧毁公众对此种证券的信心。没有米尔肯的兴风作浪,垃圾债券市场上的资金很快就干枯了,德崇被迫持有了很多破产公司的垃圾债券同时又卖不出去,被迫清算破产。

1987 年第二季度,芬克损失了 1 亿美元,第一波士顿在流血,并且需要瑞士信贷银行的救赎。瑞士信贷银行加大了对波士顿的投资,成为其控股公司。拉里·芬克在第一波士顿的职业生涯也即将终止。

1987 年的夏天,伟大的拉涅利,抵押担保债券之父,被所罗门兄弟公司解雇了。在所罗门工作了 20 年的拉涅利如遭晴天霹雳,几近崩溃,他从来没有想到过自己会被解雇。

抵押业务是所罗门兄弟利润最高的业务,从 20 世纪 70 年代末到 80 年代以来,拉涅利一直担任着 MBS 的承销和交易工作。该市场的早期利润非常高,由所罗门兄弟和拉里·芬克所在的第一波士顿共同统治市场,所罗门兄弟在某些交易上曾获得高达 50%的利润。

在 20 世纪 70 年代末,由于通货膨胀,当时的美联储主席保罗·沃克尔采用了休克疗法,提高了利率。随之通货膨胀得到了显著的控制,接下来就是利率下降,庞大的债券市场开始恢复。拉涅利很好地利用了这个大好形势,所罗门兄弟的利润率急剧上升。因为拉涅利很有远见,他知道将抵押贷款打包并以债券的形式出售,他在公司的抵押债券部门发挥了巨大的作用。该部门不仅改变了所罗门兄弟公司,还改变了整个华尔街乃至美国的经济。

但是，没有人想到这样一个赚大钱的业务转眼竟会成为垃圾，所罗门兄弟公司的交易主管摩尔塔拉在公司的资产负债边上做假账，以避免在市场复苏以前暴露公司的损失。当时抵押市场正在产生连锁反应。随着无数的垃圾债务进入市场，按揭利率在下降，提前偿付金将会增加。泡沫破灭的种子已经萌发。到20世纪80年代后期，美联储开始收紧信贷，提高利率。各种债券都受到了影响，价格随着利率的上升而下跌。最为明显的就是抵押债券和它的衍生品。交易开始骤减，各家公司由于预期利率下调和提前偿付金的上升受到了巨额损失。它们的对冲手段也不奏效，因为这些对冲也是基于同样的利率预期之上的。CMO危机横扫华尔街，抵押债务市场受到打击。而所罗门持有的债券价格并没有反映市场的趋势。摩尔达拉承认公司的债券价格不是很准确，定价有些“激进”。这就意味着债券的定价真的过高了，比当时公开市场上买进的价格要高，这让公司损失了一大笔钱。公司宣布，抵押债券部门和市政债券部门损失高达1亿美元以上。

继拉涅利被逐出公司后不久，摩尔达拉也被解雇。所罗门兄弟的抵押债券部门一下子失去了两位最关键位置的高管，并且亏损仍还在继续着。特别是卷入了1991年政府债券丑闻——按照规定，不允许任何一家公司独自购买超过30%的美国政府债券。政府官员听说所罗门兄弟公司的政府债券部门主管保罗·莫智越过了这一界限，找到了可以购买所有债券的方法。金融当局警告他停下来，但他一意孤行。他的理由是：所罗门兄弟在做政府喜欢的事情，帮助政府融资偿付逐年增长的赤字。几个月以后，莫智被逮捕了，公司被罚款，管理层被解聘。原因是莫智的交易平台，从创造卖空逼仓中大赚其钱。其过程是：卖空交易，交易员借入债券卖出。政府债券的价格会因为新一轮的发债而下跌，交易员都卖空政府债券。由于所罗门兄弟买下了几乎全部债券，当交易员需要购买债券补仓时，不得不以推高了的价格进行补仓。莫智的短期欢愉，换来了长期的痛苦，东窗事发后，莫智被开除并进了监狱。此后，所罗门兄弟更是一蹶不振。虽然所罗门兄弟公司最大的股东之一沃伦·巴菲特对之进行了重组，但也不过是苟延残喘。20世纪90年代末，所罗门兄弟公司被旅行者集团并购(现属花旗集团)。

其实我们知道了华尔街这么多的，伟大的交易员，他们有一个共同点就是——实现野心。为了实现你的野心，你必须得承担并且喜欢承担风险。风险本身就成了交易员的一部分，如果没有风险，华尔街的交易员会告诉你，那就没有必要待在华尔街了。当你听说某一个交易员在一年之内赚了5 000万美元，一定会妒火中烧。但是你要超越，唯一的一条路就是：承担更多的风险，借入更多的资金，运用更大的杠杆，比身边的人下更大的赌注。

华尔街遭受了巨大的损失——价值数亿美元，失业率提高，管理层巨变，很多公司破产。他们仅稍作喘息，暂时回到为客户服务和承销股票、债券的老本行，待到市场恢复，他们又挽起袖子，再大干一场。

第三节　世界投资银行排名

2008年初，纽约大学根据交易量对全球批发业务市场（由银团贷款、证券承销和并购顾问业务组成）份额进行排名，该排行显示前10位公司控制了70%以上的市场份额。根据此项排名世界前十家全能银行和投资银行是：

花旗集团 Citigroup

由花旗公司与旅行者集团于1998年合并而成。换牌上市后，花旗集团运用增发新股集资于股市收购，或定向股权置换等方式进行大规模股权运作与扩张，并对收购的企业进行花旗式战略输出和全球化业务整合，成为美国第一家集商业银行、投资银行、保险、共同基金、证券交易等诸多金融服务业务于一身的金融集团。合并后的花旗集团总资产达7 000亿美元，净收入为500亿美元，在100个国家有1亿客户，拥有6 000万张信用卡的消费客户。从而成为世界上规模最大的全能金融集团之一。

高盛集团 Goldman Sachs

高盛集团成立于1869年，是全世界历史最悠久及规模最大的投资银行之一，总部设在纽约，并在东京、伦敦和中国香港设有分部，在23个国家拥有41

个办事处。其所有运作都建立于紧密一体的全球基础上,由优秀的专家为客户提供服务。高盛集团同时拥有丰富的地区市场知识和国际运作能力。随着全球经济的发展,公司亦持续不断地发展变化以帮助客户无论在世界何地都能敏锐地发现和抓住投资的机会。2004 年,高盛实现突破,在北京建立合资公司高盛高华证券有限公司,真正进入了正在快速发展的中国金融服务市场。

摩根士丹利 Morgan Stanley

从 1935 年到 1970 年,大摩一统天下的威力令人侧目。它的客户囊括了全球十大石油巨头中的 6 个,美国十大公司的 7 个。当时唯一的广告词就是"如果上帝要融资,他也要找摩根士丹利。"大摩从 20 世纪 80 年代中期就积极开拓中国市场。于 1994 年在北京和上海开设办事处。1995 年,摩根士丹利和中国建设银行共同创立了中国国际金融有限公司,这是到目前为止中国批准的唯一一家合资投资银行。2000 年,摩根士丹利协助完成了亚信、新浪网、中国石化和中国联通的境外上市发行。摩根大通公司 J·P·摩根大通(J·P·Morgan Chase Co)为全球历史最长、规模最大的金融服务集团之一,由大通银行、J·P·摩根公司及富林明集团在 2000 年完成合并。合并后的摩根大通主要在两大领域内运作:一是在摩根大通的名义下为企业、机构及富裕的个人提供全球金融批发业务;二是在美国以"大通银行"的品牌为三千万客户提供零售银行服务。摩根大通与新中国的关系始于 1973 年,当时担任大通银行主席的大卫·洛克菲勒带领第一个美国商业代表团访问了中国。大通银行当年就成为中国银行首家美国代理银行,并于 1982 年成为首家在北京开设办事处的美资银行之一。2003 年 10 月,摩根大通得到中国证监会批准,取得了 QFII 资格。

美林证券 Merrill Lynch

世界最著名的证券零售商和投资银行之一,总部位于美国纽约。公司创办于 1914 年 1 月 7 日,当时美瑞尔(Charles E. Merrill)正在纽约市华尔街 7 号开始他的事业。几个月后,美瑞尔的朋友,林区(Edmund C. Lynch)加入公司,于是在 1915 年公司正式更名为美林。20 世纪 20 年代,美林公司纽约办公室坐落于百老汇 120 号,并且它在底特律、芝加哥、丹佛、洛杉矶和都柏林都有办公室。今天,这个跨国公司在世界超过 40 个国家经营,管理客户资产超过 1 800亿美元。瑞银华宝 UBS Warburg 1995 年瑞士银行以 13.9 亿美元的代价收购英国最大的投资银行华宝集团的投资银行业务,形成瑞银华宝公司。瑞银华宝是欧洲最大的投资银行集团,2002 年收入 123.7 亿瑞士法郎,税前收入约 13.7 亿瑞士法郎。瑞银华宝曾担任三家 H 股公司海外上市的全球协调人,同时是香港的三大股票经纪商之一。它是首个通过重组原北京证券获得国内证券综合业务牌照的外资公司;在中国首家取得合格境外机构投资者(QFII)资格,并投下 QFII 第一单;是中国第一家持股比例上摸 49%——这一合资基金公司外资股权政策上限的外资金融机构。

瑞士信贷第一波士顿 CSFB

"第一波士顿"的名字源于 1933 年,当时波士顿第一国民银行的证券机构和大通国民银行的证券机构合并组成了第一波士顿公司,主要经营投行业务。到 1988 年,成立了现在的瑞士信贷第一波士顿公司,瑞士信贷拥有 44.5%的股权。1996 年,公司进行重组,原先第一波士顿的股东通过换股方式,放弃第一波士顿股权转而成为瑞士信贷股东,而瑞士信贷通过换股,取得了瑞士信贷第一波士顿公司的全部股权。自此,公司进一步演化为全能金融控股集团,利用多个专业子公司开始从事银行、证券、信托等多种金融业务。

德意志银行 Deutsche Bank

德意志银行股份公司(简称德意志银行)是德国最大的银行和世界上最主要的金融机构之一,总部设在莱茵河畔的法兰克福。它是一家私人拥有的股份公司,其股份在德国所有交易所进行买卖,并在巴黎、维也纳、日内瓦、巴斯莱、阿姆斯特丹、伦敦、卢森堡、安特卫普和布鲁塞尔等地挂牌上市。

1995 年 12 月底,德意志银行的净收入高达 21.2 亿马克,资本和储备金为 280.43 亿马克,总资产价值 7 216.65 亿马克。根据 1995 年著名的《银行家》杂志对世界大银行的排名,德意志银行为世界排名第六名的大银行。历年来,德意志银行一直被穆迪评级公司、标准普尔评级公司和 IBCA 评为为数极少的几家。

雷曼兄弟 Lehman Brothers Holdings

雷曼兄弟公司通过由其设于全球 48 座城市之办事处组成的一个紧密连接的网络积极地参与全球资本市场，这一网络由设于纽约的世界总部和设于伦敦、东京和香港的地区总部统筹管理。雷曼兄弟公司雄厚的财务实力支持其在所从事的业务领域的领导地位，并且是全球最具实力的股票和债券承销和交易商之一。同时，公司还担任全球多家跨国公司和政府的重要财务顾问，拥有包括众多世界知名公司的客户群，如阿尔卡特、美国在线时代华纳、戴尔、富士、IBM、英特尔、美国强生、乐金电子、默沙东医药、摩托罗拉、NEC、百事、菲力普莫里斯、壳牌石油、住友银行及沃尔玛等。

法国巴黎银行 BNP PARIBAS

为欧洲首屈一指的全球银行及金融服务机构，获标准普尔评为全球四大银行之一。集团业务遍及全球逾 85 个国家，于企业及投资银行、资产管理及服务，以及零售银行三方面均稳占重要位置。

2000 年 5 月，法国两家主要商业银行与正式合并，合并后的名称为法国巴黎银行。根据净收入排名，位居法国第一，根据股东权益排名，位居欧洲第四大银行。其资本市值在欧元区银行中排名第二，到 1999 年底，法国巴黎银行的资产总额达 6 990 亿欧元，盈利达 15 亿欧元。职员人数超过 77 000 人，其中 28 000 人在海外工作。

"格林斯潘泡沫"使得大家都在做实资产负债表，系统中大量的充斥着太多的杠杆和信贷，而这种现象持续了太长的时间。放松银行管制、推动居者有其屋计划、鼓励宽松的贷款标准，历史性的低利率，从而创造了流动性泛滥。华尔街的薪酬制度鼓励赌单边的短期冒险行为，所有这些的共振，掀起了这一场惊涛骇浪的金融海啸。

金融行业一直在幕后支持着更为广泛的经济增长，譬如支持新的商业模式的起始运作，帮助成熟公司进行调整和扩张。但是，华尔街鼓励冒险行为的薪酬制度，在引发危机的这些年中，金融部门不甘于幕后，来到了前台。华尔街的目标变成了为自身赚取更多的手续费，而不是为客户谋求利益。2008年的金融海啸，对美国的投资银行来说，是灭顶之灾。3月中旬，摩根大通的杰米·戴蒙以2美元一股的超低价收购了贝尔斯登，为了说服戴蒙收购贝尔斯登，美联储答应承担贝尔斯登的最差资产中高达300亿美元的坏账损失。

“我认为投资银行会走向衰退，理由是人们现在都害怕资产负债表上的资产项目是不实资产，为什么摩根大通可以用如此低的价格收购贝尔斯登呢，为什么美联储要为贝尔斯顿负担300亿美元的不良资产损失？这其中恐怕有很多问题，我们都想知道答案”。

——百纳姆资产管理公司安东·舒茨

2008年9月21日上午9:30，新闻发布了高盛、摩根士丹利即将成为银行控股公司。这是一个极具转折性意义的事件：这两家全国最大的投资银行最终是通过宣告自己商业模式的失败来拯救自己。

第六章

共同基金和对冲基金

第一节 共 同 基 金

投资基金起源于英国，盛行于美国。对于小客户而言，共同基金所提供的一个投资亮点是分散化投资机会。分散化投资机会改善了投资人风险与回报的平衡关系，但是一个小的投资人很难持有较大数量的投资品种来保证投资组合选择以达到良好的风险分散。另外，一个小的投资人可能持有良好的投资组合，但为此可能付出较高的费用。共同基金为投资人提供了一个好的投资途径，许多较小的投资人把资金汇集在了一起进行投资，在付出较少费用的前提下达到了分散风险的效用。

1924 年 3 月 21 日，在波士顿设立的“马萨诸塞州投资信托基金”(Massachusetts Investment Trust，MIT)，是世界上第一只公司型开放式基金，也是美国第一个现代意义的共同基金。在此后几年中，投资基金经历了第一个辉煌时期。到 20 年代末期，所有封闭式基金总资产达 28 亿美元。1929 年的股市崩溃，沉重打击了新兴的美国基金业。危机过后，美国政府为保护投资者利益，制定了《证券法》(1933 年)、《证券交易法》(1934 年)、《投资公司法》和《投资顾问法》(1940 年)。其中，《投资公司法》详细规范了投资基金组成及管理的法律要件，通过完整的法律保护，为投资基金的快速发展，奠定了良好基础。“二战”后，美国经济强劲增长，投资者信心恢复迅速。

1980—2000 年这段时间，共同基金急剧增长，以至于共同基金的数量比市场中的股票还要多。1982 年，美国大约 860 只共同基金，管理着2 870 亿美元的资产，其中仅有 470 亿美元投资于股票，到 1998 年底，已有 7 800 余只共同基金，管理的资产达 5.5 万亿美元，其中三万亿美元投资于股票。20 世纪 90 年代中期，有些基金有些基金管理公司开始提供交易型开放式指数基金，这是低成本的指数型共同基金，只专注于某一特定的投资主题，在美国证券交易所交易。到 2000 年，从资产值来看，所有股票型共同基金中约有 20%是指数型基金或交易性开放式指数基金。截止到 2008 年，共同基金资产规模已经超过了 10 万亿美元。大约有 50%的美国家庭拥有共同基金。

有些共同基金由专长于资产管理的公司提供，如富达基金。2000 年富达集团共同基金管理公司富达管理研究公司是美国规模最大的资产管理公者，旗下管理着 1 万亿美元以上的资产。比最接近的先锋公司高出 60%。在美国投资于共同基金的资金中，差不多每 5 美元就有 1 美元在富达公司的手中。这是一个家族拥有和管理的企业，由一位富有传奇色彩的人物爱德华 · C · 约翰逊二世于 1946 年收购。约翰逊原是一名律师，专门为投资银行处理法律事务，他收购富达管理公司时，该公司仅有 1 300 万美元资产。20 世纪 60 年代颇为著名的“熟练枪手”蔡志勇，就曾是富达基金的组合经理。1969 年约翰逊的儿子奈德接手了公司，他发现了彼得 · 林奇。彼得 · 林奇是美国有史以来最著名的一位基金经理。

其他一些基金由银行提供，如摩根大通。有些保险公司也提供共同基金，如 2001 年，美国大型保险公司州立农业保险公司开始在美国提供了 10 种不同的基金，客户可以通过网上或电话从州立农业保险公司的代理人那里购买基金。

共同基金受美国证券交易委员会监管，共同基金必须在其招股说明书上向潜在投资人说明基金的运作目标。市场上现在有不同形式的共同基金：

1. 投资期限大于 1 年的固定收益证券的证券型基金；
2. 投资与普通股及优先股的股票基金；
3. 投资股票、债券及其他产品的混合基金；

4. 投资期限小于 1 年的有息证券的货币市场基金。

股票市场共同基金是基金中至今最为流行的一种。在共同基金中,基金的投资人拥有基金的一定数量。最为常见的共同基金是开放式基金,这意味着共同基金的总量在更多的投资人购买时,会有所增长;在更多的人卖出基金时,基金的份额会有所下降。共同基金的经理为了在每天下午 4:00 定出价格,必须计算出各项资产的价格。每份基金的价格等于基金整体价格除以共同基金的数量,该价格被称为净资产价格。投资人可以随时买进基金份额,也可以向基金卖出份额。当投资人发出买入或卖出基金份额指令时,下一个计算出的净资产价格会用到交易中。例如,如果一个投资人在某业务日下午 2:30 分决定买入一个份额,下午 4:00 计算出来的净资产价格就决定了投资人应付金额的数量。

当基金交易时,投资人马上会得到股本的收益或亏损,即使投资人将卖出基金所得的资金再次投入基金,他仍然会有股本的收益或亏损。假如某投资人最初以 100 美元的价格买入一定数量的基金,因为基金资产的交易,投资人在第一年有 20 美元的收益,而在第二年有 25 美元的亏损。当投资人卖出基金份额时,计算股本的盈亏价格就会被定为 95 美元。

开放式基金是最普遍的共同基金形式,基金中的份额数量每天都有变化,这是因为每天都有投资人买入或卖出基金份额。

封闭式基金就如同一般的企业,其基金份额数量固定,基金份额每天都在交易所交易。对于封闭式基金可以计算两类资产价值,第一种资产价值是关于交易中的基金份额价值;另外一种净资产价值等于基金组合的市场价值除以全部份额数量。第二个净资产价值被称为基金份额的公平市值。一般来讲,封闭式基金份额价值小于其公平市值,这是由于对基金经理支付费用造成的。

1993 年在美国推出了交易所交易基金(ETF),并在 1999 年出现在欧洲市场上。ETF 通常是跟踪某个指数,因此 ETF 产品是那些期望投资于股权基金,并满足于取得股指回报近似收益的投资人的另一种产品。2008 年 3 月,一向对于专业投资人士的调查显示 67%的被调查对象认为 ETF 是过去 20 年来最有创造性的投资工具,并且 60%的人认为 ETF 从根本上改善了他们的投资组合结构。ETF是由机构投资者创立的产品。一般来讲，某个机构投资人首先将一系列资产存放于ETF基金，并因此获得ETF份额。某些或全部的ETF份额会在股票交易所卖出，这赋予ETF某种封闭式基金而非开放式基金的特性。但ETF的一个重要特性是机构投资人可以将ETF中的大量份额在这一时刻转化为份额中的资产，投资人可以放弃他们持有的ETF份额并收入资产，或者他们可以存入资产并收入新的份额。这么做的目的是保证ETF在交易所交易的价格与其公允价格没有太大的出入，这一特性正是ETF与封闭式基金的重要区别，它使得ETF对投资人来讲比封闭式基金更有吸引力。

与开放式基金比较，ETF可以在一天任意时刻被买入或卖出，投资人可以像买空股票那样来卖空ETF。ETF的持有资产每天要被公布两次，这保证了投资人会对基金中的资产有充分的了解。与此相比，共同基金公布其资产的次数没有这么频繁。当共同基金的份额被卖出时，基金管理人常常要卖出基金中持有的股票以确保有足够的现金支付赎回。而当ETF的份额被卖出时，并不一定非要卖出资产，这是因为其他投资人可以提供现金，这就意味着管理人可以节省交易费用，同时股权人也可以避免无计划的股本盈亏。最后，ETF的费用比率一般低于共同基金的费用比率。

因为共同基金是为了吸引小客户，而许多小客户的投资经验并不丰富，因此监管当局对共同基金设定了严格的管理规定。在美国，证券交易委员会是共同基金的主要监管机构。共同基金必须向证券交易委员会提交注册文件，基金在招股说明书中必须向潜在投资人提供详尽、准确的财务报告，证券交易委员会设定了监管规则以避免利益冲突，欺诈和收费偏高事件的发生。

共同基金的监管条例包括了下面五个方面：

1. 共同基金的客户可以随时兑现其持有的份额；
2. 净资产价值每天要进行计算；
3. 必须披露投资策略；
4. 对杠杆的局限性；
5. 不允许持有卖空头寸。

第二节　对冲基金的创立

根据提交给美国证券交易委员会的报告："对冲基金通常指一个实体，拥有一批证券和可能的其他资产，其兴趣不是注册公开发行出售，而且它们没有按《投资公司法案》注册为一家投资公司。"简而言之，对冲基金基本上是不受管制的私募资金。

注册投资公司倾向使用相对回报率的办法——试图复制或超越所选择的资产类别或证券指数的业绩。对冲基金一般会使用绝对回报率的方式，通过在各种市场环境寻求赚钱机会进行投资。负回报率代表对冲基金经理的失败，即使在股市下跌的环境中。他们往往寻求正回报的机会，同时避免损失本金。对冲基金可能会使用的交易策略和交易工具类型不受限制。它们可以持有债券和股票的多头和空头头寸，可以进行保证金交易。他们可以交易各种资产，包括传统的股票、债券、货币和更多的金融衍生品，甚至非金融资产。对冲基金经常使用杠杆，无论是直接增加收益还是间接地通过衍生品。

这些基金通过持有头寸"对冲"投资产风险，而获得名称。进入 2000 年以后，对冲基金以超乎寻常的魅力和迅猛的发展速度引起了大众的关注。但实际上，早在 1949 年前后，对冲基金就已经出现了。

生于澳大利亚的阿尔弗雷德·温斯洛·琼斯是《财富》杂志的撰稿人，在为了撰写一篇有关创新投资策略的文章，收集资料时，他决定来一次亲身的体验。据文章发表还有几个月，琼斯和几个私募合伙人一起建立了世界上第一家对冲基金。

琼斯在买入某些股票的同时购入其他股票，努力"对冲"或者保护其投资组合。琼斯认为，如果出现不测，他做空的股票就能起到保护利润的作用，自已仍然能够盈利。通过借股和卖空，琼斯将两种投机工具结合起来，创造出了本质更为保守的投机组合。他只与不到 100 名投资商做生意，而且只接受富裕的客户，这样就无须注册成为投资公司。所获盈利中，他向客户收取 20%的佣金，而共同基金经理受法律限制，不太可能收取如此大比例的佣金。与共同基金不同，对冲基金针对的是富裕的投资者，他们可以承受更大的风险来获取更高的收益。

对冲基金的概念逐渐风行。几年过后，沃伦·巴菲特开办了一家对冲基金，但出于熊市渐近的考虑，与1969年停止营业。20世纪90年代早期，包括乔治·索罗斯、迈克尔·斯坦哈特和朱利安·罗伯逊在内的一批对冲基金管理人获得了巨大的利润。其中1992年索罗斯做空英镑这一案例最为典型——他的量子基金获利10亿美元。这些基金经理人同琼斯一样，只接受富裕客户，包括养老基金、人身保险、慈善基金和一些个人。因此基金可以避开各种法律要求的限制，如不需要接受管理者的定期检查，对冲基金管理人对自己的工作透露甚少，甚至对客户也如此，因而在他们头上笼罩着一圈神秘的光环。

1998年，大型对冲基金长期资本管理公司暴跌，短短几个月内即损失9成资产，对对冲基金打击不小，影响波及全球。90年代末，市面上仅存515家对冲基金，管理资产不足5 000亿美元，相比传统的投资公司手中的几万亿资产，只不过是一个微不足道的数字。

对于负债期限长的养老基金来说，资产也应该做长期投资。最佳长期收益来自股票，而不是债券，所以现在多数养老基金将多数资产放在股票组合上。他们还知道，在不同的非相关性资产类别上进行资产配置，对组合收益率的影响，比挑选适当的股票或债券要大得多。为了将股市的风险多样化，可以考虑其他能够提供收益率与股票相似但风险没有股票那么大的资产类别。与股市收益率没有高度相关性的资产类型，称为“另类资产”——包括对冲基金、私募基金和房地产等。1998年，高盛发布的一个研究报告称：1993—1997年，有四种类型的对冲基金，风险比作为整体的股市更小，而收益率却更好。当然高盛旗下也有几只对冲基金。

哈佛、耶鲁和普林斯顿这三个常青藤大学联盟，在管理大学捐赠基金方面，获得了优异投资业绩。其中，耶鲁捐赠基金已经在较长的时间里获得了很高的投资收益，它长期坚守这样一个资产配置模式：投资于国内股票市场的资金不超过15%；对固定收益证券的投资比例约为10%；将25%以上的资产投资于对冲基金；大约15%投放于私募股权基金和外国股票，另外还有20%以上资金投资于房地产,耶鲁捐赠基金 2000 年获得了 41%的收益。

一般养老基金的发起人会说:“如果说对冲基金和私募股权基金够好。连耶鲁和高盛都愿意投资,那么,或与我们也应该在这些资产类别上增加配置。”他们的确是这样做的。

2000 年末,科技股泡沫破灭,随即造成了巨大地破坏。此后,套牢股票债券组合的投资商们,开始普遍进行对冲投资,并对对冲基金日益重视。

2000 年 3 月—2002 年 10 月间,标准普尔 500 指数暴跌了 38%,股市跳水,曾让投资者热捧的科技股和网络股首当其冲,标示科技股的纳斯达克指数下跌了 75%。但是,对冲基金流派做空高价股和科技股,以及做了一些别人较为警惕的海外投资,如东欧股、可转换债券以及垃圾债券等。因此整体损失仅为 1%。这些对冲基金通过自身的投资组合,在市场中随机应变,几乎发现了投资制胜的法宝——无论在何种市况下,都能保持充足的盈利。

2002 年后,全球经济回暖,利率有下降,犹如锦上添花,使得投资商们的借贷资金——行话叫做“杠杆接待”——价格更加低廉。这样一来,基金可以趁机吸纳资金,扩大投资,膨胀利润。资金迅速地进入到对冲基金,养老基金、人身保险和个人理财公司都势头猛增。有的是希望能够赢得盆满钵满,有的是希望保住自己财富的价值。杠杆并购公司,即通过借贷进行收购的公司,也尝到了低利率政策的甜头。对冲基金对客户收取 2%的高额手续费,通常是投资盈利 20%的佣金。但这就好像城市里面,高档小区的上流俱乐部一样,即便收费不低,让大多数潜在客户望而却步,但是仍然有很多投资商跑来砸门,央求着让他们收下自己的大把银子。金融公司最炙热的生意之一就是同对冲基金做交易,为他们服务,为他们贷款。

对冲基金获得的高收益非常诱人,与对冲基金相关的大宗经纪业务和证券托管也很有吸引力,而这一切相对于银行而言并不需要多少资本。因为在银行的依托下,对冲基金可以依赖客户的资金,无须靠自己的资本。当然,对冲基金收益的波动性对银行来说也是一个问题。如果造成了大量亏损,还会影响到银行的声誉。但在兴奋之余,也就管不了那么多了。很多银行没有能力在内部创办业绩突出的对冲基金,便退而求其次,通过收购,这也是进入这个行业的捷径。

2004年，摩根大通收购高桥资本的多数合伙人份额。高桥资本是一家管理资产约为70以美元的对冲基金，收购价为20亿美元，收购价与资产比率接近30%。若转换成市盈率，价格很高，除非这家公司始终能保持30%左右的收益率，否则就不划算。高桥资本运营数只对冲基金，另有两只统计套利型共同基金，这些基金都向摩根大通的富有的客户营销，吸引了120亿美元的新资金。不过，在基金两三年业绩平淡无奇的表现之后，客户撤出了约80亿美元资金。

2007年，花旗银行收购资产为30亿美元的一家公司，大约占资产总价值的30%。这家对冲基金由维克拉姆·潘迪特和一些刚离开摩根士丹利的同时管理。潘迪特来自印度，在摩根士丹利工作了22年。潘迪特离开摩根士丹利后，在2005年潘迪特筹建了一家名为Old Lane Partners的对冲基金公司。凭借其卓越的理财能力和领导艺术，Old Lane Partners风生水起。潘迪特在市场上异军突起，受到花旗高层的关注。2007年7月，花旗斥资8亿美元买下潘迪特管理的对冲基金，同时委任潘迪特以高位——另类投资集团主管。但是到了2008年3月，由于这家对冲基金业绩平平，所有的投资人都决定撤资，花旗集团被迫在账面核销了2.02亿美元，关闭了这家基金。

2008年，对冲基金的回报非常糟糕。但据估计2008年底，世界上仍有超过1万亿美元的资金被投入到对冲基金。许多对冲基金注册地选择在税率比较优惠的地区，大约有30%的对冲基金把注册地定在了开曼群岛。对冲基金是一个不能忽视的投资群体，据估计纽约和伦敦股票市场每天成交额的40%—50%，可转换债券交易量的70%，信用违约互换交易的20%—30%与对冲基金有关。美国受压减值债券交易量的82%，非投资级债券交易的33%，美国ETF交易的70%，这些都与对冲基金有关。

第三节　全球宏观投资对冲基金

合众国的新生力量表现出了强大的活力，在实物商品期货交易中，发展起来了商品对冲基金。也就是集中于芝加哥交易所发展起来的对冲基金流派。

然而，在商品期货中诞生的大名鼎鼎的全球宏观交易员，并不是从芝加哥中心直接造就出来的，而是从位于新泽西州的商品期货公司——普林斯顿商品公司中学习交易技巧而锻炼出来的。

普林斯顿商品公司的创建人海默·魏玛，被许多人称作全球宏观商品流派的开山鼻祖。魏玛是麻省理工学院毕业的博士，纳贝斯克公司的明星级可可粉交易员。魏玛联手他的良师益友——传奇交易员阿莫斯·赫斯泰德、小麦交易员弗兰克·万纳森和他以前的老师诺奖获得者保罗·萨缪尔森。为了给交易员提供一个专注于应对市场风险而不必为行政管理及其他事情分散注意力所困扰的理想环境，他们一起创立了商品公司。商品对冲基金的管理层对风险承担有着深刻的理解，并且为交易员提供了一个令人难以置信的开放式构架。在这个构架之下交易者能够茁壮成长。商品公司许多后来成为有史以来最著名的全球宏观经理们提供了第一桶金。譬如，都铎投资公司的保罗·都铎·琼斯、摩尔投资公司的路易斯·培根、迈克尔·马科斯、格伦威尔·克雷格、艾德·奥林克、莫里·马克威茨以及布莱尼姆资本公司。

商品公司设立的最初目的，是为了尽可能地利用那些可交易的实物商品的优势，这是因为那时交易员的视野与眼界是如此的狭窄，每个交易员往往只关注其中的某一类商品市场。但是，随着20世纪70年代和80年代世界贸易的开放，全球宏观经济因素开始对商品市场的价格波动起到了很大和更重要的影响。习惯了时而出现的极端波动情形、掌握了影响特定市场的宏观经济影响因素，商品公司可以轻易地把业务拓展到货币交易和金融期货交易领域。对于商品公司的交易员来说，只要存在价格波动性，他们对标的的资产本身就毫不在乎。

商品对冲基金的交易员涉及所有产品交易，因此他们被称为“通才”。商品对冲基金的创建人赫斯泰德，自从20世纪30年代以来就一直进行股票、债券和商品交易。商品对冲基金出现的第一个成功的“通才”是胶合板和棉花交易员迈克尔·马科斯和他年轻的助手布鲁斯·科夫纳。尤其是科夫纳将商品对冲基金的交易风格推进到一个更像全球宏观交易的风格，而这意味着要任何时间和任何地点进行所有产品的交易。他同时也开创了商品对冲基金的另外一种趋势，那就是离开公司去创立自己的基金。以商品对冲基金的基础和初始资金起家，科夫纳的基金，对管理的资产而言，现在已经成为世界上最大的对冲基金管理集团之一。类似的，商品对冲基金的其他几个人现在已经也在管理着当今一些最大的对冲基金群。许多人把他们的成功，归结于在商品对冲基金所学习与吸取的有关风险管理的经验以及杠杆管理的教训。作为一种成功的证据，在演变成更像是一种复合对冲基金的投资工具以后，1997 年，商品对冲基金被高盛集团所收购，但是许多资金仍然会被分配到属于商品对冲基金原来交易的业务中去。

尽管对冲基金两大门派几乎是在同一个时期发展起来的，但是两者之间却是相互独立的发展过程。除了商品对冲基金以外，另外一个流派是在股票市场的投资交易中发展起来的。1949 年，阿尔弗雷德·温斯格·琼斯创立了第一个对冲基金。琼斯所设立的基金原创模式与现在绝大多数的对冲基金大体一致。它通常离岸设立，很大限度上是为了规避监管，投资者不超过 100 人，并且相当一部分资金都来自基金经理自己的腰包，且对投资者收取 2%的资产管理费用和 20%的业绩提成费用。一般来说，对冲基金提供的协议条款中，通常会注明一个利率下限，也就是说只有在业绩超出这个最小汇报时，奖励费用才适用。据说，如今收取 20%业绩奖励的惯例是由琼斯根据另一项交易的例子建立的。在那一类交易中，交易商设计了一种利润分享的制度，对承担风险者提供合适的激励。15 世纪的威尼斯海运商人从他们的委托商品那里获取 20%的利润，作为他们成功地完成航运任务的回报。

琼斯公司交易策略的出发点，就是减轻全球宏观因素对股票挑选造成的影响。琼斯管理着一个由多头和空头等权构造的对冲账户，以努力消除更广义市场的波动影响。然而，一旦货币的汇率变得自由波动，那么对于国际股票来说，就增添了一个新的不确定的风险因素。尽管采用琼斯模型的经理们在全球宏观引致的波动中，试图尽可能保持风险的中性，但是国际股票领域中出现的全球宏观经理却在追求利用这些新的市场机遇。外汇交易风险被当成一个全新的可交易资产类别，尤其是在投资于外国股票的交易中，外汇风险已经成为影响业绩表现的一个重要因素。

属于这一流派的宏观基金经理们，如：乔治·索罗斯、杰姆·罗杰斯、迈克尔·施泰因哈特和朱利安·罗柏森，都非常乐意使用汇率波动作为一个可创造财富的机会。他们早先都是全球空头和多头股票投资中的成功者，因此他们在全球市场操盘的成功经验使得他们在布雷顿森林体系解体之后，可以灵活的转向货币和外国债券的投资交易。在这种新投资方式的初始阶段，宏观经理们很少能感受到竞争力的压力。然而，随着时间的推移，当他们诱人的利润吸引着更大规模的资金涌入时，这些基金业逐渐被迫而不断地进行更深、更具有流动性的市场交易，并超越了他们进行股票挑选的核心能力。与此同时，由于更多的其他基金也跟随采用了同类投资策略，竞争也就更加激烈了。

简单地总结一下如上所述，按照源起来看世界上的对冲基金流派分为商品流派和股票流派。按照投资策略的不同，对冲基金大致可以归纳为股票聚焦(Equity Focus)、套利(Arbitrage)、企业生命周期(Corporate Life Cycle)、宏观经济趋势(Macroeconomic Trends)四大类。

当然这并不能排除一些个案，譬如，阿尔弗雷德·温斯洛·琼斯。

温斯洛·琼斯没有受过大学教育的经历，也没有在摩根或者是高盛之类什么的金融象牙塔中接受过培训。他在货船上打过工，在柏林的马克思主义工人学校学习过，并曾经为一个叫列宁主义组织的反纳粹行动执行过秘密任务。在西班牙内战的前线度过蜜月，还曾经与多罗茜·帕克，欧内斯·海明威一起喝酒郊游。直到 48 岁那年，凑了 100 000 美元设立了一支对冲基金。这支对冲基金在 20 世纪五六十年代取得了很大的收益。琼斯建立了一种到今天都还在使用的投资结构，虽然有反对的声音，但并不影响这一结构的广泛使用。

琼斯也留取 20%的绩效费，以激励交易员的积极性。他尽力避免条条框框的约束以保持根据市场变化而选择灵活的投资方式。琼斯创立投资组合的理念，即琼斯平衡潜力股做多和没有潜力的股票做空。通过同时做空和做多，琼斯使他的基金在一定意义上独立于大盘走势，通过套期保值消除风险。这种理念同样可以运用于债券、商品期货、互换、期权等衍生品，以及这些金融工具的任意组合。如果大家觉得不好理解，我再加一句："金融产品就是打破了货币在空间和时间上的限制。"

"全球宏观策略的投资方法，主要是通过对股票、货币、利率以及商品市场的价格波动进行杠杆押注，来尝试获得尽可能高的正投资收益。这个术语中的'宏观'一词，来源于基金经理试图利用宏观经济的基本原理来识别金融资产价格的失衡错配现象，而‘全球’则是指可以在全世界的范围内寻找发现这种价格错配的现象。

全球宏观对冲基金的策略拥有所有对冲基金策略中最广阔的操作空间，其投资风格灵活多变又不拘一格。因此，宏观基金经理们可以在任何市场或投资工具上持有仓位。经理们通常期望持有‘有限负向风险和潜在高收益’相匹配的市场头寸，这样他们既可以选择一种高度集中的风险承受型的投资策略，也可以选择资产组合分散化的资金投资方式。

全球宏观对冲基金交易可被分为两大类，直接的定向型交易和相对价值型交易。定向型交易指经理们对一种资产的离散价格的波动情况下注，比如做多美元指数或做空日本债券；而相对价值型交易指通过同时持有一对两类类似资产的多头和空头，以期利用一种已被发现的相对价格错位来盈利，比如在持有新兴欧洲股票多头的同时做空美国股票，或者在做多 29 年期德国债券的同时做空 30 年期德国债券。此外，从发现有利可图的交易来说，全球宏观对冲基金可被分为自主发挥型和系统型。自主发挥型的市场交易，经理们主要依据自身的主观感受对市场形势进行定性分析来投资下注；而系统型的交易，经理们则采用一种基于规则的量化分析方法。基金经理的主要任务，就是通过正确地预见价格趋势以及捕捉差价波动来获取投资收益。

总的来说，全球宏观投资策略的交易者通常都在寻找那些罕见的、可被称作‘远离均衡’状态的价格波动。如果价格波动符合‘钟形曲线’的分布，那么只有当价格波动超过平均值一个标准差以上时，交易者才可以认为市场中出现了投资机会。通常在市场参与者的感觉与实际的基本经济状况存在较大偏差时，这种情况才会发生，此时会产生持续的价格趋势或是价差波动。通过正确地识别在何时、何地市场将偏离其均衡状态最远，全球宏观投资策略的交易者就可以投资于价格偏差的市场，直到失衡现象得到纠正时再退出市场，从而获取超额风险的溢价回报。通俗地说，时机选择对全球宏观投资策略的交易者意味着一切。因为交易者通过采用财务杠杆，其可能存在的收益与损失都被显著地放大了，所以他们通常被媒体描绘成‘纯粹的投机者’。

许多全球宏观投资策略的交易者都认为，全球宏观经济的问题和变量将影响所有的投资策略。从那种意义上来说，全球宏观策略的基金经理能够利用他们宽广的操作空间和投资风格作为优势，灵活地从一个市场移向另一个市场，从一个机会转移到另一个机会，并利用其投资者的委托资产来产生尽可能高的收益。不少全球宏观经理们认为，利润能够而且应该来源于许多看上去似乎不相关的投资策略，比如持有股票的多头或空头，投资于价值已被低估的证券和其他各种形式的套利市场。全球宏观策略的交易者认为，某些投资风格在一定的宏观环境下有利可图，而在其他宏观环境下则不能获利。当许多专家的策略因巨额资产受到了严格限制，而出现流动性不足的时候，全球宏观经理们却可以因为有宽泛的授权，以及利用这些偶然出现的机会将资金源源不断地投向各种不同的投资策略中，从而获取巨额的投资回报。著名的全球宏观对冲基金经理人乔治·索罗斯曾经说过：'我不会以一套特定的规则来玩游戏，我会努力去寻找游戏中规则的变化。'

总结：全球宏观投资策略的交易者的投资范围，并不限定于特定的市场或产品，而且其投资风格并不自我设限，更不受其他对冲基金投资策略的条条框框的束缚。这使得风险资产可在全球范围内被有效地分配于各个投资机会，使得投资人必须充分而全面地权衡投资决策的风险与报酬。尽管在采用某种更集中的投资形式时，基金经理管理的资产规模过大可能会产生问题。但是鉴于宏观对冲基金操作的灵活性及投资市场的深度性和流动性，这个问题对于全球宏观对冲基金来说，并不构成一个特定的障碍。由于全球宏观投资策略的交易者采用财务杠杆的定向型下注操作，这可能会导致其收益或损失的大起大落，因而他们时常被称作'冒险的投机者'。然而事实表明，作为一个整体，总的来看，全球宏观对冲基金经理已经从市场中获得了风险调整后的丰厚收益。"

——约瑟夫·尼古拉斯（对冲基金研究公司创建人及董事长）

全球宏观的投资策略，使得投资组合在不同的市场价格、产品、地域、空间、战略和技巧上很好地实现分散化。我们经常可以听到这样的说法，分散化是金融中唯一的"免费午餐"。为了解释这个问题，我们首先将利用一个简单的赌博模型来说明对冲基金经理的操作行为，然后再转而分析多次博弈中分散化投资策略的数学影响机理。

单次下注的豪赌游戏。假设一个对冲基金的经理每年只进行一次巨额下注的赌博性投资，并许诺他的投资人10%的目标收益率。同时，我们也假设该基金经理的投资水平要高于平均水平——赢得这次赌博的概率是60%。为什么是60%呢？如果投资者可以重复多次足够地选择某只股票，那么他选择出正确股票的概率就应该接近50%。一个获利次数小于半数的基金经理将很快被客户所遗弃，而获利概率为60%的基金经理将毫无疑问地处于业界的上游部分。尽管60%听起来并不是很高，但实际上，在近乎成熟的有效的市场中，从本质区分成功者和失败者的边界并不大，而且其业绩表现还经常仅仅取决于机会。过去的经验再次表明，市场是复杂多变的。在博弈中胜出并非轻而易举，因为市场价格集中地反映了有经验的投资者的智慧。

通常对基金经理的重要评价指标是夏普指数。夏普指数的计算公式：投资收益减去国债利率（无风险利率）然后再除以投资收益的波动率。夏普指数也被称为"收益/波动"比率。他对评价经理人如何在控制每单位风险的前提下创造收益提供了可靠的依据。夏普指数也为经理人之间的横向比较提供了依据，经理人通常会努力使夏普指数至少能达到1.0，从而使得收益与风险达到平衡。夏普指数高于1.0的基金经理会吸引投资人的兴趣，而夏普指数小于1.0的基金经理人无法得到客户是肯定的。

在豪赌游戏的例子中，在收益率大概为50%的时候，当国债利率为5%时，夏普指数大约为0.1[(10－5)/5＝0.1]。同时，投资者当然会对收益为50%的好年景相当高兴，但他们绝不会容忍负50%的年份，于是继续持有该基金——直到真的达到年均收益10%的收益。总而言之，如果一个基金经理人以单一赌局的方式进行投资，他在短时间内可能会有好运，但时间长了，运气就靠不住了，而他最终将会被投资者淘汰出局。

经理人要做到每次赌博成功是非常困难的，一般是通过在决策正确的情况下投注更高，而在失误的投注中损失更少的方法来提高夏普比率。但是长期而言，在一个成熟市场中，做到这一点也同样是困难的。那么，基金经理怎样才能有效提高夏普指数呢？在基金经理技能水平相同的条件下，提高夏普指数的方法是进行"投资的分散化"。

多次博弈中的投资组合方法。假设基金经理仍旧以年收益10%作为目标，那么此时，比平均水平稍强的与以上技能相同的经理人可通过增加一年中下注的次数来提高夏普指数。关键在于，这些下注的筹码必须是各自独立的。如果经理人把参加赌博的次数仅仅从 1 提到 5，那么每次下注的平均赔率则可从 50%降低到 10%，而此时年收益率还是可以达到对投资者 10%的许诺。

在平均赔率是 10%的情况下，基金经理在吉星高照的情况下，如果 5 次赌博都决策正确，可以达到收益率 50%，但此时年收益率达到 50%的概率为 8%（$0.60^5=0.0776$）。同时，在特别倒霉的年份中损失 50%本金的概率却只有 1%（$0.40^5=0.01$）。显而易见，在多数情况下分散化投资组合中，损失 50%资本的概率只有 1%，大大优于单一下注的 40%的概率。

观察多次博弈的操作业绩，我们可以发现这种投资策略的波动性约为 20%，产生的夏普指数比率为 0.25。虽然看起来这些数据并不是特别好看。但与单一下注相比，只有 0.1 的夏普指数得到了显著的提高。

通过以上分析，仅仅将下注次数从 1 提高到 5，比平均水平略高的同一个基金经理就可以大幅度提高收益的质量。类似的，如果抓住适当的机会每年都持续提高下注次数，当然每次下注必须是互不相关的，经理人就可以大幅度提高投资的夏普指数，并有可能通过降低波动率而达到超过梦想中的 1.0。

要想实现这个过程的困难是，每次下注的投资回报不但必须要求比平均值要好，而且还要求相互是独立的。譬如，一个对冲基金经理同时做泰国和马来西亚的证券，并认为这是两个独立的、不相关的市场。但事实上，这两个市场高度相关。因此，这两个投资应该仍被看成是一个单一的下注游戏——做东南亚市场。在通讯高度发达的今天，要找到两个互不相关的独立市场并不容易，所以，是否具有寻找到收益比平均水平高的，且互不相关的多个下注机会的能力，就成了明星基金经理人从众多普通经理人中脱颖而出的重要参考指标。因此，要想成为明星经理人，恰当的“投资分散化”概念应成为其操作策略的重中之重。

资产类别和金融产品。找到分散、独立的好赌局最简单的方法，莫过于在不同的资产类别以及相同资产类别中不同的金融产品之间交易。

地理因素。也可以通过不同的地理区域进行投资的分散化策略因素。许多对冲基金坚持某一种具有特色的投资策略，这完全是不必要的。在资产管理领域，提高专业化和特色行业化也是多年来的发展方向，这使得投资人对基金经理的投资风格有更多的了解的同时，也促使经理人通过差异化策略来更多地吸引客户资金。从既定的投资风格中随意转变，在业内被称为“风格飘逸”，这在过去并不被市场认可，但对于全球宏观对冲基金经理来说恰恰相反，他们在不同投资类别中不断地灵活转移并乐此不倦。因为所有转移都是在全球宏观经济的大环境下进行的。全球宏观对冲基金经常雇佣有不同风格的技术的操盘手、分析师和团队，以得到相对独立的不同视角的观点。对于首席投资官而言关键是，他要对所有这些不同风格和技术有基本的了解，这样他才能够综合评价并整理归纳这些不同的操作建议，并将其转化成为可投资的具体交易从而确定最终的投资组合。

对冲基金的收费标准为“2 加 20%”，这为对冲基金的经理们提供了取得盈利的动机。尽管分散化可能不是一个新颖的、吸引人的标题，但它绝对是行之有效的，能挣到钱的好方法。当然在某些时间内，总会有艺高胆大的对冲基金经理通过相对集中的投资组合获得了非常不错的投资收益。然而，长期来看，想要持续地获得高收益的方法就只有进行分散化的精明投资。全球宏观投资策略的本质思想决定了它们可以提供这样的分散化。因此，想要通过持续获得风险调整后的收益，采用全球宏观投资策略是一个可以采用的方法。

历史上两支声名显赫的对冲基金——量子基金和老虎基金。

量子基金的总部设立在纽约，但其出资人皆为非美国国籍的境外投资者，其目的是为了避开美国证券交易委员会的监管。量子基金投资于商品、外汇、股票和债券，并大量运用金融衍生产品和杠杆融资，从事全方位的国际性金融操作。凭借索罗斯出色的分析能力和胆识，量子基金在世界金融市场中逐渐成长壮大。由于索罗斯多次准确地预见到某个行业和公司的非同寻常的成长潜力，从而在这些股票的上升过程中获得超额收益。即使是在市场下滑的熊市中，索罗斯也以其精湛的卖空技巧而大赚其钱。至 1997 年末，量子基金已增值为资产总值近 60 亿美元。在 1969 年注入量子基金的 1 美元在 1996 年底已增值至 3 万美元，即增长了 3 万倍。

1980 年著名经纪人朱利安・罗伯逊集资 800 万美元创立了自己的公

司——老虎基金管理公司。1993年，老虎基金管理公司旗下的对冲基金——老虎基金攻击英镑、里拉成功，并在此次行动中获得巨大的收益，老虎基金从此声名鹊起，被众多投资者所追捧，老虎基金的资本此后迅速膨胀，最终成为美国最为显赫的对冲基金。

20世纪90年代中期后，老虎基金管理公司的业绩节节攀升，在股、汇市投资中同时取得不菲的业绩，公司的最高赢利（扣除管理费）达到32%，在1998年的夏天，其总资产达到230亿美元的高峰，一度成为美国最大的对冲基金。

1998年的下半年，老虎基金在一系列的投资中失误，从此走下坡路。1998年期间，俄罗斯金融危机后，日元对美元的汇价一度跌至147∶1，出于预期该比价将跌至150日元以下，朱利安·罗伯逊命令旗下的老虎基金、美洲豹基金大量卖空日元，但日元却在日本经济没有任何好转的情况下，在两个月内急升到115日元，罗伯逊损失惨重。在有统计的单日（1998年10月7日）最大损失中，老虎基金便亏损了20亿美元，1998年的9月份及10月份，老虎基金在日元的投机上累计亏损近50亿美元。

1999年，罗伯逊重仓美国航空集团和废料管理公司的股票，可是两个商业巨头的股价却持续下跌，因此老虎基金再次被重创。

从1998年12月开始，近20亿美元的短期资金从美洲豹基金撤出，到1999年10月，总共有50亿美元的资金从老虎基金管理公司撤走，投资者的撤资使基金经理无法专注于长期投资，从而影响长期投资者的信心。因此，1999年10月6日，罗伯逊要求从2000年3月31日开始，旗下的“老虎”、“美洲狮”、“美洲豹”三只基金的赎回期改为半年一次，但到2000年3月31日，罗伯逊在老虎基金从230亿美元的巅峰跌落到65亿美元的不得已的情况宣布将结束旗下六只对冲基金的全部业务。老虎基金倒闭后对65亿美元的资产进行清盘，其中80%归还投资者，朱利安·罗伯逊个人留下15亿美元继续投资。

据报道：到2013年第二季度初对冲基金的管理资金的规模已经达到2.46万亿美元，历史新高。而且机构和合格投资者将更多资金放置在对冲基金的趋势还在继续。

第四节 对冲基金战记

“二战”以后,美国先后设立的两大对冲基金流派经历了 19 世纪 50 年代至 80 年代中期,相对宽松的环境,得到了充分的发展。制度的健全以及成熟,训练有素的经纪人都被证明成为对冲基金发展的最有力的基石。因为在这期间,对冲基金的资本流规模扩大了。至于在 1986 年,约翰逊总统对国际金融集团的黄金战争,是一次美国的政府行为,对冲基金的经理们在这一次黄金大战中担任了什么样的角色,现在已无据可考,那个时候对冲基金还没有浮出水面呢。但是对冲基金的经理们会不会在约翰逊总统的背后放冷枪呢?考察一下欧洲美元的形成,这种可能性也不是没有。下面举几个对冲基金参与的重大投资事件,作为对对冲基金战例的一般性了解,以后将还有更加深入的分析。

关于对对冲基金的大起大落的报道,最早见诸 1987 年的股市崩盘。

1. 1987 年的股市崩盘

关于对股市崩盘一说,一般是这样的:现有的股民全部被套,没有新股民入场,当被套的股民开始只知道割肉卖股票,而不肯买股票时,就会造成恶性循环,持续下跌,最终造成股市关门,即崩盘。

1987 年 10 月 19 日,又是一段美国股民的黑色记忆,这一天美国股市又一次大崩盘。股市开盘,久违了半个世纪的恐怖重现。仅 3 小时,道琼斯工业股票平均指数下跌 508.32 点,跌幅达 22.62%。这意味着持股者手中的股票一天之内即贬值了两成多,总计有 5 000 亿美元消遁于无形,相当于美国全年国民生产总值的八分之一的财产瞬间蒸发了。随即,恐慌波及了美国以外的其他地区。10 月 19 日当天,伦敦、东京、中国香港、巴黎、法兰克福、多伦多、悉尼、惠灵顿等地的股市也纷纷告跌。

随后的一周内,恐慌加剧。10 月 20 日,东京证券交易所股票跌幅达 14.9%,创下东京证券下跌最高纪录。10 月 26 日中国香港恒生指数狂泻

1126 点，跌幅达 33.5%，创香港股市跌幅历史最高纪录，将自 1986 年 11 月以来的全部收益统统吞没。与此相呼应，东京、悉尼、曼谷、新加坡、马尼拉的股市也纷纷下跌。于是亚洲股市崩溃的信息又回传欧美，导致欧美的股市下泻。

据统计，在从 10 月 19 日到 26 日 8 天内，因股市狂跌损失的财富高达 2 万亿美元之多，是第二次世界大战中直接及间接损失总和 3 380 亿美元的 5.92 倍。美林证券公司的经济学家瓦赫特尔因此将 10 月 19 日、26 日的股市暴跌称之为"失控的大屠杀"。1987 年 10 月股市暴跌，首先影响到的还是那些富人。之前在 9 月 15 日《福布斯》杂志上公布的美国 400 名最富的人中，就有 38 人的名字从榜上抹去了。10 月 19 日当天，当时的世界头号首富萨姆·沃尔顿就损失了 21 亿美元，丢掉了首富的位置。更悲惨的是那些将自己一生积蓄投入股市的普通民众，他们本来期望借着股市的牛气，赚一些养老的钱，结果一天工夫一生的积蓄便在跌落的股价之中消失得无影无踪。

股市的震荡刚刚有所缓解，社会经济生活又陷入了恐慌的波动之中。银行破产、工厂关闭、企业大量裁员，1929 年发生的悲剧再度重演。比 1929 年幸运的是，当时美国经济保持着比较高速的增长，股市崩盘并没有导致整体的经济危机。但股灾对美国经济的打击仍然巨大，随之而来的是美国经济的一段长时间的停滞。

日本股市梦魇

在 1987 年 10 月 17 日美国"黑色星期一"过后，率先恢复的是日本股市，并且带动了全球股市的回升。此后，日本股市一直呈上升态势，但另外一个噩梦般的恐慌却在酝酿之中。1989 年 12 月，东京交易所最后一次开市的日经平均股指高达 38915 点，这也是投资者们最后一次赚取暴利的机会。进入 90 年代，股市价格旋即暴跌。到 1990 年 10 月份股指已跌破 20000 点。1991 年上半年略有回升，但下半年跌势更猛。1992 年 4 月 1 日东京证券市场的日经平均指数跌破了 17000 点，日本股市陷入恐慌。8 月 18 日降至 14309 点，基本上回到了 1985 年的水平。

到此为止，股指比最高峰期下降了 63%，上市股票时价总额由 1989 年底的 630 万亿日元降至 299 万亿日元，3 年减少了 331 万亿日元，日本股市的泡沫彻底破灭。股市泡沫的破灭带来的后果是严重的。一方面证券业空前萧条。1991年股市大幅下跌以来的两年中股票市场的交易量只有以往的20%。主要靠赚取交易手续费生存的200多家证券公司全部入不敷出，且经营赤字越来越大。1992年不少大公司的赤字高达400亿日元以上。

对外资本交易方面，由于对外证券交易额减少，出现长期资本收支盈余，日本戏剧性地变为了资本输入大国。

另一方面由于股市疯狂上涨，吸引企业都转向直接融资，银行被迫以风险大的企业和非银行金融机构为主要融资对象，从而间接地导致了银行业的危机。泡沫破灭后，日本经济形势急转直下，立即呈现设备投资停滞、企业库存增加、工业生产下降、经济增长缓慢的局面。影响所致，连房地产也未能幸免。日本房地产价格在1990年达到了耸人听闻的高位，当时日本皇宫地块的价格相当于美国加利福尼亚所有房地产价格的总和。泡沫破灭后，日本房地产价格跌幅近半才刚刚开始稳住，整个国家的财富缩水了近50%。当年资产价格的持续上涨激发人们借贷投机的欲望，日本银行当初急切地给房地产商放贷终于酿下了苦果。房地产泡沫的破灭和不良贷款不可避免地增加，使日本银行背上了沉重的包袱，引发了通缩，使得日本经济经历了更持久、更痛苦的萧条。

日本经历了长期熊市，即使在2005年的反弹之后，日本股市离它的历史最高点还有70%之遥。

中国式股灾

当时中国股市发展刚刚起步，历程极为短暂，但依然经历了两次惊心动魄的股灾。一次发生在1996年。1996年国庆节后，股市全线飘红。从4月1日到12月9日，上证综合指数涨幅达120%，深证成分指数涨幅达340%。证监会连续发布了后来被称作"12道金牌"的各种规定和通知，意图降温，但行情仍节节攀高。12月16日《人民日报》发表特约评论员文章《正确认识当前股票市场》，给股市定性："最近一个时期的暴涨是不正常和非理性的。"涨势终于被遏止。上证指数开盘就到达跌停位置，除个别小盘股外，全日封死跌停，次日仍然跌停。全体持仓股民三天前的纸上富贵全部蒸发。另一次发生在2001年。当年7月26日，国有股减持在新股发行中正式开始，股市暴跌，沪指跌32.55点。到10月19日，沪指已从6月14日的2245点猛跌至1514点，50多只股票跌停。当年 80%的投资者被套牢,基金净值缩水了 40%,而券商佣金收入下降 30%。中国资本市场从一发端的不健康发展,掐死了市场对于资本合理配置的直接融资需求,从而形成了生产力增加的瓶颈。与国外股灾相比,中国似的股灾更能印证费雪的:“政治决策中的内在压力才会真正地驱使市场的变化。”

1987 年 8 月,阿兰·格林斯潘出任美联储主席,他上任几星期以后就把贴现率上调了 50 个基点。这个出乎意料的紧缩政策,引起了交易者纷纷作出相应的调整,以适应新任联储主席格林斯潘的政策。而这却是引起市场巨幅波动和不确定性的最主要原因,也难怪有人说格林斯潘的加息政策是导致 1987 年股市崩盘的罪魁祸首。在股灾之后,格林斯潘阻止了市场的流动性,开创了一种为人熟知的“格林斯潘买权”的市场干预措施。格林斯潘买权,是美联储为了防止股票市场大幅持续下跌而可能随时采取的援助投资者的方法,这相当于给市场提供了一个隐含期权。按照格林斯潘的说法,泡沫只有在事后才能被发现,因此中央银行的工作是尽量削弱泡沫破裂时的不利冲击,而不是在事前人为地去压制市场本身的繁荣。

在 10 月黑色风暴爆发之前,《财富》杂志刊登了封面故事报道,在题为“股票价格是不是太高?”的文章中,索罗斯对此持否定态度。然而几天以后,随着股市的崩溃,索罗斯损失了 3 亿美元,但整个会计年度索罗斯的基金管理公司还是获得了高达 14%的收益。股票流派的对冲基金的经理们在这一次股市崩盘中大多是亏损的,老虎基金也经历了第一个亏损年度,收益率为 -1.4%。与此相对照,老虎基金自从 1980 年建立以来,平均获得了 43%的年收益,这一年的损失不能谓之不惨。

商品市场派的宏观对冲基金经理们,在 1987 年的股市崩盘中却大发横财。最著名的保罗·都铎·琼斯因成功地预测到 1987 年的股市风云与 1929 年的大崩溃的相似之处,从而成功地进行了股票市场的空头和债券市场的多头,使都铎投资公司全年的收益达到了 200%,成为金融界的明星交易员。琼斯是如何精准的把握了做空时机,他自己的解释也是十分含糊的。他和他的同事彼得·波利什把 20 世纪 80 年代的曲线画出来,却无意地发现与 1929 年的曲线极为相似,所以琼斯意识到了市场即将反转。至于精准的把握进场的时机,保罗·都铎·琼斯成功交易的箴言是:“最重要的交易法则在于防卫性要强,而不是攻击性，顺势但尝试寻找转折点。"(Key is to play great defense, not great offense, homeopathic but try to find a turning point.)

在1987年的春天，第一波士顿已经积累了1.5亿美元的股票头寸。从1982年开始，芝加哥商品期货交易所已经出现了标准普尔500指数，并以此作为交易标的，形成了股票指数期货。

10月17日，第一波士顿用900万美元的保证金沽空了大约2亿美元的S&P(标准普尔500指数)，由于它们的保险措施，在这一场被称着"黑色大屠杀"的股灾之中没有受到任何损失。它们的保险成本是2 000美元(900万美元一日利息，按年息7%计算，再加上一点佣金)，却使得价值大约2亿美元的股票免受价格下降的风险。

2. 1992年英镑危机

阿热·哈里斯说:"英国政府应该在特拉法尔加广场为索罗斯树立雕像，以表达对索罗斯迫使英镑脱离欧洲汇率机制，所作出的杰出贡献的敬意"。有人还补充说:"英国官员也应该享受部分荣誉，因为他们知道快速地收手与后退。英国财政大臣诺曼·拉蒙特和首相约翰·梅杰为了长期利益而承受一时的耻辱，看看法国与德国，现在还是一团糟。"

英国在1990年加入欧洲汇率机制，汇率中间价起初锁定在2.95德国马克兑1英镑。德国由于东、西德的统一，加大了财政投入，遭受通货膨胀的压力，迫使德国采取高利率政策。随着德国马克加息，英镑被市场广泛地认为高估。为了遵守欧洲汇率机制的规则，英国政府有义务保持遵守英镑在中间汇率价6%上下幅度内波动，结果招致以索罗斯为首的美国宏观对冲基金的裂缝攻击。他们巨量的卖出英镑，买入马克。1992年9月，当英镑兑马克的汇率接近波动幅度的下限时，交易商不断抛出英镑换取马克。英格兰银行不得不入市干预，无限制地购入英镑。可是对英镑进一步贬值的恐惧使得英国公司也通过出售英镑来规避货币敞口的风险，更加大了英格兰银行的压力。

为了抑制投机活动，英国财政大臣诺曼·拉蒙德把英镑利率从10%提高到12%，已使得持有英镑的收益更高从而增加持有英镑的吸引力。然而这一举措只是给投机者壮胆，规避风险这更加恐慌。因为他们清楚地知道在英国经济衰退期，持续加息是一个不可能持续的政策。人们对官方试图将英镑利率提高到15%的恐吓充耳不闻，继续抛空英镑。1992年9月16日晚间，英国政府不得不惭愧地宣布政府将不再履行汇率波动范围的维持义务，将从欧洲汇率机制中撤回英镑。在接下来的几个星期内，英镑兑马克大约贬值了15%，投机者大赚其钱。据估计英国国库为此损失了30多亿英镑。与此同时，索罗斯基金管理公司通过卖空英镑赚了10亿—20亿英镑，而且还赢得了“击败英格兰银行的人”的称号。

3. 1994年的债券市场溃败

到了20世纪90年代早期，信用衍生品的总价值已接近11万亿美元，并且正在朝着20世纪90年代末期的一百万亿美元迈进。债券衍生品无处不在，华尔街的交易商用这些衍生品在市场上下赌注；公司用这些衍生品来对冲季度亏损；小的城镇使用这些衍生品来削减市政债券的支付利率，并且用这些储蓄来支付建设道路、桥梁和学校所需的资金。

然而奇怪的是，随着这些债券衍生品越来越成为主流时，它们的透明度却在不断降低。

会计法规中的漏洞使银行和经纪人的业务能够避免公开曝光于衍生品市场。公司使用那些令人难以理解的术语来隐瞒它们在财务报表附注中使用了利率互换，这连老练的投资者都难以破解。

华尔街上的专家们认为，衍生品市场的不断发展不亚于一场革命。通过计算机和公司智囊们的智慧，华尔街正以前所未有的方式减少风险，扩大财富。

当衍生品被恰当使用时，其危机能够减少，而当时有一种被称为“系统性风险”(Systemic risk)的危机正不断蔓延。互换和新债券的价值来自模糊指数，它们形成了一个复杂的相互联系的债务网。当市场很平静，或是当利率较低时，交易商可以以低价买进；当市场上流动性较好，现有的产品马上就能找到市场被卖掉。就像在纽约证券交易所(New York Stock Exchange)，只要价格不要太离谱，卖家知道他们总能为自己的股票找到足够数量的买家，从而这个复杂的系统总能运营得很好。

这些市场，特别是一些新式债券和衍生品的市场，是不能和纽约证券交易所相提并论的。衍生品市场处于一种分散的形式。债券是通过电话或者电脑在全球范围内的各个交易商之间进行交易的，其间没有任何的中间系统显示买家在购买债券时到底付了多少钱。债券市场会进行一场快速而激烈的变革，特别是在那些复杂而且透明度较低的市场上更是如此。

考虑到信贷市场和信贷衍生品市场的规模，人们有理由担心利率突然达到峰值会使损失扩大，这种损失的严重程度很可能是市场从未经历的。新的产品对突然的震荡更加敏感，而投资者们通常会用许多借贷的钱来支撑他们的交易，这些钱已经变得前所未有的大。这样做原本是为了扩大收入，而最终他们的损失也被扩大了。

最让人担心的是系统性风险。由于交易商开始在风险性的债券上损失钱，他们会通过卖其他的资产来弥补这些损失。这些资产可能是股票，高质量的债券，这样就会使市场暴跌。这还会使销售周期变得很长，并制造波及整个金融系统的恐慌。

1994 年 2 月美国联邦储备系统的主席艾伦·格林斯潘做了一件出乎华尔街所有人预料的事，把隔夜拆借利率从 3%提高到 3.25%，并开始一系列的加息政策。华尔街的人士嗅出了趋势发生逆转的气息，导致了大面积的债券价格下跌与抛售。在第一次加息 3 个月以后，10 年期的美国政府债券收益率从 5.87%上升到 7.11%，而其他市场也经历了同样的趋势逆转。在这之前运转还算良好的欧洲债券交易市场也开始了分化瓦解。当追加保证要求，杠杆策略实施困难以及持续的价格下跌这三者同时发生的时候，一波恶意的市场抛售使得债券的跌价更加惨烈。

不可争辩的事实是短短几年，债券市场上突然出现了巨大的投机泡沫。联邦储备系统在 1994 年时将利率提高了 5 倍，部分原因是为了给因通货膨胀而过热的经济降降温，同时也是为了挤压投机泡沫。这一泡沫不仅使债券价格上涨，也使风险增加。华尔街所使用杠杆率在不到十年的时间里(始于 20 世纪 80 年代中叶)从 15 比 1 上升到将近 35 比 1。

举债经营只是造成损失的一个原因，这使华尔街晦气不断。另一个原因是：承销商无法将这些债券全都卖出去——这些 MBS、资产担保债券的发行量在 1993 年时达到了 660 亿美元，打破了以往发行量的纪录。

无论是哪个原因，那时市场开始崩溃，损失开始不断增加。这是当时所有债券所处的状态。问题是，MBS是有史以来对利率最敏感的债券之一，因为业主为了购买房子，借贷了很多钱，当利率大幅下降时，经常会导致提前偿付。这对于房屋业主来说是有利的，但对抵押债券的持有者是不利的，因为债券的回报率会降低到利率的标准。

涉足华尔街衍生品工具交易的巨头公司，如吉布森贺卡公司，因为规避风不当，遭受了重大损失。像雷曼这样的专门从事债券交易的公司特别容易受到沉重的打击。联邦储备系统的行动使交易部门对风险重新定价、国库券收益率和抵押债券收益率之间的差距现在开始扩大了。它们之间的差距曾经微乎其微，而现在随着抵押债券价格的降低，投资者们开始抢购非常安全的国库券，这就使得两者之间的差额迅速增加。这时购买这些抵押债券的玩家被称为是“秃鹫基金”(vulture fund)，他们以极低的折扣价格购进债券，而这会使交易部门蒙受更大的损失。

1994年发生的那场债券市场的危机，受害者不仅仅是华尔街的交易商，很多人也被殃及池鱼，加利福尼亚的奥兰治县就是其中之一。奥兰治县把大笔养老金账户的钱投到了固定收益的衍生品上。当利率开始上升时，这些衍生品的价值马上就缩了水。当拥有巨大消费者市场的宝洁公司(Protecter & Gamble)在一次利率互换中亏损了一亿八千万美元的资金时，美国公司反复强调目前的风险等级已经达到了系统性风险的水平。

无论对于华尔街还是对于全美国的投资者来说，1994年都是恐怖的一年。贝尔斯登和摩根士丹利由于受到抵押债券及其相关金融衍生品的损失，收入急剧下降。虽然这两家公司还是赚了一点钱的，但数额少得可怜。专门从事抵押债券的对冲基金也崩溃了，阿斯金资本管理公司(Askin Capital Management)就是一例。所罗门再一次亏了钱，短短两个季度的亏损额超过了3亿美元。而雷曼稍稍逆流而上，获得了两千两百万美元的利润。

亏损最多的要数基德尔皮博迪。GE财大气粗，但由于迈克尔·弗兰诺斯所经营的抵押贷款巨亏，以及国债券部门因爆出交易丑闻而蒙受了亏损，GE在第一季度也损失八千五百万美元。尘埃落定之后，GE把其杠杆率高到100比1的基德尔皮博迪卖给了非常保守的经纪公司普惠(Paine Webber)。

1994 年，当那场债券市场的彻底溃败刚露苗头时，华尔街发誓要重新进行改革。举债经营会被遏制，华尔街确实做到了，至少在一段时期内确实是做到了的。

雷曼并没有停止其交易，问题的焦点在于作为一家公司它是否还与债券市场有关。雷曼在投资银行方面的表现至多只能算是平庸的，公司的研发部门也蒙受了很大损失。债券评级机构穆迪投资者服务公司（Moody's Investors Service）降低了雷曼的长期评级，并提醒投资者说雷曼的资本基础正变得过于薄弱，不能支撑公司在债券市场上下高额赌注的经营模式，因为这些高额赌注来自高负债。

雷曼此时所拥有的资金少得可怜，雷曼就像是汪洋大海里的一条小鱼，周围满是捕食者，而它正学着如何在强者如云中生存。为了生存，雷曼可能还会在市场上下更大的赌注，借更多的钱，而这可能会给它的生存带来负面影响。

根据对冲基金研究公司的全球宏观基金指数，从 1990 年 1 月到 2005 年 12 月，全球宏观对冲基金已经创造了平均 15.62%的年收益率。在这 16 年中，有 15 年是正收益，只有 1994 年亏损年当年该指数损失了 4.31%。

第七章

为什么是他？

第一节　约翰·保尔森——华尔街的小人物

据《华尔街日报》报道，约翰·保尔森在刚过去的2010年中，史无前例地将50亿美元收入个人腰包，打破了由他自己在2007年创造的近40亿美元年收入纪录，再一次成为华尔街"最赚钱的机器"。据计算，保尔森在这一年的赚钱速度是每秒158.55美元。相比之下，索罗斯在2007年29亿美元的战绩，显得不值一提。2009年，这位金融大鳄甚至亲自请约翰·保尔森吃饭，打探如何对赌楼市。可2007年之前，在美国几乎没人听说过后者。那时，他只不过是华尔街的一个小字辈罢了。

约翰·保尔森1980年从哈佛商学院毕业，在波士顿咨询公司工作。1984年，保尔森通过华尔街的风云人物杰瑞·科尔柏格的介绍进入到贝尔斯登做杠杆收购。这个科尔柏格就是华尔街最早进行"杠杆收购"的人物之一。1988年，保尔森向贝尔斯登董事会辞职，加盟格鲁斯。格鲁斯主要做并购套利，看多或看空某笔并购，然后对被收购公司进行投资，保尔森成为格鲁斯的普通合伙人。但是，保尔森在格鲁斯的套利生涯并不怎么成功。1989年，保尔森就与格鲁斯分道扬镳。

保尔森开始了他的单干生涯，他有精力做一些其他的事情，而工作压力却不复存在。保尔森保留了格鲁斯的一些股份，定期收取利息。

几年以后,保尔森投资了 2.5 万美元,购买了波士顿咨询公司的同事吉姆·科奇开办的萨缪尔·亚当公司的股票。后来萨缪尔·亚当品牌大获成功,保尔森的投资价值逾百万美元。

保尔森又进行了多项投资,在曼哈顿有一家夜总会,一家迪厅,还有不少房地产。同时,还游历东海岸,寻找适合的房产。在这个时期,保尔森过上了花天酒地的生活。到了 1994 年,保尔森开始厌倦了这样悠闲的时光,他还梦想着成为华尔街的一个大人物,赚取很多的钱。于是他开创了保尔森公司,想专做自己的特长并购套利。

保尔森给自己认识的朋友们都发了通告,可是通过电子邮件发出去的 500 多封通告,却没有收到回复。他放弃了投资的门槛 100 万美元之后,还是如此。保尔森开始找他在贝尔斯登的同事、搭档,可是他们也都拒绝了。保尔森从来没有单独管理过资金,也没有投资业绩,再加上他那一段花天酒地的生活,使投资商很难相信他。保尔森去拜访哈佛商学院的那些事业有成的同窗,也无功而返。

大卫·帕利斯基是波士顿一家旅行社的老板,有意向投资保尔森的基金。他建议保尔森去做一个性格测试,他要求公司的职员都做这样的测试,如果他想要投资某人的时候,也会这样做。他后来告诉他的朋友,保尔森的测试成绩很一般,所以也就对他的基金没有了投资兴趣。

保尔森的公司(Paulson & Co)只有在自己投资的 200 万美元下运作。直到一年以后,才有了第一位客户——贝尔斯登的老朋友霍华德·古维奇投资了 50 万美元。当时保尔森的公司只有他自己和一名助手,办公室空间很小,在帕克大街从属于贝尔斯登的一栋写字楼中。

保尔森在寻找投资商的过程中非常艰难,付钱在产业会议上发表演讲,还与市场营销专家合作,到处宣传他的基金,以提高知名度。

1995 年的一次晚餐,保尔森邀请约瑟·亚伦在曼哈顿洛克菲勒中心附近的一家牛排店用餐。保尔森趁此机会努力说服亚伦加盟,向投资商推销公司的对冲基金。双方一番打趣之后,保尔森就切入主题,告诉亚伦为什么相信自己能够成功,他强调,自己的履历非常丰厚,描述自己为格鲁斯和其他一些公司曾经策划的锦囊妙计。

“我毕业的时候可是全班第一。”亚伦回忆当时保尔森这样说，重复自己在学校时多么优秀，还强调自己是哈佛大学毕业的。

亚伦是南方人，在对冲基金圈子里很有资历，对投资商资源也非常地了解。亚伦对保尔森叙述的投资策略，感觉很一般。因此餐后亚伦委婉地拒绝了保尔森的邀请。

保尔森在经营公司的同时，把注意力还集中在房地产市场上。1994 年，他听说在南开普敦有一座宅子非常漂亮。房主夫妻正打算离婚，于是就联系上了女房东，她好像急于卖出房产，于是他们达成协议，议定了 42.5 万美元的成交价格。后来保尔森才知道，这位女士无权出售——因为房子已经欠下了很大一笔按揭贷款。回赎权取消以后，房权在通用金融公司手上。通用方面称房子将在下周二进行拍卖，地点就在南安普顿法庭外的台阶上。那是一个下雨的天气，保尔森问拍卖能不能转到室内。但是却被告知，根据法律规定拍卖必须在法院外的台阶上执行，下雨不能成为改变拍卖地点的理由。拍卖每一次举牌增加 5 000 美元，第一个出价的是通用金融公司——23 万。保尔森举了一次牌，就以 23.5 万美元这样一个极其低廉的价格买到了自己梦想中的房子。还是那一年，保尔森还在曼哈顿苏荷区附近买下了一间同样取消了赎回权的楼房。

1995 年，保尔森公司的规模有所扩大，于是又招募了两名员工。由于公司的规模太小，只能做一些竞争对手不屑，也没有什么信心的并购交易，就像那些被人们忽略的加拿大公司。有时保尔森甚至会越界进行无关并购的投资，如购买能源股票、卖空经营不佳的公司债券。

到了 1996 年末，保尔森只有 1 600 万美元的资产，在对冲基金的圈子中默默无闻。公司是盈利的，但是业绩平平。保尔森催着公司里的分析师寻找那些盈利前景不错而下跌损失有限的投资，他总是反复叨念：“做这笔生意我们最多能赔多少？”

如果生意失败，保尔森就会闷闷不乐，甚至暴跳如雷。或是把自己紧紧地关在办公室里，开始砸椅子。有时他会与分析师争吵，大声嚷嚷，弄得左邻右舍都过来探个究竟，确认没有什么事情发生。有一次，保尔森脸都憋红了，突然凑在分析师保罗·罗森博格的脸边，恶狠狠地盯住他。这可把罗森博格吓坏了：“你干嘛呀，我听你的就是了。”罗森博格叫道。

还有一次，保尔森让公司里一名职员去上东区一家诊所做一次药物测试，也不告诉他什么原因。那名职员照着他的话做了，回到办公室递上尿样，这件事就没有下文了。公司里一位职员使用打印机太频繁，保尔森又大惊小怪起来。他就是这样喜怒无常，让团队成员有时感到很尴尬。

公司赚钱的时候，保尔森会很友善，有时简直可以说是和蔼可亲。有人认为保尔森的性格说变就变，是因为他太急于成功，一门心思想成为金融界的大人物。还有就是并购业务的本质所致，做这种生意需要在信息不完整的情况下当机立断。

1998 年俄罗斯债务违约，长期资本管理公司崩溃，造成了市场动荡。保尔森的基金也大受打击，下降了 4%，于是一些客户离保尔森而去。年末，基金只剩下 5 000 万美元了。可是这一次挫折却让保尔森变得成熟起来，他决定要改变自己的生活方式。此时，他已经快 45 岁了，周围的朋友都结了婚，他也厌倦了社交场合的你来我往，决定建立家庭。静下心来以后，保尔森拿出纸和笔，写下了自己的择偶标准——乐观。其实，此时保尔森已经有了注意的目标，那就是他的助手——珍妮。

“她不抽烟，不喝酒，不会夜不归宿，很清纯的感觉。”保尔森说：“她总是把笑容挂在脸上，非常乐观。”

珍妮在罗马尼亚大学毕业之后，就离开了家。田径明星的哥哥乔治在欧洲竞赛中逃赛，在美国得到政治庇护。珍妮随后也来到了美国，后来迁居到了皇后区。珍妮在纽约做过罗马尼亚的节目主播，是个美人儿。在保尔森的公司做事，让她心有不甘，可是她说，她别无选择，因为她需要这一份薪水。

保尔森开始追求珍妮，每隔一周就约她。可是珍妮并不买老板的账，没有同意约会。珍妮说，要想约会，除非把她辞了，帮她再找一份新工作。可是保尔森怎么能让自己的得力助手到其他公司上班呢。他变着法子引她上钩，邀请她去阿斯彭、迈阿密、洛杉矶。珍妮从未去过这些地方，虽然心里很想去，但她还是拒绝了，说自己有工作上的原则。

不过，珍妮还是同意与保尔森共进午餐，两人每周至少小聚一次，但是都瞒着公司的同事。两人在一起吃了两百多次饭，有时还在中央公园滑旱冰。这种关系持续了一年多，保尔森觉得自己爱上了珍妮，就正式地向她求婚。两人在南开普敦的圣公会教堂举行了结婚仪式。当保尔森把自己和珍妮结婚的消息告诉同事们时，他们都大吃一惊，完全没有感觉到这一段办公室恋情。

2001年，保尔森的个人生活完全稳定了下来，他的基金也有所发展。这个时候，基金管理的资金已经达到了2亿美元。

"如果人们真正了解保尔森，就会明白这是另外一种意义上的并购套利。"保尔森的朋友，也是他最早的投资者霍德华·古维奇说道："不过大家都没有注意到。"

进入新世纪，由于房地产的热潮，一业独大的挤出效应，其他行业都步履维艰。股市跳水，并购减少，想保尔森这样做并购套利的基金日子不好过了。保尔森开始注意那些注定要被收购的公司，并卖空他们的股份。由于采用了这样的措施，2001年、2002年保尔森公司实现了年化收益5%，这引起了一些投资商的注意。

2002年末，保尔森的公司资产提升到了3亿美元。此时，保尔森又将目光锁定在了一些境遇不佳，寻求破产保护的公司上，它们的债务往往被用来交易新的股份。保尔森告诉他的投资商这不过是另一种形式的合并。因此，保尔森购买了一些处于财务困境公司的债务，如安然、世通、AT & T加拿大和欧洲电信供应商马可尼公司等，几乎都是跳水价。后来经济状况好转，债务升值或用做交换价格已经升水的股票。保尔森公司狂赚了一把，2003年年化收益达到了20%。

此时，保尔森管理着15亿美元，公司有9名员工。保尔森经常亲自参加一些业内的会议，其他基金的分析师在前排大喊大叫，而保尔森坐在后排毕恭毕敬提问，他在对冲基金的圈子里只是一个无名小卒。

"为了生存，必须把规模做大，不然肯定会受到排挤。"保尔森回忆道："那些领军人物都是来至大型的风险套利公司，比如高盛。他们一旦走在了前面，从基金或是'基金的基金'那儿分得了资金，又有着良好的业绩，其他人几乎没有机会。"

这个圈子中，都是华尔街的大人物。譬如，乔治·索罗斯、理查德·佩里、保罗·都德·琼斯等，与他们竞争，压力可想而知。

"我一定要成为这个行业中，更为重量级的选手。"保尔森说。

2004年，保尔森公司的资产猛增至30亿美元，保尔森的业绩越来越抢眼，引起了投资商的注意。但是保尔森并没有就此放松，而是更加谨慎。有的时候朋友们想起他单身年代的花天酒地，会报以嘲弄的口吻。可是保尔森更加注重说话的分寸，更严肃，而不像从前那样时不时地说上几句俏皮话。保尔森告诉他的一位朋友，一旦听见他说脏话就提醒他。并且与过去的狐朋狗友也断绝了联系。

朋友们都觉得保尔森成熟多了，因为保尔森也意识到在金融领域唯一的成功要素就是——责任。在资本市场内博弈，如果缺乏不输钱的责任驱使，就极易发生错配。因此，保尔森也更加注意控制情绪。他开始转向了更为健康的生活方式，少吃多餐。整日里只吃健康食品。早餐时一些水果，午饭沙拉和鱼。加餐的时间，也是一些水果。他还鼓励公司的同事与他一起健康饮食，公司的书架上，摆放了好几本健康饮食之类的书籍。

保尔森的热情转移到了家庭生活上。基本上是一到下班时间，他就健步如飞地回到家中，陪伴妻子珍妮和两个小女儿。一次一家经纪公司在犹他州赞助了一场滑雪，很多投资商都去了，只有保尔森带着妻子。这还不够，他开始每年夏天都带着妻子和女儿出国度假。

虽然保尔森的收入不菲，可是大家感到非常不解，因为保尔森的公司还是用着那些破旧的家具。包括1994年从布鲁明戴尔买来的黑色皮革沙发。几年来，他都开着自己那辆1986年买的美洲虎，这是他的第一辆车，就算车子有些问题了，他还是恋恋不舍。直到一次他从南安普顿驾车回纽约，引擎着火，保尔森只得把车子扔在了路边，然后这辆破车就烧成了一片火海。

“对于那些我觉得有价值的东西，我都会很有感情。”保尔森解释道。

他经常徒步上班、参加会议，有时会在路上碰到客户。看到保尔森的人感到很惊奇——他为什么不像其他那些对冲基金经理一样，以车代步呢？

2003年，保尔森出差去英国，顺便去索罗斯的伦敦乡间居所拜访。晚饭期间，保尔森起身走到另外一个房间，预订回程的机票。他用了45分钟同美航的业务代表在电话上争论不休，买下了一张很实惠的商务舱回美国。

“还有更优惠一点的吗？”保尔森问。索罗斯在另外一个房间听在耳里，一边摇头，一边微笑：“他要的甚至都不是一等舱。”索罗斯回忆说。

这些都说明了保尔森的成功与他严格的自律，有着撇不清的关系。

“第二大罪恶是欺骗，而在其之上，就是身陷债务的泥潭。”(本杰明·富兰克林)

在美国人的内心里一直存在着一种悖反的冲动：对负债本能的厌恶和对“我有一个家”的殷切向往。在19世纪50年代，一般的美国家庭没有抵押贷款一说，一半左右的家庭甚至分文不欠。但是到了70年代，情况发生了改变，随着金融创新，媒体的炒作，加之生活愈发地富裕，人们对负债的态度发生了观念性的改变。金融体系创造了“信用记录”这个概念，消费者被鼓励贷款，人们也开始接受贷款消费。美国人虽然在添置房子、车子，这样的大物件时，接受了贷款，但是对负债厌恶的情绪还保持着。户主付清了房贷还会开派对庆祝，当着家人和朋友的面，把贷款文件统统烧掉。当时美国热播的电视剧《四海一家》中，就有这样的场景。

一个国家有没有“钱”，取决于它能不能将各种未来收入和“死”财富作证券化、票据化，不取决于它有多少金银。“人有多大胆，地有多高产”，财富就是这样被创造了出来。1977年，华尔街创造了“抵押物贷款证券化”，贷方将他们的应收款票据化以后，出售给投资商，回收流动性。然后再用回收的流动性为消费者和企业提供更多的贷款，创造出更多的财富。这还不够。过去，对借款者必须满足一定的财产要求，低收入者以及信用记录不良的消费者贷款，一般是进不了门槛的。自从推行“居者有其屋”以及“格林斯潘泡沫”，在2003年中期，将联邦基金利率由2001年初的6.5%下降到了1%，至此消费贷款就没有那么多的阻碍了。

在20世纪80年代早期，出现了一种创新金融产品——抵押资产证券化。所谓的证券化，其实就是将不具备流动性和市场性的抵押贷款打包，形成一个资产池，然后通过大型证券的方式，将这些资产卖出，从而将这些贷款从银行账簿上移出。因为没有投资人愿意单独只有一笔抵押贷款，它的违约风险可能较高。但是把许多贷款打包在一起，债券就代表了价值。理论上说，违约风险被最小化了。因为不是所有的贷款都会同时违约，因此优质抵押贷款的回款都会超过不良贷款的损失。如此，购买债券的投资者就能获得稳定收益。对银行而言，它将会把它们的贷款作为债券销售出去，因此可以发放更多的贷款，从而也扩大了对消费者的授信。

第一笔抵押资产证券是在1970年有房利美售出,它经美国国会授权,从银行大量买进房屋贷款,意图刺激银行发放更多的住房抵押贷款。当时房利美承销这种债券初步获得成功,很快一些持有抵押贷款的银行也开始仿效房利美的做法。

进入新世纪,低利率是导致2001—2006年美国房价上涨的主要因素。由于抵押贷款非常便宜,许多人愿意为购买房子支付更多的钱。一些购房者能够在购买时一次性付清房款,美国的利率一再降低,原因在于新兴市场中的储蓄业已饱和,美联储对2001—2002年的萧条状况做出反应的递延。

从2000—2007年,新兴市场国家央行的外汇储备从不到8 000亿美元猛增到超过4万亿美元。这一迅速增长一方面是由于沙特阿拉伯、巴西和俄国等自然资源丰富的国家的石油、天然气价格上涨;另一方面,是由于美国消费者巨大的进口需求使亚洲国家对美贸易顺差不断扩大。反过来,商品生产国和亚洲出口国央行用不断增多的外汇储备购买美元国债,这导致了支持原油价格的美元升值,并鼓励美国人购买来自亚洲的便宜进口商品。从2000—2007年,外国投资者持有的美国国债从1万亿美元升至2.4万亿美元。换句话说,就是对这种全球循环达成了默契的协议。商品和原油大量进口,加剧了美国的贸易赤字,也导致了美国与石油生产国和亚洲出口国之间更大的贸易逆差。而生产国和亚洲出口国通过大量购买美国国债,使他们的顺差"返回"到美国国内,这一循环过程使长期国债利率比它应达到的水平低大约1%。

美联储在提高美国房价中扮演了一个复杂的角色。在经历了2001年互联网泡沫导致的萧条以及2001年"9.11"恐怖袭击后,美联储大费用降低短期国债利率,2002年底甚至低至1%。随后美联储将短期国债利率维持在1%的水平,一直到2004年中。由于担心经济复苏疲软,美联储在相当长一段时间内都在维持低利率,直到2006年底才将短期国债利率恢复至正常水平。

美国国债利率下降,激起了外国投资者购买其他形式的债权,以获得高收益的欲望。2001—2006年,外国投资者持有的住房抵押贷款证券从6%上升至18%。与此同时,美国投资者受到网络股暴跌的打击,而且未从债券组合中获得满意的收益,因此美国投资者的活力需求就显得更加急迫。

为了获得更高的收益，华尔街又用“次级”这个名词，委婉地称呼那些信用低于“优先”的借款人。次级贷款比优级贷款的利率要高。2000 年，“次级”借款人有超过 1 600 亿房贷未清偿，占房贷总额的 11%。根据美国抵押贷款银行家协会的数据显示，1993 年这一数据仅为 4%。

如果购房者只希望支付贷款利息，可以选择“支付利息按揭”，首付推后再议。此外，还可以调整利息，初期利率低得令人吃惊，以后再向上调整。没有能力首付，可以使用附加贷款进行融资。对于收入、工作、资产“三无”的人群，还有“忍者”贷款，只需要申请人报上收入，不需要工资单存根或是银行证明。不想月付，可以使用“可选择支付”按揭。

对于有房一族，银行和金融公司则要求他们押房贷款。花旗银行的经理们告诉他们的客户要富足地生活。“如果叫‘再次抵押’，感觉就好像是让人把房子押出去。”前花旗银行副主席贾培源说道：“但如果我们称之为‘产权利用’，听起来就比较高尚了。”

上市公司“新世纪金融”是全美第二大次贷出借机构，而美国国家金融公司是为牛首。国家金融公司的主席安吉洛·莫泽洛(Angelo Mozilo)甚至扬言，应该取消首付，这样就会有更多的人有能力买房，“我们的社会会更加美好。”

截止到 2005 年，非优先级按揭已占全国范围内贷款的 25%，相比之下，2001 年，这样的贷款仅占 1%。三分之一的新按揭和房屋净值贷款为仅付利息型，2000 年则还不到 1%。同时，还有 43%的首次购房者未支付首付。

监管者也没有对此严加管束，反而煽风点火，看到自有住房的美国公民从 10 年前的 64%上升到了 69%而欣喜若狂。可调利率的次级贷和其他“廉价产品”使那些没有收入，没有工作，没有财产的居者有其屋，圆了美国梦(如果只有唯一一套自住房，断供了也不可怕，因为美国是一个债务人优先的国度)。2004 年，格林斯潘说，借款人会从可调利率按揭中大受裨益，虽然这种贷款在某些人看来存在着较大的风险，譬如英格兰银行就竭力抵制。8 天后，格林斯潘对自己的话加以解释。说他并不是看不起那些保守的固定利率贷款。但是，他能说这些，就说明在他看来房市没有风险可言。2004 年秋，他又在银行家协会的年会上说：“全国范围内严重的价格扭曲简直是天方夜谭。”

准国有企业——房地美、房利美为了推动“居者有其屋”的计划，大量的购买抵押贷款证券。

美国房贷金融数据显示，到 2005 年，银行和金融机构已经发放贷款 6 250 亿美元的次级贷款，这是当年按揭总额的五分之一。美国的住房价格在前一年的基础之上上涨了 15%，平均价值是上年全民平均收入的 2.4 倍。相比之下，前 17 年的平均价值不过是年收入的 1.7 倍。

华尔街的投资机构，购买了大量的按揭贷款和应收款票据，这些按揭和票据都有利息收入。大数量的样本采集，可以降低违约风险，然后将其组成资产包并发行债券。投资机构随后将这些债券出售给投资商，而资产的利息收入也就成了这些债券的利息支付。根据年化收益率的不同，穆迪、标准普尔给予评级。譬如收入率 5%的评为 AA，而收益率较高于 7%以上的，评为 AAA。如果借款人停止支付利息，资产包的利息收入低于预期，投资商就会蒙受损失。因此，这种债券的评级较低，一般为 BBB——仅好于垃圾债券。

这些打包的资产池中，投资所有权都通过典型的证券化得以创建，大都得到了 AAA 或近似的评级，并且都是按投资商预期收入支付投资商利息。购房者的月供会进入这些结构化的投资工具，然后按级别支付给持有人。首先是资金池上层的 AAA 评级资产所有权人，其次是 BBB 和 BB——评级持有人，确保顺阶而下，上层首先得到支付。因此，评级高，先得到利息，但利润小；而评级低则最先蒙受损失，但可能却获得较大的回报。

华尔街为了尽量避免损失，保证这些证券所得一定有盈余收入，还有一种办法就是在其中渗入其他收入。譬如对汽车贷款甚至飞机租赁等所有权。这些贷款来源遍及全国各种贷款机构，以保证其样本的大量化以及多样化，从而降低了风险。由此产生的投资产品则被称为资产支持证券，这表明了，这些债券的后面有一系列按揭贷款和其他资产支撑。

30 年来，市场上将"应收款票据""证券化"的投资越来越多。证券公司，投资银行和商业银行都积极寻找抵押贷款和其他金融资产打包证券化。2000 年股市大跌，证券化市场中的收入对公司来说愈发重要，他们更愿意购买各种"资产支持证券"以获取稳定的收入。华尔街的设计者和精算师们采用大数采集以及样本的多样化，使得资产支持证券的现金池子，由于断供而导致的支付利息低于投资商的预期被认为是小概率事件。

第二节 机会天使——保罗·佩莱格里尼

2004年春,保罗·佩莱格里尼拿起了电话,心里盘算着怎样才能在保尔森公司谋到一个职位。但是佩莱格里尼并没有抱太大的希望。他与保尔森虽然是贝尔斯登的同事,但是两人的联系也不是特别密切。佩莱格里尼已经寄出了几百份求职信,却杳无回音。可是他的存折里已经分文不剩了,没有选择的余地,他决定豁出去了。

他有些惴惴不安,担心保尔森会嘲笑自己的冒失。然而,保尔森接到他的电话却很开心。不过接下来,他没有给佩莱格里尼什么好消息:我们已经没有空缺职位了。

"分析员总要吧?"佩莱格里尼马上问道。

"保罗,那可是一些脏活累活,一般是留给刚入门的毛头小子的呀,而且还不能参与决策。"保尔森有些不解地说。

"这没有什么,我很喜欢。"佩莱格里尼尽量是自己的声音充满热情。于是,保尔森约他小聚。

两人在保尔森的办公室见面,保尔森表现得非常友好,但是却有些不近人情。"你这些年都在干什么呀?"保尔森扫了一眼佩莱格里尼的简历说:"离开贝尔斯登后,估计都在混日子吧。"

佩莱格里尼无言以对,运气不好,没什么可说的。

"但是,你脑子好使,工作也很努力。"保尔森话锋一转,接着说:"正好,一个年轻的助手去上学院进修,离开了基金,留下了一个职位空缺。"

保尔森带着两个助手为佩莱格里尼准备一场面试。

佩莱格里尼曾经也是前途无量,后来却日渐堕落,现在几乎是惨不忍睹了。

1957年出生的保罗·佩莱格里尼是意大利罗马人,在米兰大学念书的时候成绩优秀,尤其擅长数学。于20世纪80年代中期前往纽约华尔街,最初在拉扎德兄弟公司担任水平中游的投资人,尝试过几次风险投资。期间,佩莱格里尼有过两次婚姻。他的第一任妻子是纽约州联邦参议员罗伊·古德曼之女克莱尔，第二任是已故纽约地产大亨刘易斯之女贝丝。

保罗·佩莱格里尼 2004 年处于失业状态，住在纽约州韦斯特切斯特县一套一居公寓内，银行储蓄寥寥。2004 年，约翰·保尔森给了老相识佩莱格里尼一个面试机会，但是佩莱格里尼表现得特别自大，使得保尔森的其他同事很不满意。但是保尔森不顾他人的反对，还是雇用了佩莱格里尼。

2006 年初，保尔森让佩莱格里尼评估美国楼市是否出现泡沫。佩莱格里尼得出结论，楼市溢价严重。接下来，他帮保尔森设计如何利用这一结论赚钱。他们决定借助功能类似保险的合约对赌次级住房抵押贷款。

他们找到华尔街数家金融机构，创立基于次贷的担保债务权证（CDO）供保尔森公司购买，以在次贷贬值或断供时牟利。

在保尔森公司与华尔街"同谋"的合作中，佩莱格里尼扮演"出头鸟"角色。他接洽过的人士包括被告高盛副总裁法布里斯·图尔，以及 ACA 管理公司的一名代表。

佩莱格里尼于 2009 年离开保尔森公司，创办自己的对冲基金。当然他离开公司时，虽说不是满载而归，但也没有空手离开保尔森公司。2007 年底，他带着新任妻子前往西印度群岛的安圭拉岛度假。在酒店自动提款机取现时，存款余额吓了他妻子一跳，4 500 万美元新打入他们的联名账户。那是她丈夫当年 1.75 亿美元奖金的一部分。

佩莱格里尼最早卖空次贷产品是在 2005 年，但是这时候的次贷产品还是炙手可热，做空成为市场的异类，当年他无功而返，以平仓告终。

2006 年初，佩莱格里尼重新审视次贷产品的投资，他和同事对 1975—2000 年间美国联邦房地产企业监督办公室的房屋价格指数进行归零校正。数据显示，如果要回归历史的话，房价需要下跌 30%—50%。分析的结果让他决心再度做空次贷产品，而看到佩莱格里尼的研究结论后，保尔森也马上同意了佩莱格里尼拿出基金的一部分资金实施他的做空的计划。

"我们知道做空次贷产品是逆流而行，主流的观点认为，第一美国房价"二战"以来都没有跌，他们认为房价不会跌，但是我们认为是不对的，第二个人住房按揭产生的不良率与房价无关，但是我们的研究显示，两者是有关系的。"佩莱格里尼表示。

据约翰·保尔森对美国抵押贷款违约率的调查，抵押贷款违约率与房价的势头有关。房价上涨势头强劲的地区，违约率较低；而房价上涨平缓的地区，违约率相对较高。显然地，房价下跌会引起抵押贷款违约率迅猛增加，业主拖欠房贷与人口、失业率，经济增长不沾边。当然，银行和金融公司在房价下跌时，其对……

2006年初，保尔森又买入了新的次贷CDS工具——这些房屋还没有升值，因此无法进行再融资。如果高风险房屋贷款无法重新融资，违约将会大量出现。只要房屋的价格不再上涨，银行及金融公司就无法通过再融资为借款人过度按揭。

紧接着伯南克的美联储开始加息……

保尔森和佩莱格里尼明白，要做成这笔生意，唯一的可能就是美国房地产市场价格上涨的势头停止下来，走平或者开始下跌，就会打击借贷人的再融资能力。可是在许多人看来，这根本就是在痴人说梦。

“当时大家都说，房价自从大萧条以来，就从来没有在全国范围内下滑过。”保尔森回忆道。

2006年初，债券价格快速进入了历史高位。保尔森抛出了占公司资产30%的债券持股。但是房地产泡沫是不是爆破在即，团队还不能确定。

保尔森猛然想起，从前波士顿咨询集团的老板——杰夫·李伯特说过，考虑通胀以后，房地产投资其实并没有那么大的诱惑。他因此让佩莱格里尼把通胀的因素计算在内。佩莱格里尼学会了使用通胀晴雨表——个人消费支出价格指数，来调整房价数据。他们离真相又近了一步，但是答案还是没有浮出水面。

佩莱格里尼有时会重新建立一些本来已经存在的数据，不然就纠结细节不肯放手，这让保尔森恼火。两人会在办公室里争论几个小时，讨论怎样才能确定房市的拐点，有时争论会非常激烈。

佩莱格里尼为了放松，就带着儿子去海边冲浪、练车，腾出些时间远离房地产。更多的时间他独自一人散步，集中精力，寻找一种更好的研究方案。同事们都不理解他，不知道他为什么总是与数据纠缠不清。但是佩莱格里尼的前妻却明白他究竟在干什么：“他就是那种不找到‘完美方案’死不罢休的人。”她说：

"在意大利文化中，使用方案与完美方案可能是两码事——你不能做一个沙发，你得做一个漂亮的沙发。他对自己要求很高，不会只找到使用的方案就止步，不找到完美的解决问题的方案，他是不会罢休的。"

佩莱格里尼通过对几十年来的利率研究，他发现它们对房市没有什么影响。尽管看涨的人的百般粉饰，美联储削减利率根本不是最近房价猛增的原因。但是读过学术、政府文献和数据以后，佩莱格里尼感到非常沮丧：他根本无法将房价超值的程度加以量化，也不知道泡沫是什么时候开始的。他甚至没有办法证明，这次房价的上涨与过去有什么不同。

为了找出新的结论，佩莱格里尼在房市中加入了一条"趋势曲线"，清晰地显示了最近房市价格上涨的程度。这时，佩莱格里尼打开了思路，开始关注更长历史的时间段，拿来了75年以来的每年的房价数据。夜深了，佩莱格里尼还趴在办公桌上，不知疲倦地查询全国范围内的房价变化。然后进行计量分析，用曲线显示出价格的起伏跌宕。

突然间，结果出来了。1975年到2000年间，考虑通胀因素以后，房价年度增长只有1.4%。但是接下来的五年里，却以每年高于7%的幅度飙升。这样，美国房价需要缩水40%，才能与历史趋势吻合。不仅是房价的上扬程度前所未有，佩莱格里尼还发现，历史上每次房价的下跌都会跌破趋势线。也就是说，如果这次房价的下跌，可真是会一泻千里了。

佩莱格里尼把数据填入图标以后，视觉的刺激更加强烈，他自己都震惊了，原来一切是这样的简单。

第二天一早，佩莱格里尼跑到保尔森的办公室。保尔森目不转睛地看着佩莱格里尼的图标，然后他坐回椅子上，面露微笑地对佩莱格里尼说："我明白了，这就是我们的泡沫。"

佩莱格里尼笑了，他无法掩饰自己的骄傲。

在保尔森和佩莱格里尼看来，这一发现就意味着不管就业状况、利率，乃至整个经济情景如何，房价早晚都要下跌。如果房价下跌，那么次贷债务人的所有抵押贷款将不能再融资，他们所面临的情况就会非常糟糕。

佩莱格里尼接下来的工作就是如何利用这些结论，获取利润。公司以前热衷于卖空各种房地产相关公司。而现在有充分的证据表明，把精力集中在次贷上面才是他们应该做的事情。保尔森和佩莱格里尼都认为，CDS工具在风险出现的情况下，能够为公司带来丰厚的回报。而这些工具只需要保尔森支付一定的定额年金。

为了把这件事情做得更好，佩莱格里尼找来了斯翰·苏帮忙，他是雷曼兄弟公司抵押贷款部门的一位年轻分析师。据说他与保尔森的团队一样，对房产市场产生了怀疑，巴不得马上辞职，求证自己的理念。

保尔森非常看重这个部门的新人，亲自与之交谈。斯翰·苏搬出了他在雷曼兄弟被忽视的研究成果，解释道：就算房价走平，由于不能再融资，许多抵押证券都要蒙受巨大的损失。

从2006年开始到2007年次贷危机爆发，佩莱格里尼管理的基金在不断增加他的空头头寸。在2006年5月，佩莱格里尼决心摆脱原基金的合约限制，新成立了“保尔森信用机会基金I”和“保尔森信用机会基金II”两只基金产品，专门进行次贷产品的做空交易。

终于，在2007年，大部分对冲基金的业绩都被突然而至的次贷危机冲击得一片狼藉时，佩莱格里尼开始收获成功的果实。

从阻击次贷危机开始，佩莱格里尼的投资如有神助，2008年，保尔森和佩莱格里尼成功的预期到了美国金融业危机，并通过卖空金融机构股票而再度获利。标普500指数在这一年下跌38%，但是保尔森公司旗下的两个信用机会基金却获得了18%和16%的投资收益。

但是，虽然在次贷危机和由此衍化出的金融危机中收获丰厚，但是保尔森公司的主要业务是阻击上市公司之间的并购，而佩莱格里尼却希望能够继续做全球宏观策略基金。最终，理念的分歧让保尔森和佩莱格里尼这双伙伴最后还是选择了分开。

第三节　确定性的机会赌博

大约在公元前3500年前，埃及人就有掷骰子这项游戏活动了。也就是说，自从人类有记载的历史以来，就有关于赌博——一种风险承担的本质，就已经非常盛行。它常常使人们深陷其中，从社会的最底层到最受尊敬的上流社会，它无处不在。除了埃及人的骰子以外，亚洲的纸牌、欧洲人的轮盘，至于以后的彩票、股票、衍生品等更是使得博彩业盛行，并且很方便地吸引了更多人的参与。正如约翰·梅纳德·凯恩斯指出的那样："当一个国家的资本发展成为赌博活动的副产品时，那么它不会产生好的结果。"同时，他又说："如果人的本性对于碰运气毫无兴趣的话，仅仅依靠冷静的计算，人们就不会进行过渡的投资。"

为什么人类很容易沉溺于赌博，这是因为在赌博中直接面对命运，其间没有任何阻碍。在赌博中人们总是相信幸运女神会站在我们的一边，并将会把胜利带给我们。亚当·斯密把这种动机定义为："绝大多数人对自己和对自己会交好运的愚蠢假设过分自信。"

尽管亚当·斯密敏锐地意识到人类喜欢承受风险的倾向，有利于促进经济的发展。但他仍然担心，当这种倾向失去控制时，会对社会造成不利影响。而且在赌博游戏中的聪明人，他们总是在寻找一种从直觉赌博到机会对策，以至于达到"确定性的机会赌博"的努力。

1525年意大利米兰的吉洛拉莫·卡达诺写了《机会赌博》一书，是人类史上第一次认真、努力地去研究概率的统计原理。在这本书中，卡达诺用"机会"这个词表达了概率的意思。"概率是由证据和理由来确定的"。概率总有两层含义：一种代表未来；另一种阐述过去。一个有关我们的看法，另一个有关我们知道的事实。这种不同在书中，反复出现。

17世纪由修道士卢卡·帕奇奥利和律师皮埃尔·德·费马共同写下了《概率论》，从而建立了风险概念的数学核心。

1703年哥特弗里德·冯·莱布尼茨像瑞士科学家雅各布·伯努利阐述了如下观点："自然界发展的模式从事件的重复中产生，但只是大体上的重复。"这一观点启发伯努利发明了大数定律和样本统计方法。

伯努利的理论在以后250年里被奉为描述理性行为的卓越典范，同时也奠定了现代投资管理原理的基础。如果没有抽样调查，绝大多数的重要决策是难以制定的，抽样调查对于风险承担来说是很重要的。盲人摸象说的是只选取一小部分样本，所产生的谬误很大。对于单独一份保单来说风险是100%，但是对于量足够大的样本总体来说，就是"确定性的机会赌博"。

17 世纪 30 年代，咖啡在欧洲流行起来。由于战争和食利阶层的迅速发展以及不断增长的海外贸易的需要，从世界偏远地区传来的消息对国内经济也起着至关重要的作用。随着航运规模的持续增长，人们迫不及待需要第一手信息，通过它能够估计目的地间的航行计划，天气情况以及在不熟悉海域潜伏的危险。由于没有大众媒体，咖啡屋就成了消息和流言的来源。

1687 年，爱德华·劳埃德在泰晤士河附近的城堡大街上开办了一间咖啡屋。这间咖啡屋宽大、构造精美，经常聚集着精明的商人和停泊在伦敦码头上的各国船只上的船员们。劳埃德不单是一个有经验的咖啡屋店主，他敏锐地察觉到了他的客户群的价值。并且为了满足顾客对信息的需要，他在 1696 年创办了"劳埃德列表"，上面列明了船只到达和起航的信息和海外以及海上各种情况的消息。这些消息主要由欧洲大陆和伦敦的港口书信网络提供。在这些信息的基础上，船只拍卖的活动经常举行，劳埃德会提供纸笔记录交易。列表上还有一个角落是给船长们留的，这使得人们能够比较新开辟航线的风险性。劳埃德咖啡屋几乎全天开放，并且总是人满为患。

那时与现下一样，如果想买保险就必须找经纪人。经纪人会将该风险转卖给签署承保的独立风险承担者，他们通常都聚集在咖啡屋或者皇家交易所的场内。当一笔交易结束时，风险承担者确认他同意承担损失，作为回报，他将得到规定的保费。这些个人的保险经营者被称为"保险商"。

在那个繁荣的年代，赌博精神促进了伦敦保险业的迅速变革。保险商愿意签署承保任何险种。历史资料显示，这些险种包括入户盗窃、公路抢劫、醉酒而死、骑马摔死以及少女贞洁险——除了最后一项，其他的险种沿用至今。1666 年伦敦大火的巨大灾难之后，对火险的需求迅速增加。

劳埃德咖啡屋最初被作为保险商的总部，这很大程度上归功于它与商界和船运界的良好联系。"劳埃德列表"也被扩充了，它开始提供股票价格、国外市场、伦敦桥高水位等。与此同时，它仍然提供原来的船只抵达、出港的消息以及报道意外事故和海难。这份出版物广为人知，负责它的邮递员将该列表送到邮局时，仅需写下"劳埃德"字样就可以了。政府甚至也利用"劳埃德列表"来发布海上战事的最新消息。

1720 年，据传说由于收受了 30 万英镑的贿赂，乔治一世国王同意创建皇家交易保险公司和伦敦保险公司，它们是英国最早的保险公司，并且“独立于所由其他的公司和社团”。虽然这种授权的垄断的确阻止了其他保险公司的成立，但是“个人和特殊人群”仍然可以充当保险商来运营。实际上，保险公司一直面临困难，因为他们无法劝说有经验的保险商加入到公司中。

1771 年，79 个在劳埃德咖啡屋做生意的保险商联合在一起，每人捐出 100 的照自己制定的行为准则经营。他们就是劳埃德协会的最初成员，后来这些成员都成了“名人”。这些名人将他们在世界各地的财产和金融资本都拿了出来作为担保，来保证他们将履行赔付客户损失的承诺。这种担保是这些年劳埃德咖啡屋中的保险业迅速发展的保障。

到了 18 世纪 70 年代，保险业也出现在了美洲殖民地上，但是绝大多数的大宗保单仍然在英国签发。1752 年，本杰明·富兰克林成立了一家火灾保险公司，名字叫美国第一保险公司。第一份寿险是由创立于 1759 年长老制部长基金签发。随后，美国大革命爆发了，劳埃德协会不再为美国人服务。美国人没有选择，只能自己去建立更多的保险公司。第一家股东控股的保险公司是费城的北美保险公司，它经营火险和海事险，并签发了美国第一份人寿险单——一种为海上航行的船长们所投的六期保单。

保险业在大数定律和样本统计方法的应用上，的确实现了“确定性的机会赌博”。这完全是一个数据分析为基础的行业，这的确是一个充满了数字的世界。以至于在维多利亚时期，对于计量的热衷成为那个时代的特征。但是，计量在经济领域内的应用失败的样本同样比比皆是，把决策建立在未来的不确定的主观信仰上，博弈论的严格理性到混沌理论的挑战，从“直觉赌博”到“机会赌博”，在人类历史上的博弈，从来就没有高下之分。

1875 年，弗朗西斯·高尔顿认为事物总要回归“常态”，人们应该基于这样的预期来做决策，这就是均值回归理论。

但是也有人认为，依靠均值回归理论来预测未来是非常危险的，因为均值本身就变化不定。

比尔·夏普说过：“马科维茨出现后，光明就到来了。”

在哈里·马科维茨 1952 年发表《投资组合选择》(Portfolio Selection)，这时荣获诺贝尔经济学奖的开创性文章，探讨在不确定情况下如何进行投资组合。从此，现代投资组合理论开始发展起来，最有资产配置这个课题收到了持续不断的广泛的学术研究，研究显示养老基金在投资组合中大量集中持有股权证券非常重要。这篇学术论文问世的时候，正是美国金融机构作为主要投资者开始出现的时候。他们正好遇上可以应用这一理论的时机，也确实加以应用了。这些机构于1949年持有价值95亿美元的纽约证券交易所上市资产，而到1960年时，已经持有700亿美元的同类资产，或者说持有所有上市证券的20%的市值在随后40年里，他们继续发展，拥有70%左右的美国所有股权证券，交易量约占到全部交易量的90%。

在马科维茨出现以前，没有真正意义上的关于投资组合结构的理论——只有经验和惯例。正是马科维茨将投资定义为对未来不确定性的赌博，并首次将风险确定为投资组合管理的核心。在比尔·夏普于1964年建立资本资产定价模型之前，没有真正意义上的风险处于核心位置的资产定价理论——只有经验和惯例。在弗朗哥·莫迪亚尼亚和默顿·米勒1958年的论文之前，没有真正意义上的关于公司金融和金融市场"均衡"理论——只有经验和惯例。在尤金·法马于1965年提出"有效市场假设"之前，没有理论能够解释为何市场很难打败，甚至没有这种认识存在的可能性。在费希尔·布莱克、迈伦·斯科尔斯以及罗伯特·默顿于20世纪70年代提出衍生证券的价值和本质特点之前，没有期权定价理论——只有经验和惯例。

经过20世纪下半叶近50年的努力，现代金融理论才真正成型。它不仅形成了以契约为基础的金融学，而且在金融市场的价格运动，市场微观结构，金融系统的演变以及金融监管等诸多方面形成了专门研究，从而构成了一个比较完整的理论体系和研究方法。风险是所有这些理论体系和研究方法的核心，当然也包括监管。风险是如此的重要以至于成为所有投资活动的中心，仅仅是因为金融决策始终伴随着不确定性？过去，当大部分经济活动由狩猎、捕鱼和农业生产组成时，经济中不确定性的唯一来源就是气候。可是对于大自然而言，我们所能做的事情很有限，人们只能依赖于这样或那样的祈祷和咒语作为风险管理的形式。当所有的事情都被看做是神的意志或者命运的时候，我们也就无所作为了。

进入现代以后，自然的重要性已经降低。是什么取代了它的位置？在20

世纪二三十年代，数学家约翰·冯·诺依曼建立了策略博弈理论。博弈论最深刻的见解是每个人在计算效用时都不是一座孤岛。“为了将博弈规则带入竞争和斗争的社会中……有必要考虑 n 个人的博弈，并因此放弃对问题单独最大化的一面”。

复式记账和财务报表能不能真实地反映企业的经营状况呢？回答是否定的。

会计准则和财务报表只是人为设计的一个标准，这个标准就是契约和法制的基础，它为企业的经营行为提供了一种依据。譬如，怎样纳税或者是怎样征税。同样，大数据样本的采集只不过是一种人为设计，也可以说是“先入为主的一种标准”，为当下和以前提供参考。由于历史总是不断地相似的重复，这就为大数据预测未来提供了依据。因此，人类就陷入了顺应自然环境和征服自然这种悖反的冲动。但是未来的不确定性，被更加广泛的接受，预测未来难度可想而知。这也成就了，做一个神棍的低廉成本。神棍做了一万次预测，提供了一万次失败的样本。但是龅牙巴咬虱子，咬到了一次，就浮出了水面。

前面罗列了数量经济学发展的历史轨迹，其中有许多伟大的人物闪耀着光芒，而系统的阐述和把数量经济学发展成为一门学科的却是米尔顿·弗里德曼。今天，金融学家们已经把图树论的二阶导数引入到对未来不确定性的分析，形成了多维的图树模型空间。我拜读过弗里德曼的许多文字，对他所做的努力非常尊重。可是就在弗里德曼盛赞格林斯潘的时候，格林斯潘却在回归。这以后格林斯潘的继任者柏南克与格林斯潘一样，一个信奉犹太教的犹太人；与格林斯潘一样，一个吹奏萨克斯的艺术家。

2006 年末，衍生产品的名义价值已达 370 万亿美元，世界 500 强公司中有 92%使用衍生产品。

到了 2006 年，柏南克却用加息刺破了格林斯潘泡沫。

第四节　让机会赌博成为可能

2005 年初，纽约德意志银行交易商 36 岁的格雷格·李普曼。李普曼产生了一个新的想法，如果能创造一种针对资产支持证券的衍生品，会有什么结果呢？

大约十年前，李普曼第一次走进了瑞士第一波士顿。他所做的交易，都是那些风险很大的垃圾债券。如果运气好的话赢利较大，如果经济环境不好首先遭受损失。这部分市场流动性不好，李普曼只能不断地给潜在的投资商打电话，他把这些前景并不清楚的债券描绘的美轮美奂，使出了浑身解数劝人买卖这些债券。旁边的同事听着李普曼的推销技巧，佩服得五体投地，有时还吃惊地张大了嘴。按照李普曼自己的说法："其实我并不是经纪人，而是一名艺术品经销商。"

2000年，李普曼被德意志银行聘用，他告诉他的同事们，房车公司的前景堪忧。可是当时房车市场一片看涨的行情，为了表示自己看扁这些公司，他出了超低的价格收购房车公司的债券，当时一位资深的销售人员就站了起来说："你当我们是傻子！"6个月以后，房车公司的债券价格果真下跌了。

2006年2月，格雷格·李普曼已经把他的想法私下告诉了250名大型投资人，并在德意志银行销售会议上向数百人进行了宣讲。他们设计了标准化的CDS合约，用来对资产支持证券提供保护。

6月，这种标准化合约就被推出，CDO(collateralized debt obligations)，债务抵押债券，即把抵押债券按不同风险重新包装销售的产品；CDS(Credit Default Swap)，信用违约互换，用于担保抵押债券风险的衍生产品。CDO的风险越高，担保产品CDS的价值就越高。如果违约率或违约预期上升，CDS的价值就随之升高。但在房地产繁荣时期，大多数人都不认为CDO会有什么风险，所以担保产品CDS的价格非常低。这便是此后影响全球金融危机的导火索。随后不久，有设计推出了ABX(ABX指数作为次级房贷市场的"晴雨表"，其指数随次贷证券风险升高而下降)。CDS的买主如果需要对自己的资产支持证券购买保护，就要向合约的出售方支付年费。如果证券掉价，保险出售方将给予保险的购买方足额的先进赔偿。这也为看跌的投机家们提供了做空资产支持证券的机会。格雷格·李普曼冲着赌博设计了CDS标准化合约，它为市场提供了一种新的衍生产品，使得更多投资银行都参与了进来。

到2006年底，按照皮尔爪克(Per Trac)对冲基金数据库研究报告的说法，有 13 675 家对冲基金报告了经营结果，数千家其他类型的机构投资者获得了投资信用违约掉期产品的许可。李普曼设计的新品种，通过各种渠道传到了他们那里。然而，仅有 100 家左右少量涉足了这个针对次级抵押贷款债券的信用违约掉期产品新市场。大多数购买次级抵押贷款保险的人，不是为了对赌，而是作为他们手上那些与美国不动产相关的股票或者债券组合的对冲手段。有一小部分人利用信用违约掉期对次级抵押贷款债券进行豪赌——买入一份次级抵押贷款债券，同时卖出另外一份。比如，他们会下注赌，那些包含大量在加利福尼亚发放的贷款的债券会跑输那些只包含很少加利福尼亚贷款的债券；或者某只 AAA 级次级抵押贷款债券会跑输三 B 级债券；或者雷曼兄弟或者高盛(两家公司都因包装美国最差住房贷款而臭名昭著)所发行的债券，表现不如由 J·P·摩根或者富国银行(这两家公司似乎比较在意债券包含什么样的贷款)包装的债券。

CDS 标准化合约，使它像其他证券一样，具有良好的流动性。这样就为如同保尔森和其他的房市怀疑者提供了一种做空市场的方法。而那些看好房市的机构，如两房、保险大亨 AIG——"天空中有黑天鹅吗?"既然如此，就出售 CDS 多赚一点。

李普曼当时并不知道，他们推出的这个产品，将会摧毁华尔街，甚至于影响到全球的金融系统。他，只不过单纯地想向客户出售一种产品而已。只有极少数人——多于 10 人，不到 20 人——直接对赌整个价值几万亿美元的次级抵押贷款市场，从关联度上，也可以说是全球金融体系。这个事件本身就是非同寻常的：这场灾难是可以预见的，然而却只有十几个投资者注意到了。一位名叫杰夫·格林的地产投资者从纽约的对冲基金经理约翰·保尔森那里听到这个想法后，马上购买了几十亿美元的针对次级抵押贷款债券的信用违约掉期产品。保尔森也是从格雷格·李普曼那里得来消息，而且，他建立起了大规模的信用违约掉期头寸，他利用李普曼作为宣传的卖点。一位伦敦高盛的产权交易员听说这位在纽约的德意志银行交易员提出了一个非常有说服力的想法后，飞越大西洋与李普曼见面，回家的时候，他已经拥有了价值 10 亿美元的针对次级抵押贷款债券的信用违约掉期产品。一位名叫西奥·帕努斯的对冲基金投资人在亚利桑那州菲尼克斯由德意志银行举办的一次会议上听到了李普曼的说法，马上就投下了他的筹码。如果把这些想法传播的路线连起来，就像是一条病毒传播的路径，大多数线条都终结到李普曼身上。

当德意志的李普曼推出了第一批 CDS 时，佩勒格利尼就冲进保尔森的办公室，建议保尔森抓紧购买。接下来的两个星期，保尔森去拜访了他的老东家贝尔斯登，购买了 1 亿美元次贷提供的 CDS，双方一定的价格仅 100 万美元。这的确是有点便宜，保尔森就不明白为什么其他人不抓住这些廉价的保险，以防万一呢？

经济越来越热，保尔森对经济和房市的状况却越发担忧。晕头转向的投资者们买入 BBB 评级的抵押债券和各种所谓的资产支持的垃圾债券，这些债券的利率仅比超安全的国债利率高出 1%。

"这就像赌博。"一次公司的会议上，保尔森命令手下的交易员关闭了几十笔交易："我们要抛出一切，然后全力做空。"

保尔森相信衍生品交易能够带来好处，CDS 合约造成的损失，最大也不过是保险的年金。

在分析了大量数据之后，保尔森确信投资者远远低估了抵押信贷市场上所存在的风险，而没看到这个市场崩溃的可能。"我从来没有做过这样的交易，有这么多人看多，而只有极少的人看空。"保尔森设计了一个复杂的基金操作模式，开始大胆地进行债券交易赌博：一边做空危险的 CDO，一边收购廉价的 CDS。

他决定成立一只专门做空抵押债券的对冲基金，并募集了大约 1.5 亿美元，从 2006 年中开始了运作。可是这只新基金一直在赔钱。根据当时美国媒体的报道，一位好友打电话给保尔森问他是不是准备止损。"不。我还要加注。"他回答说。为了缓解压力，保尔森每天去中央公园长跑 5 英里，他还告诉自己的妻子，"这种事情需要等待"。正如他曾经告诉《对冲基金新闻》的记者，他最喜欢的名人名言就是丘吉尔所说的："永远不要放弃。永远不要放弃。永远不要放弃。"

"碰到这样的情况，很多有经验的人都会选择退出交易止损，但奇怪的是，损失似乎让他（保尔森）变得更坚定了。"索罗斯如此评价保尔森当时的行为。

这个以高额赌注对赌次级抵押贷款债券的投资人的小世界中又包含着一

个更小的世界——那些沉迷于这项交易的人。极少数投资人察觉到正在发生的事情不仅是针对金融体系，而且还针对更大范围的社会，他们对赌的是一个如此巨大的体系——相对于他们的资本来说，他们实际上放弃了作为一个传统的理财经理的理念，而成了别的什么了。约翰·保尔森获得了迄今为止能够动用的最大的资金，这是一个最显著的例子。在迈克尔·巴里筹资购买信用违约掉期产品的计划无功而返 9 个月之后，保尔森成功了，他告诉投资人的，不是一个几乎可以肯定将要发生的灾难，而是针对远期灾难可能性的廉价对冲。保尔森比巴里年长 15 岁，而且在华尔街的名气要大得多，但在某种意义上，他仍然是华尔街的圈外人士。“我给高盛打电话，问他们有关保尔森的事情，”一位保尔森曾在 2006 年中找他集过资的有钱人说，“他们说他是第三等级对冲基金操作者，根本就不知道自己在说些什么。”保尔森从投资人手上筹集到了几十亿美元，这些投资人把他的基金看做对他们的不动产组合相关的股票和债券——的一种保险。保尔森说，在寻找那些对赌的被高估债券的过程中，他了解到了抵押贷款债券市场正在发生的情况。“我喜欢做空一种债券的理念，因为你的亏损风险是有限的，”他说，“这是一种非对称的赌博。”他惊奇地发现，购买信用违约掉期产品，与卖空一只真正的债券比起来要容易得多，而且成本低廉，尽管它们所代表的是同样的赌注。“我做了 5 亿美元。他们说，‘你愿意做 10 亿美元吗？’而我说，‘我为什么要这么小心翼翼？’花了大概两三天的时间，我押下了 250 亿美元。”保尔森还从来没有遇到过一个投资人可以卖空价值 250 亿美元的股票或者债券，而不至于造成价格波动，甚至崩盘的市场。“而我们可以做 500 亿美元，如果我们想做的话”。

迈克尔·伯利看空房市，做空按揭证券和金融公司比保尔森早了整整一年。到了 2006 年中期，他的基金遭受了严重的挫折，因为他的 CDS 投资损失没有其他投资冲销。他开始接到客户打来的电话，开始质疑伯利看空房市的投资方案。

2006 年 8 月，伯利的经纪人打电话告诉伯利，保尔森正在购入市面上所有的次贷 CDS 合约，有资产支持证券（RMBS），有 ABX（ABX 指数作为次级房贷市场的“晴雨表”，其指数随次贷证券风险升高而下降），有 CDO（担保债务凭证，Collateralized Debt Obligation）。伯利简直不敢想相信，保尔森每天都在购买次贷的 CDS,房价也终于走平,停止了上升。ABX 指数开始出现下滑,置业公司的股票疲软。伯利确定,保尔森的这些动作能够提升公司的资产,但是他的经纪人却不同意调整投资价值,告诉他,他的公司购买的 85 亿美元的按揭贷款和公司债务价格基本没有回升。经纪人告诉伯利,他的资产交易不很频繁,要证实它们的价格上涨就有些困难。

伯利感到很愤怒,于是他把做空的按揭证券和金融公司的投资,放在了一个专用的账户里,并对价格进行冻结,直到伯利觉得时机成熟,再出售。向投资商宣布了自己的举措后,客户们提出了异议。伯利认为他采取这样的行为完全没有问题,协议白纸黑字,大家都要坚守做空房市的投资。伯利很愚蠢地想用这样的方法来阻止投资商的流失。

2006 年 10 月,伯利最早的支持者之一乔尔・格林布拉特要求和伯利进行面谈。几天后,格林布拉特和助手约翰・帕特利到了圣何塞,来到了伯利的办公室。就在几个月以前,格林布拉特在一家金融频道的公开节目中还说"伯利是世界上最好的投资商之一"。可是这会儿,他却直接从伯利的办公室拽过一把椅子,怒气冲冲地指责"冻结价格账户"愚蠢之极,简直败坏了他的名声,同时也是在败坏伯利自己的名声。

"赶紧减少损失吧。"格林布拉特对伯利说,建议他在客户产生反感、公司毁于一旦之前,撤出做空房市的投资。格林布拉特抑制不住自己的愤怒说,这些交易到头来只是一场空。

伯利觉得,格林布拉特所说的根本没有什么新观点,他无法动摇伯利原先的投资理念:"我一点也不能卖出,这个市场运作一点也不正常。"

"你可以卖掉一部分啊,"格林布拉特想,两人各退一步,自己先兑现一部分交易,而不是全部冻结,可是伯利寸步不让。格林布拉特火气又上来了:"我知道你小子什么心思,迈克。"

伯利知道格林布拉特的意思是:他死抱住生意不放手,就是怕返还客户现金。

"你听好了,我就是不放手。"伯利也火了。

格林布拉特和帕特利摔门走出办公室,根本不顾伯利员工们的眼光。几天后,格林布拉特的律师拨通了伯利的电话,警告说,再固执己见,当心吃官司。

几个星期以后,伯利的基金流失了1.5亿美元,而其他一些投资商本来有望投资,但知道了这场闹剧之后,也对伯利失去了信心。

2006年底,伯利极不情愿地开始出售做空房市的投资,以筹钱归还那些不满的投资商。他做空的70亿美元的国家金融、华盛顿互助、AIG的投资,三周几乎卖掉了一半。而当时,华尔街对房市还满怀信心。伯利原先购买的30亿美元的按揭证券CDS年金为1 500美元,现在却跌到了600万,伯利蒙受了巨大的亏损。

资金持续外流,伯利只能疯狂的削减开支,降低工资,解雇员工,甚至还关闭了香港的一个办事处。在东方的天际已然发白、启明星升起、天就要亮了的时候,伯利倒下了。

在2008年下半年,国家金融、华盛顿互助、AIG都面临破产清算,AIG如果不是财长保尔森动用了纳税人的钱,它早就不复存在了。

你的投资本生没有问题,只是在时机的把握以及投资组合的选择不对,然后就输大了。伯利在最后虽然也赚得了5亿美元的利润,但他却付出了比别人更多的纷扰和痛苦。

格雷格·李普曼作为一个高级交易商,当然也把它的产品推销给了他的东家德意志银行。德意志银行已经为几十亿美元CDS合约支付了5 000万美元。德意志银行的员工们对李普曼恨之入骨,因为这笔钱是从奖金池子里扣出来的。他是赚到了佣金,可是我们的奖金池子降水了,一些交易员抱怨道。

有一次,保尔森公司的交易员罗森博格打电话给李普曼,其他交易员接到后说:“你找他干啥?这家伙的脑子又不正常了。”

李普曼为了推销他的产品,专门选择了样板作为说明——南北达科他州。两个州的抵押贷款拖欠比例的差距很大,是什么原因造成的呢?

南北达科他州其他的情形非常类似,就业水平和其他经济层面都很类似,可是为什么断供的比例差距如此之大。李普曼广泛研究了数据以后发现,北达科他州的房价上涨更为迅速,为房地产方便地提供了再融资,因此抵押贷款拖欠的水平就更低。这就说明了,影响抵押贷款违约最主要的因素是房子是否升值。

李普曼用这个样板说明,在不到一个小时的时间里就说服了纽约对冲基金经理菲儿·法尔克,使他明白 CDS 的弱点有限,潜在的收益回报却大得惊人。菲儿·法尔科第二天就购买 6 亿 CDS 合约,过了一段时间,他再次大批的买入。

截止到 9 月,李普曼赢得了几十名交易商的信任,已经卖出了上百笔 CDS 合约,实现了他以前被斥为神经病的豪言壮语。

2006 年底,房价终于趋于稳定。一些抵押贷款公司也开始亏损。但是 ABX 指数却纹丝不动。

有一天,保尔森拨通了 CDS 顾问李普曼的电话,保尔森买下了 250 亿美元的 ABX 指数和 CDS 合约,他也有自己的恐惧。

"我是不忽略了什么东西呀?"保尔森问李普曼:"这些人都不觉得这玩意儿就是一堆废纸吗?"

保尔森的动摇让李普曼感到非常惊讶,他说:"放松,约翰。这笔生意会成功的。"

2006 年初,联邦调查局的一份报告说:抵押贷款违约是美国增长最快的违约。美联储正在提高利率,但房地产的价格仍然很坚挺。

李普曼坚定地认为:房价将会产生一连串的连锁反应——华尔街持有的那些 CDO 会开始违约,造成大量公司资产负债表的混乱,进而银行系统会遭受自大萧条以来最严重的危机。

现在的问题是,造成这些巨额债务,陷入严重违约的拐点在哪里?

第五节 完成了一次"伟大的交易"

泡沫从来都不会立即破灭。正是信息的积累效应将投机者的热情推向了相反的方向。

从 2000 年到 2007 年,由于美国抵押房贷款增加了一倍多,出售给世界各国投资者的 MBS 也翻了一番。由于房价飙升,美国的抵押房贷款数额急剧上升——从 2000 年 5 万亿美元上升至 11 万亿美元。与此同时,MBS 总额从 2000 年的 3.6 万亿美元激增至 2007 年的 7.3 万亿美元。由于房地产泡沫破裂和贷款违约达到前所未有的高度，美国房价在经历了2000—2006年的急剧上涨之后，2007—2009年急速下跌。反过来，高贷款违约率导致了MBS的下跌，这些债券是基于有问题的抵押贷款。价格的下跌是由于作为MBS的月付贷款额正以无法预料的速度蒸发。由于大多数MBS的持有者是美国及外国的金融机构，MBS价格下跌使全世界的金融机构都遭受了巨大的损失。正是因为如此，贷款证券化在2008年底便寿终正寝了。

2007年2月7日，新世纪公司报告2006年四季度出现了意外的亏损。次日，新世纪股票以巨量的成交量下跌了36%，这是保尔森的重大胜利。

早晨，罗森博格拨通了一位经纪人的电话，询问最新的ABX指数，得到的回答让他瞠目结舌，不禁又问了一遍："你再说一遍，下跌了5个点?"

保尔森持有250亿美元的次贷CDS，因此ABX指数每下降一个点——都意味着公司盈利1%，那就是2.5亿美元啦。现在下降了5个点，保尔森的公司赢得了12.5亿美元——比乔治·索罗斯传奇似的做空英镑还多出了2.5亿美元。这一切，仅仅是一个上午。

ABX这项指数跟踪担保抵押债券的成本，当担保贷款的成本上涨时，这项指数的价值就会下降，这就反映了几万亿美元资产抵押债券风险增大。这项指数反映了不断增长的违约率，一开始还只是在次级贷款上，之后就发展到住房其他领域了。在2007年开始的6周内，ABX指数犹如脱缰的野马直线下滑，暴跌了30%。

"很多人都说房价永远不会在全国范围内下降，和房地产市场捆绑的投资债券也从来没有出过问题。借贷专家被房地产市场的繁荣蒙蔽了眼睛。"保尔森事后说。

2007年第一季度，次贷危机全面爆发，约翰·保尔森的判断在市场上得到了印证，赌局胜负开盘的时刻到了。惊恐的华尔街金融机构和大银行大量求购CDS，也就是保尔森早就以低价囤积的次贷担保产品，保尔森不愁兑现。最终，在2007年的次贷风暴中，保尔森的第一只基金上涨了590%，第二只上涨了350%。仅2007年一年，就有60亿美元的资金涌入保尔森的基金。

"从智力角度而言，看空次贷市场还不是最难的，难的在于高超的交易技巧，以及面对暂时巨亏仍持续保持高仓位的勇气。保尔森基金一度账面遭受巨大损失，但他们挺过来了。至于交易技巧，大方向赌对了，小门走错，使用的工具不得当，一样白搭。”业内如此评价道。

索罗斯在东南亚金融危机获利之后，依然四处高调出击。但保尔森不同，成功后，他一直很低调：“因为我不想在千千万万美国人因为楼市下跌而痛苦的时候，庆祝自己的成功。”

这样的成功让保尔森一下子名声大振，投资者们都在打听这个闯进华尔街的小子是谁？但是在2008年，在华尔街一提保尔森在说什么，人们马上会联想到他，而不是当时的美国财政部长亨利·保尔森。亨利·保尔森当时也只能很委屈的自嘲为“另一个保尔森”。

还有其他证据能表示出约翰·保尔森确有独到之处。

2007年，有好几位对冲基金经理和保尔森一样押对了次级债崩盘而大获赢利，如Passport的约翰·布班克(John Burbank)、Harbinger的菲利普·法尔肯(Philip Falcone)，但是2008年他们兵败如山倒。二是，2008年是“系统性风险”空前的一年，股市和债市猛跌，对冲基金十几类投资策略中，除了“全球宏观”(global macro)和“纯卖空”(dedicated short)，全都是负回报，尤其是“并购套利”(merger arbitrage)和“可转债套利”等策略基金，都创下了损失纪录。然而，保尔森的套利基金却安然无恙。

对市场下跌准备充分，市场上涨时便不必费心；“风险套利不是追求赚钱，而是追求不亏钱。”

保尔森和李普曼们只是极少数的一部分人，他们之所以能获得如此大的成功，还基于以下的事实：成熟的投资商们都不愿意买入CDS。因为：CDS合约是“负利差”。负利差交易中，投资商承诺为某一项投资支付一定的费用，以期将来获得巨大的收益。以CDS为例，购买者必须前期付款，交付保险年金。这对于投资来说，是一个扔钱的行当。如果负利差交易不能很快获得收益，开销就成了无底洞。如果投资商在一笔负利率交易中每年支付1%的费用，那么5年就会损失掉5%，这是非常不划算的。

大部分的交易员都喜欢“正利差”交易，以银行为例，它以低利率借入，然后以高利率贷出。虽然借款人也有破产的危险，但是从账面上来看，这样的交易是很划算的。出售按揭贷款CDS，是“正利差”交易。AIG、大型银行还有不计其数的机构等都期盼着像保尔森这样的房市看空人士去购买 CDS，交付年金在他们手中。“正利差交易是资本主义的母乳，已经深入到每一个投资商的头脑中，根本就挥之不去”。正因为如此，几乎整个世界都在为他们提供方便，像保尔森与李普曼这样独孤者如此方便地获得了成功——他们只需要克服自己的恐惧心理就行了。

次贷危机后，保尔森甚至还向一个名为“可靠贷款中心”的研究机构捐款1 500万美元，用于为那些没有能力支付房贷的家庭提供法律援助。该中心正在向议会游说允许符合条件的家庭申请破产。“我们没有制造次级贷款，也没有放高利贷，但我们知道大量家庭在这次危机中成了受害者。”他表示。

保尔森认为，法院判定一部分家庭破产并重组他们的债务，是帮助他们渡过难关的好方法，“这样一来，房主不会无家可归，政府也不需要负担很多钱”。但即便如此，不少社会组织还是纷纷指责保尔森从这场危机当中赚钱“很龌龊”。“从失去家园的人那里获利不是一个赚钱的好办法。”美国邻里协助公司的负责人布鲁斯·马克斯说。

纵观人类历史，不管在那个领域，总是会有一些疯狂的人出现，创造历史的不是这一个疯狂的人，而是一个群体。群体的规模越大，联系越紧密，人们就越相信自己达到了某种程度的完美，也就越能创造历史。人们总是从一个流行的神话走向另外一个神话。

历史总是惊人地相似，普通的人总是被相信，他们已经看到了新时代的曙光，在新时代里，他们都变得无比富有，社会将变得无比繁荣。这种新时代的想法以各种方式流行起来，但通常都是由某些新发现触发，所有这些事件都导致了投机行为的产生。

格雷格·李普曼的成功，得到了华尔街的广泛认同。

“要不是我，德意志银行就跟瑞银集团一样啰。”2009 年初，李普曼这样对一个潜在客户说，一位销售员在旁边瞧着，脸上洋溢着自豪的微笑。“2007 年我为公司赚了 10 亿，2008 年又为公司赚了 10 亿。”

但华尔街对更大范围的经济体产生的影响也日渐明晰，像李普曼这样在崩溃的当口制造的金融衍生品的投资商造成的负面反应随处可见。他们帮助引入的衍生品，让更多的银行与投资商都拥有了这种鬼眼金融产品。李普曼的客户卖空这些产品,共赚得了 250 亿美元。每当李普曼说服一家对冲基金卖空这些危险的抵押债券,交易的另一方就有一位投资商或银行,而他们通常以亏损告终。

德意志银行一方面把这些次贷低压产品卖给投资商,而另一方面又放纵李普曼和他的团队做空,具有欺诈性质。为此,2008 年末,纽约司法部还展开了一次调查。

投资商开始用尖锐的语句指责李普曼在德意志银行制造风险抵押债券之时,卖空获利。媒体也公开发布了这些指责,一家网站甚至还登出了李普曼的照片,称其为经济崩溃的"制造金融工程师"的"一号混蛋"。当然二号混蛋就是保尔森了。

2009 年初,金融危机越演越烈,李普曼开始为人低调,拒绝接受记者采访。他担心媒体会把他推出来当替罪羊。他不敢公开为自己辩护,私下里对朋友大倒苦水:"我只不过是创建了一种产品,告诉对冲基金的经理们,如何使用它在即将到来的危机中做空。"

李普曼虽然是这样一个传奇英雄,可是德意志给他的年终分红却只有 5 000 万美元,而且主要是以股份支付的。弄得来李普曼想跳槽都不敢,不然就得与这些股份拜拜。

投资者与竞争者对保尔森嗤之以鼻。但由于这笔交易的成功,保尔森发现自己拥有了新的力量。两年赚取了 60 亿美元的利润,保尔森创造了金融市场个人收益的最高纪录,而且同时他也为公司与他的客户赚得了 200 亿美元的利润。

现在,约翰·保尔森这个名字已经被华尔街奉若神明,"赚钱之神"、"对冲基金第一人"等头衔已被挂到他头上。但他依然保持着一贯的低调沉稳——一大早到曼哈顿的办公室上班,然后在傍晚 6 时左右下班,赶回家中吃晚饭。

几天前,华尔街对约翰·保尔森与格林斯潘的一场舌战议论纷纷。

格林斯潘开玩笑说,里根和克林顿都属最聪明的总统之列。保尔森便反问,"你还没说布什总统的智商呢!"格林斯潘稍作迟疑,随即说:"布什总统上任时,把我放在一边,并且保证永远不对美联储提出批评,没有比这再好的开局了。"

众所周知，保尔森因做空按揭贷款证券赚了37亿美元，而格林斯潘曾被指责为美国次贷危机的罪魁祸首，于是这场对话被视为大空头与大师的对话。不少人在怨恨保尔森，因为在几乎99%的人都遭遇损失的时候，他却赚取了天文数字——相比之下，2007年美国人的平均时薪是17.86美元。简单来说，平均80 756个美国人的收入才能抵得上一个保尔森——不让别人嫉妒和愤恨确实很难。

约翰·保尔森在与高盛设计的Abacus丑闻中，纽约对冲基金的缔造者——保尔森对冲基金公司，是高盛最大的客户之一。在2006年，保尔森预见到美国住宅房地产市场的下跌，坚定、漂亮地干了一票。2008年金融危机爆发前一个月，保尔森对冲基金通过大笔卖空银行股大赚了一笔。现在华尔街已经完全以保尔森马首是瞻。“约翰·保尔森正在说什么？对赌什么？”成为这条街上人们最想知道的内容。

2008年保尔森持续着他的“点金术”。他的制胜法宝是正确判断欧美银行业的“病情”。

在贝尔斯登倒下后，市场普遍认为最坏的时候已经过去了，市场出现了相当大的反弹。保尔森却意识到，绝大部分人都没有看到银行的风险控制机制在百年一遇的“黑天鹅”面前是如此不堪一击。于是他果断卖空金融股，并把行动范围扩大到欧洲。其间最成功的一笔交易，是2008年9月雷曼兄弟破产后，他通过事先购买雷曼债券违约掉期赢利超过10亿美元。

“从智力角度而言，看空次贷市场还不是最难的，难的在于高超的交易技巧，以及面对暂时巨亏仍持续保持高仓位的勇气。保尔森基金一度账面遭受巨大损失，但他们挺过来了。至于交易技巧，大方向赌对了，小门走错，使用的工具不得当，一样白搭。”业内如此评价道。

保尔森对风险控制到极致的做法。他对风险的理解和关注贯穿于投资过程的任何一个环节。

2003年，保尔森在一次采访中说，他的野心是做华尔街一直赚钱的人。这种野心的背后是他对风险控制到极致的做法。他对风险的理解和关注贯穿于投资过程的任何一个环节。

比如他喜爱的并购套利，主要赢利机会，在于正确判断并购案成功与否对被收购方和收购方的股价走势之差(deal spread)的影响。保尔森管理团队都具有实际操作并购案的经验,并且还有深谙公司法的法律顾问。他们不仅仅从资金来源与业务潜力角度评估一笔交易,还会花大量时间评估并购合同的合理性以及监管机构的可能反应,对并购案的前景有相当把握之后才会投资。

在投资组合层面,保尔森非常注重分散投资风险。根据花旗银行美国私人银行部客户投资组合设计高级副总裁张达红的分析,就并购资金来源形式而言,他们的投资分散于现金收购、股票收购和现金加股票收购三类之中。就并购案例数量而言,他们的投资组合规模一般在30—40个左右,每年累计总数大概在120—180个之间,平均个案头寸在组合总资产的3%左右,对风险低收益高的个案,也可加大筹码到10%。就并购案例发生的地区而言,他们一般至少有30%投在美国以外的国家。就涉及的并购公司的规模而言,他们注意分散于大型、中型和小型公司之间,以及分散于不同行业之间。

在评估风险时,他们同时考虑大环境下的系统风险和个案的独特风险。对系统风险他用“最坏条件”来进行压力测试(stress test)。规避这种风险的主要方法是全面对冲(fully hedged),或者就压根儿不投资于对市场依存度高的案例。对个案风险则是放在“该并购案如果失败,损失会达到什么程度”下衡量的。他们建立了一个并购案数据库,把十多年来的并购案例集中在一起。这已经成为他们的知识产权和宝贵的参考资料。

保尔森之所以敢坚定地押注卖空次贷,一方面是因为他的分析显示次贷资产的风险回报比例已经完全不合逻辑,卖空次贷风险极低;另一方面,他看到市场上的并购案例以前所未有的并购价差在发生,规模速度也是空前的,大多属于不理性的一类。

2008年,保尔森对风险的控制还有细节可以看出。他一直把自己的账户分散在不同的证券经纪公司,哪怕对自己的老东家贝尔斯登也不偏爱。贝尔斯登是专门为对冲基金服务的证券经纪公司中规模最大、服务最好的。在贝尔斯登刚开始被市场谣言困扰时,他就把那里的账户缩减了规模。

2009年夏,新闻报道说保尔森买下了世邦查得艾利斯价值一亿美元的股票,这家房地产经纪公司的股价立即飙升了15%。保尔森轻松赚得1 500万美元。8月,新闻又报道说,保尔森正在购买美国银行的股票,结果让其股价狂飙。

保尔森对他拥有好像米达斯点物成金的能力一点也没有庆贺。他知道，交易还在进行着，那意味着更多的工作要做。2009 年初，他管理的客户资金达 360 亿美元。他和公司很快因买入英国大型银行股票获利 4 亿美元，其中还包括在 25 分钟的时间内获得 7 000 万美元。保尔森看起来比以往几年更疲惫，但与此同时，他的事业却打开了新的篇章。他把自己的公司搬到了最好的地点，横跨无线电城音乐大厅，并为整个公司的粉刷选择了令人放松的米色。但是保尔森个人方面却没有多大的改变——好像他未成有过这样巨大的成功。又一次，在南开普敦，一位朋友碰到了推着购物车保尔森。购物车里装满了各种物品，这让朋友吃惊不小。保尔森一如既往地很早就到了曼和顿的办公室，穿着黑西服，扎着领结，下午 6 点下班，打车回家。雨天找不到出租车，他就会搭纽约城市巴士。

即使对风控做到了极致，约翰·保尔森还是在 2011 年遇到了麻烦，而危机似乎是一夜之间降临的。

2011 年下半年，一场名为"占领华尔街"的大规模游行席卷了美国各大城市。保尔森位于曼哈顿上东区的公寓楼成为纽约人气最旺的地点之一。他家是"向纽约著名亿万富豪之家进军"大型游行的中途经停点之一，其他地点还包括摩根大通 CEO 戴蒙和新闻集团 CEO 默多克的寓所。

"占领华尔街"的口号之一是"我们 99%的人不能再继续容忍 1%人的贪婪与腐败"，在纽约拥有多数房产，以及靠对赌次贷危机发财的保尔森是华尔街"百分之一"的典型代表，甚至是千分之一。

继而是 2011 年保尔森旗下基金的糟糕表现也触动了投资者的神经。2011 年 6 月浑水调查公司公布了对嘉汉林业（Sino-forest）的做空报告，表示这家北半球最大的私人林业公司是新的"庞氏骗局"，它夸大资产、伪造销售交易，诈骗巨额资金。它给予"强烈卖出"的评级，估值不到 1 美元。保尔森旗下的 Paulson Advantage Plus 基金持有 3 100 万股股票，占 12.5%的份额。

报告发布当天，嘉汉林业股价从 18 元加币急剧下跌 64%，公司市值在两个交易日里蒸发了 32.5 亿美元。保尔森当月的投资者备忘录上显示，从 6 月 6 日到 17 日，他们开始逐步清仓嘉汉林业，平均价格 4.53 加元。但迟缓的操作还是造成了4.68亿美元的亏损。截至2011年末,Paulson Advantage Plus亏损达到53.58%,成为全球业绩倒数第一的基金。

他觉得自己其实栽得很冤。因为他们获取信息的途径跟这个股票市场所有的其他投资者一样。他们的投资团队对嘉汉林业进行了严格审查:查看他们的公开文件,与公司领导层定期会面,甚至他们还特地跑去中国参观公司的运作,会见一位主要客户和中国政府林业部门的代表。但经历这一役,他决定对中国避而远之,他说,只有加强了对中国的研究能力之后,才会进一步在这个区域投资。

他很庆幸自己刚刚56岁,“看看索罗斯,81岁,巴菲特,81岁。”他说。相信经过对失误的反思,并坚持自己投资哲学的他,会再次创出奇迹。

2010年,在著名的高盛“欺诈”案中,保尔森也被卷入了调查。美国证交委抨击说,高盛在2007年向投资人出售一种CDO产品,正是保尔森公司帮助筛选的“垃圾”次级房贷组合。当时,保尔森心知肚明这个东西一定会跌价。对于美国投资者来说,高盛难道没有告知投资者保尔森公司在设计该CDO上扮演的角色?然而,经过冗长的调查之后,最后的结论是“在华尔街,这样做没有任何问题”。

2011年,约翰·保尔森的基金规模已经达到360亿美元,而这一年,他再次成功赌对了市场的方向。“如果你还没有房产,那就买一栋;如果有了一栋,那就再买一栋;如果已经有两栋了,那就买第三栋,并把钱借给你的亲戚,让他们也去买房子。”去年10月他这样告诉美国投资者。

在一片凋敝中,保尔森对房地产市场十分乐观。当然,他也将自己的这种乐观情绪,落实到了行动中。去年11月,保尔森成立了一只专门押注房地产市场复苏的新基金——Paulson Real Estate Recovery Fund。这只基金的规模大约在3.15亿美元,其中一部分来自保尔森的自有资金。

该基金的主要策略,是买入获得环境和建筑许可且未被开发的土地,然后等待房地产市场复苏。保尔森目前所寻求的是那些房地产开发商最为钟爱的地段。一旦房地产商大规模开工,这样的土地就会被卖个好价钱。

除了地产,不断创出历史新高的黄金,也成为保尔森手中最坚硬的利器。自2008年在空头市场大获全胜之后,保尔森立刻掉头转向做多黄金。他当时认为，雷曼兄弟倒台后，为了刺激经济和稳定市场，美国政府斥巨资拯救被金融崩溃削弱的经济领域，这些举措必然导致美元的供应量上升，而美元贬值所导致的高通胀成为不能回避的问题。

数据显示，从 1964 年以来，黄金价格和货币供应量有着高度的正相关关系，而且上升的速度比通胀更快。因此，保尔森认为黄金注定是一个可以长期规避通胀风险的好工具，于是开始大规模参与与金价挂钩的投资产品。

在约为 100 亿美元的黄金类资产配置中，他主要持有盎格鲁金矿公司(Anglo Gold Ashanti Ltd.)、加拿大金罗斯(Kinross)黄金公司以及一些精选出来的中小型金矿企业，同时还有包括 SPDR Gold Trust 黄金 ETF 基金在内的黄金交易所基金以及远期合约。

保尔森指出，金矿企业股票是作为投资黄金的杠杆化手段，而 SPDR Gold Trust 的主要目的则是避险。在保尔森看来，如果金价走高，金矿企业可以受益于现有或潜在的采矿项目，因此相对于黄金本身，黄金股表现会更好。

事实的确如此，保尔森黄金基金去年的收益率比黄金现货 29%的涨幅还要高。保尔森在成立黄金基金之初就曾说过，黄金基金追求跑赢金价。结果证明，他顺利地实现了这一目标。

此外，保尔森在去年进行了一项投资策略上的新尝试，那就是为旗下除黄金基金外的各只基金设立了“黄金版”。据《华尔街日报》报道，所谓的“黄金版”就是利用投资者的资金作为担保申请贷款，然后利用贷款买入黄金期货和 ETF 基金。也就是说，保尔森公司各只基金的投资者都分享了黄金上涨带来的回报。

这就是为什么他可以骄傲地宣布“Paulson Advantage Plus 基金去年上涨了 17.59%，其‘黄金版’的涨幅则高达 36.77%”的原因。与“股神”沃伦·巴菲特在 19 世纪 70 年代逆市收购大量破产小公司、“破产重组之王”威尔伯·罗斯 2000 年初收购重整钢铁行业一样，保尔森一直以来的成功，靠的是打破市场的常规思维。

如果只能享受成功的盛名，而不能在低谷时反思，这样的人难被称为杰出的人才。而约翰·保尔森显然不是这样。

2011 年 6 月的一个下午，56 岁的他在曼哈顿中区 5 号大街的办公室里，向

《Bloomberg Businessweek》总结般地回顾过去的一年。“去年我们确实犯了错,”约翰·保尔森说,“我们对经济发展方向过于自信,也冒了很多风险。”他的声音如在 2008 年声名鹊起时一样,十分柔和。

此前,在送给投资者的 101 页年度报告里,保尔森也用平淡而谦卑的语言解释 2011 年巨亏背后犯的 4 个错误：过于看好股市、低估欧债危机的影响、高估美国经济以及选错股票。他写道:“2011 年我们的表现是不能接受的,但我们相信 2011 年只是暂时的脱轨。”

要知道,在上一轮风声鹤唳的次贷危机中,约翰·保尔森以华尔街历史上最高的效率在赚钱,仅 2007 年就赚了 37 亿美元,而他能够脱颖而出的关键便是“做空”。2010 年他以 120 亿美元的身家列《福布斯》全球富豪榜第 45 位。

但在 2011 年他旗下最大的两只基金 Paulson Advantage 和 Advantage Plus 净值分别下跌了 36%和 52%。这让外界对他产生了严重质疑,有人甚至将这位全球资产管理行业的新领袖比作第二个“麦道夫”,认为他此前的业绩并不真实。

“我们有着伟大的交易记录在过去的 18 年,我们只有两个亏年,有一个就是去年。”他对《Bloomberg Businessweek》说:“下跌是让人沮丧的,但你不能只看着过去,也要想想将来。”

这与他一贯的透明、谦和态度是一致的,在投资人推介会上约翰·保尔森总是态度谦和,讲解非常耐心全面,没有任何花哨的缩写与术语。对他的投资者,保尔森是非常透明的,关于他的投资策略的详细描述,可以从网上轻易获取。

仅以此,业内人士都相信这位“伟大的做空者”很快会王者归来,特别是在全球经济二次探底、主权债务危机日益暴露的当下。因为,在投资方面的成功,和他高度警觉的风险成本意识是分不开的。他在投资过程的任何一个环节,都极尽风险控制之能事,擅长做空盈利的他会再次完成一次“最伟大的交易”。

2013 年 4 月 12 日上午,纽约黄金市场开盘后,跌破技术点位 1 540 美元——这个是很多交易员心目中的马其诺防线。那么,这事儿谁干的?

最初这波抛售的两小时后,市场迎来了一波更加猛烈的抛售,在 30 分钟内出现了高达 1 000 万盎司(300 吨)的抛售,市场传言这是美林的交易部门干的。

很明显,这绝不是多头失望离场的表现,这显示是蓄意的集中"卖空",通过抛售引发的恐慌大幅拉低价格,这将使得一些人爆仓或触及止损位(很可能就是1 540美元),促使更多人抛售手中头寸。

周一亚洲时段,中国令人失望的经济数据发布之后,全球风险资产遭全面抛售,黄金也未能幸免。

中国当天上午发布的数据显示,中国第一季度 GDP 年率+7.7%,预期+8.0%,前值+7.9%。

日本新任行长黑田东彦推出超预期的宽松措施后,日本国债波动率大幅上升,堪比希腊国债。为了满足激增的保证金要求,日本金融机构选择的是出售其他资产加强资本金和流动性而非出售债券。自 QE2 以来,黄金价格走势与日本国债的内涵波动率逆相关程度很高。

此时此刻,欧美分析人士纷纷通过社交媒体,吐槽伯南克和其担纲的美联储,认为这是他们在下一盘大棋。

美国财政部前部长助理 Craig Roberts 更是直言:"从 4 月开始至今,这场阴谋就在进行中。交易所告诉个人客户,对冲基金和机构投资者都在放出抛售黄金的信息,警告个人客户也要提早退市。紧接着,几天之前,高盛便宣布黄金市场将进一步遭到抛售。他们想要做的就是恐吓个人投资者远离黄金。显然有些令人绝望的事情正在上演……"

经济学家 James Rickards 认为在德克萨斯储蓄听证会前 4 天这一节点,金银突发猛跌,这非常微妙。他在推特上说:"过去,美联储就曾经操纵黄金价格,现在也完全有可能这样做。这并不是铁证,但的确非常有趣。"

5 月 20 日据报道,金子保尔森持有约 1 720 万口黄金的多单,约五千吨。大面积的亏损,看来是难以避免了。

6 月 12 日消息,亿万富翁投资者约翰·保尔森最近发送给相关投资者的信件内容指出,保尔森黄金基金近期试图挽回 2013 年以来在贵金属投资大规模损失,但业绩表明,其 5 月再度亏损了 13%。

约翰·保尔森承认,5 月的亏损使得公司黄金投资策略 2013 年以来的总损失规模达到了 54%。仅上个月该基金亏损 27%,年初至今净值下降 47%。按说像保尔森这样的专业团队,是不会做单边的,一般会采用对冲做保险。譬如，黄金对美元的裂缝交易等。

纽约黄金在7月份最低点达到1270点左右，然后反弹到1420点，可以说市场还是给了保尔森机会。

如今，和许多超级富豪一样，约翰·保尔森开始想在政治领域布局自己的影响力。在2000年到2010年的十年间，他一共才为竞选贡献了14万美元。2011年，他就捐赠了100万美元支持亲共和党总统候选人罗姆尼的超级政治行动委员会(PAC)项目“重建未来”。

2011年，保尔森高薪聘请格林斯潘担任经济顾问，为公司预测经济走势并评估公司的资产状况。一时间，议论纷纷。很多人质疑保尔森雇佣格林斯潘的居心，而保尔森则辩解道：“在分析国际金融市场方面，几乎没有任何人拥有与格林斯潘一样深刻的理解及丰富的经验。”

马上就有好事者讽刺道：“如果没有格林斯潘任职期间宽松的货币政策，就不会造成如此大规模的次贷危机，当然也就不会成就发次贷危机之财的保尔森。仅出于感谢格老的意愿，保尔森也应该与格林斯潘签署这份合同。”

1974年，格林斯潘被任命为经济顾问委员会主席，当格林斯潘手按犹太圣经宣誓的时候，有记者采访格林斯潘的精神导师安·兰德(犹太女作家，《阿拉特斯耸耸肩》的作者)。

“格林斯潘是不是投向了敌营?”一个记者问兰德。

“格林斯潘是我的门徒，”兰德说：“他是我安插在华盛顿的人。”

那么，这个她安插在华盛顿的门徒会不会确保华盛顿与她的自由市场的信仰保持一致？一些人这样问道。这位有史以来最理性的女人不情愿地承认，这项任务需要一定的时间。

现在看来格林斯潘是一个高级黑，他的“金融治国”的确是完美地完成了这一任务，“格林斯潘泡沫”把新帝国循环带入了无底深渊。

最后让我们以1929年美国经济学家本杰明·安德森的话来纪念“格林斯潘泡沫”(也有说“格林斯潘卖权”)吧：“世界上的麻醉物，最危险的当属低息贷款和超额信用。”

第八章

衍生品市场的冲击

第一节　格林斯潘卖权与金融危机

1926年，欧文·费雪发表了著名的《失业率和价格变化之间的统计学关系》，这篇文章论述了后来被称为“菲利普斯曲线”的现象。菲利普斯曲线是一个函数，试图证明适度的通货膨胀并非坏事儿，事实上，它似乎可以刺激就业。那时，美联储的官员们已经领悟了20世纪中央银行的主要原则：即通过降息来让经济升温，而通过提高利率来使经济降温。大家普遍认为，只要通货膨胀率没有失去控制，更低的利率可以刺激经济，带来一个健康繁荣的经济周期。

美联储只不过是一个会员银行的联合体，通过控制货币和信贷来赚钱。他们对保护美元的价值没有多大兴趣，但是美元迅速贬值，他们也不会从中受益。一般情况下，他们更愿意让美元慢慢地，温和地走向崩溃。比如，3%的通货膨胀率就能在短短的14年内导致美元的价值亏损一半。而大家普遍认为3%的通货膨胀率不仅可以接受，而且值得鼓励。因为适度的通货膨胀有利于经济发展，这时菲利普斯曲线告诉人们的经验。这只能说是有人愿意这样相信，或者说是选择了相信。因为早在1994年美国著名经济学家，诺贝尔奖获得者弗兰克·莫迪连尼宣布了他对于经济发展和通货膨胀之间关系的研究结果，特别是针对通货膨胀程度是否会积极或者消极影响经济发展的进程，莫迪连尼把这种关系总结为“互不相关”。

1979年8月,保罗·沃尔克就任美联储主席,上任伊始,他就大幅提高利率,直到将通货膨胀控制住。随着一系列措施,利率被推高到20%——这是前任不敢做的。沃尔克很清楚地知道这一举措的代价,那就是要牺牲经济和民生。银行贷款几近干枯,消费减缓,上百万人失业。但是,沃尔克认为,只有将通货膨胀彻底控制住,美元,甚至美国的经济,才有可能完全康复。

不出所料,这一选择并不受欢迎。尽管债券市场和银行界大声疾呼需要一个能够彻底赶尽杀绝通胀恶魔的美联储主席出现,可将利率升至出乎想象的水平仍带来了巨大的痛苦。全国上下,汽车组装厂。石油加工厂、建筑和房地产公司、街头小商铺纷纷关闭。沃尔克的铁腕货币政策导致经济衰退,对大多数人来说,在很多方面比大萧条以来任何时候都更加难以承受,1982年,失业率升至10%,1 200万美国人没有工作,其中大多数人还不能领取失业救济金。同年,66 000家公司申请破产保护。据一家无党派政策研究机构——“城市研究所”的数据,1981—1983年,经济产量减少了5 700亿美元。人们抱怨沃尔克:“他究竟要让这种苦难持续多久?”

在1978年之前,美元处于困境时,如果得不到外国货币当局的帮助,至少总能得到它们的同情和关注。只是到了1979年,当卡特政府顽固地坚持抑制通胀政策达十个月之久,于是招致了外国对美国予以令人伤心的蔑视。

1981年,里根总统喊着“不要指望政府解决一切问题,政府才是问题”的口号进入白宫,并且立即采取行动来实施他的新自由主义议程。沃尔克的提高利率,并削减了货币供应量的货币政策得以继续实施。

在一片慌乱之中,通胀已被下降了三分之二,由原来的13%降到4%。1982年7月,在沃尔克的指挥下,美联储降低了短期利率。随后的几个月里,债券市场回升,长期利率下降,道琼斯平均工业指数也止跌反弹。又通过了《经济复兴税法》减税,由于减税和军费增加,里根政府制造了巨额的财政支出,国家债务从1.5万亿美元,增加到了四万亿美元。

美元是最大的赢家。1980年中期—1981年8月,美元对衡量交易的一篮子货币急剧上升了35%,而且还在继续攀高。但是,并非所有人都感激沃尔克。令人惊讶的是,他的名字在华尔街常常招来年轻一代交易商们的白眼。而格林斯潘因善于应对利率问题被称为大师。如今,他有关全球金融的演说,所收支票的金额达到了六位数。

20 世纪 80 年代中期,美国的主要盟国开始有了新的担忧——美元变得太强了。几年前,这种担忧是令人难以置信的,那时更多的担忧是美元是否将丧失其在全球金融体系中处于核心的特权地位。美元的突然强大正在给欧洲带来通胀压力,因为欧洲货币对美元变得那么弱,以至于从李维斯牛仔裤到耐克运动鞋,再到原油,几乎所有东西越来越贵。为了控制通货膨胀,欧洲各国央行被迫让本国利率处于相对较高的水平,这反过来使其经济进入了放缓期。

西德对通胀的担忧,法国财政部长雅克·德洛尔把美元上涨当做是另一场"石油风暴"。在英国,撒切尔夫人也对里根抱怨美元的上涨似乎无休无止。美国国内的出口商,尤其是汽车生产商和其他制造商,都在抱怨强势美元让他们的产品在国外竞争力降低。经济学家提出警告,美国经常账户逆差已扩大到国内总产值的 3.5%,如果不降低,将引起经济负担过重。考虑到这些,华盛顿同意讨论集体干预,来遏制美元的上涨。

1987 年 8 月中旬,道·琼斯工业平均指数达到了 2745 点,与去年同比上涨了 43%。尽管入秋以后市场情绪仍然乐观,但也有一些不为人察觉的消极因素。譬如,由于日本电信电话株式会社即将发行 350 亿美元的股票,日本投资者开始把资金撤回国内。通胀的担忧以及美元相对日元贬值,导致美国国债的利息不断上升日本的投资者在长期国债上面的投资损失惨重,现在也开始抛售撤回。这些都进一步打压了债券的市场价格,使得股市越发显得来估值过高。

从 10 月的第二周开始,美国国债利息超过了 10%,一系列令人不安的消息接踵而至。美国财长詹姆斯·贝克威胁说,除非德国央行下调利率,否则美国将任由美元大幅贬值。

10 月 13 日周二,市场盛传国会计划终止对杠杆收购有力的减税优惠。第二天,政府公布的贸易逆差超出了预期。周五,一艘悬挂美国国旗的邮轮在波斯湾被伊朗的导弹击中,受此消息影响股市暴跌 108 点,创下了前所未有的最大单日跌幅。同一天,伦敦证券交易所因反常的飓风袭击英格兰南部而继续休市。

10月19日周一，世界上其他地区的股市都出现了大跌，香港、马来西亚、新加坡，还有几个欧洲国家的股市，趁着美国还在睡梦之中纷纷大跌。当纽约股市在九点三十分开盘以后，很多大盘股根本就没有买盘。在标普500指数所代表的500个企业中，只有25家在交易。如果说不能抛出股票，还可以卖出股指期货对冲。可是大家一起抛售使得股指期货价格跌得比股票现货的价格还低。这样就形成一个恶性循环——期货市场的恐慌，带动股市的进一步下跌，而股市的下跌又反身加剧了期货的抛售。接近中午时，媒体又兴风作良，报道称证券交易委员会正在考虑暂停交易，于是投资者更急于在收市前抛出股票。

这一次的股市非理性狂跌，还要归咎于程序化的崩溃。这些抛售的起因是"投资组合保险"，一种非常流行而且号称万无一失的投资策略。这个组合要求股票上涨时买进，下跌时卖出。当时，投资组合承保人管理的基金迅速增长，估计达到900亿美元。在"黑色星期一"下午一点以后的一个小时以内，这些投资组合承保人在芝加哥商品交易所抛出的股指期货占到总成交量的一半以上。依照合约，它们必须在期货市场上兑现买盘，因此尽管股指期货价格已经跌到很低了，他们仍在抛售。一些深谙个中缘由的交易员，也跟着卖空。当天收盘时，投资组合承保人在期货市场上共卖出价值40亿美元的期货，占当天总成交易量的40%。

市场收盘以后，道琼斯工业平均指数重挫22.6%，标普500暴跌20.5%，标普期货合约下跌了近29%。纽约证券交易所的成交量超过了6亿股，成交金额达210亿美元，几乎是上个周末的两倍。期货市场的成交量也有所放大，作为市场上受人尊敬的会员经纪商——赫顿事务所和罗斯柴尔德事务所倒闭，同时关门的还有近60家规模较小的经纪公司。对很多人来说，市场的崩溃几乎预示着系统性的金融危机，悲观论者大有人在。而此时就是格林斯潘接掌美联储的11周，股票市场大幅下跌了508点，造成的账面损失高达5 000亿美元。所有的担子都压在了格林斯潘身上。周二，格林斯潘在记者招待会上如是说："美联储已经准备就绪，将一肩担起中央银行的职责，始终如一地做好保障流动性的工作，以支持这个国家的经济和财政体系。"这位美联储主席几乎在说："我们将确保每一个人都有足够的纸币和足够的电子信用。"后来的事情发展也正是按照这个计划在实现。

10月20日周二，尽管股市开盘出现急跌，芝加哥商品交易所的期货市场暂时停盘，但是随后股市大幅反弹。这主要归功于美联储的救市措施，为了避免整个银行业出现危机，格林斯潘为市场注入了大量流动性。在当局的敦促下，几家大公司纷纷宣布回购自己的股票。阴谋论者后来暗示，这场反弹是当局精心安排的，他们事先关闭了芝加哥交易所的期货市场，以便于操纵股价。不管怎么样，这场恐慌就这样被化解了。

格林斯潘，这位从前的金本位捍卫者，现在却成了纸币的捍卫者。与1919年末的约翰·劳一样，格林斯潘大师只是简单地让纸币的价格不断上涨，变得比实际货币更值钱。

格林斯潘对待纸币的方式，让人感觉纸币是人类最伟大的发明之一。但是只有法定货币——政府发行的、没有任何贵金属作为后盾的花纸片——才是人类最伟大的发明。纸币，政府说它是什么，它就是什么。不管是自欺欺人，还是欺骗和他人。纸币非常实用，但是它也会在一夜之间变得一文不值。

格林斯潘对此一清二楚，他还曾就此开过玩笑：如果纸币贬值了，我们就必须回到过去，用贝壳或活牛之类的东西进行交换。他接着说：这当然不大可能，如果真是这样，那么纽约联邦储备银行的门口就都是活牛跑来跑去……

2002年12月，格林斯潘在纽约竞技俱乐部发表演讲："虽然金本位制度无法用言语准确的表述，但是他的却使价格在一段时间内得到平稳。1929年的价格水平，从净值上讲与1800年没有多大差别。但是，自1933年抛弃金本位之后的20年内，美国的消费物价指数差不多翻了一番。接下来的40年内，物价上涨了4倍。货币政策未能放开对国内黄金可兑换性的约束，而是允许货币长期连续过度发行。最近0年来，中央银行管理者已经目睹了半个多世纪的慢性通货膨胀，他们几乎已经确认，法定货币天生就容易超额。"

历史上没有哪位中央银行行长可以对此提出反例，世界上任何一种货币都表现出或者曾经表现出"容易超额"的特点，而"容易超额"之后就是容易毁灭。

在格林斯潘的任期以内，美国的货币基数涨了3倍，但与此同时GDP却只上涨了50%。比所有的美联储主席在任时发行的纸币数量还多的纸币进入了市场流通——地球上每一盎司黄金对应大约6 250美元。

凯恩斯与弗里德曼之前的经济学界对经济世界中的牛顿定律深信不疑。他们认为，一个繁荣期将对应这一个力量相等、方向相反的反作用力时期。在上升期人们得意忘形——换句话说就是贷款越多、胡乱花钱越多，到了下降期，它们就越容易受累。大萧条可以被看着是20世纪20年代经济繁荣的反作用力，而当时政府干预了市场的修正机制，因而情况变得更糟糕。

清算的力量，与之前施加于欺骗行为之上的力量，大小相等，方向相反。还有一条推论："萧条的规模与政府此前阻止它的努力相匹配。"

"1929—1933年美国经济的崩溃，绝不是经济繁荣的必然后果"，弗里德曼和施瓦茨在《美国货币史》中阐述道："而是那几年货币政策的后果。要知道，当时也有替代的货币政策，而这些替代政策能够终止货币崩溃。尽管美联储声称它采取的是宽松的货币政策。但实际上，它的货币政策还是非常紧缩的。"

"财政当局应当可以阻止货币储备减少这一问题。"

"事实上，在货币储备这一问题上，它们想增加多少，就可以增加多少。"弗里德曼和施瓦茨给政策制定者和投资者提供了一个新的希望，那就是不惜要经过磨难就可以复苏，不需要过封斋期就可以迎来复活节，有经济繁荣期却可以没有经济低迷期。

诺贝尔经济学奖获得者米尔顿·弗里德曼在2002年末说："毫无疑问，在我看来，格林斯潘比历史上任何一位美联储主席的记录都要好。"正是这位弗里德曼为格林斯潘卖权——低利率以及美联储监管的松懈，打下了理论基础。

格林斯潘听从了弗里德曼的意见，加大了刺激货币的油门。调低联邦基金利率，各家银行间的隔夜拆借利率，能让银行间以更低的利率贷款。但是在通货紧缩，经济低迷的情况下，失业率增加，股票和其他投资的回报不断缩水，销售额和销售利润不断下滑——并不是银行业危机导致了经济亏损，而是经济亏损导致了银行业的危机。那么，弗里德曼还是正确的吗？而此时，还有很大的债务要还。那么货币刺激政策会由于偏好使得货币滞留于华尔街——支持更大的赌博。

1994年3月，长期资本管理公司（Long-Term Capital Management，简称LTCM）成立，掌门是被誉为"点石成金"的华尔街债务套利之父梅里韦瑟（John

Meriwether)，合伙人包括以跨时代的期权定价模型而荣膺1997年诺贝尔经济学奖的默顿(Robert Merton)和斯科尔斯(Myron Schols)两位大师，及前美联储副主席莫林斯(David Mullins)。这样一支号称“每平方英寸智商密度高于地球上任何其他地方”的梦之队，在成立之初就毫不费力地说服80名创始投资者每人至少拿出1 000万美元——这些创始投资者包括不久前在次贷危机中下台的贝尔斯登前董事长兼首席执行官James Cayne。美林购买了一大笔股份，用来出售给自己的理财业务客户，瑞士联合银行(瑞银集团的前身之一)也亦步亦趋。公司最初的股权资本为13亿美元。

长期资本管理公司主要从事所谓“趋同交易”(convergence trade)，即寻找相对于其他证券价格错配的证券，做多低价的，沽空高价。交易大体有4类：美国、欧洲、日本主权债券的趋同；欧洲各国主权债的趋同；美国政府债券新债和旧债间的趋同，以及做多新兴市场主权债，对冲回流美元。

长期资本管理公司果然不负众望，开业之初即取得骄人业绩：到1997年年底，实现了约40%的年回报率，将投资人的资金翻了3倍，资本也达到了70亿美元。这些记录以及合伙人的声望都使得投资人对长期资本管理公司情有独钟，成为华尔街的宠儿。然而此时，梅里韦瑟认为当时的投资机会并没有足够的吸引力，于是返还了股东27亿美元的投资，将长期资本管理公司的资本缩减到48亿美元，同时将资金杠杆从原来的16∶1提高至约25∶1。事实上，长期资本管理公司的管理者们正在进行一场赌博，他们希望用更大风险换取更高回报。至1998年初，LTCM控制下的投资组合价值已超过1 000亿美元，净资产价值约40亿美元，已对投资银行的指数波动产生了举足轻重的影响。梅里韦瑟的辉煌业绩，是所有机构难以望其项背的，更是他引以为荣、赖以生存的靠山。梅里韦瑟是华尔街一个不缺少传奇的巨人，他在所罗门兄弟的套利业务和债券交易部创造了令人赞叹的业绩——尽管如此，但是他过于信赖自己的判断，以至于抓住亏损投资不肯松手，一味地等待扭亏为盈的做法，很不理智。

事实是，长期资本管理公司的好运并没有能维持多久。

1998年上半年，全球大部分市场都不景气，进入夏季，境况进一步恶化，长期资本管理公司在当年的7月遭受了重大损失。

1998 年 8 月 17 日，灾难来临：俄罗斯政府宣布卢布贬值，并宣布冻结 281 亿卢布（135 亿美元）的国债。此一事件导致了诸多新兴市场的资信严重恶化。紧接着，西方政府及新兴市场的债券价差大幅拉大。这些变化对长期资本管理公司极为不利，因为它在价差缩小上投注了大量资金。祸不单行，长期资本管理公司在其他市场投资中也接连失手，蒙受重大损失。到 8 月底，长期资本管理公司的资本降到了 23 亿美元，失去了年初时超过半数的股权资本。当时，长期资本管理公司的资产基数约为 1 070 亿美元，杠杆比率已攀升至超过 45 比 1，这是一个以任何标准来衡量都非常高的比例，更何况是在如此动荡的环境中。

随着损失的不断增加，长期资本管理公司已越来越难满足保证金要求，需要更多抵押品来确保它能够偿还所有债务，但缺少高价值的资产用于抵押。不仅如此，长期资本管理公司还陷入了难于清算资产的困难境地。它的大部分资产在市场正常时期尚且缺乏流通性，变现困难，遑论在一个衰退的市场中“跳楼大甩卖”。

1998 年 9 月 1 日，梅里韦瑟给投资人写信宣布长期资本管理公司的巨大损失，且不允许现有的投资人在 12 月前赎回超过 12%的投资额。但这一做法却引起了长期资本管理公司的境况更进一步的恶化。管理者们在其后的三周内苦苦寻求帮助。到 1998 年 9 月 22 日，长期资本管理公司的资产仅剩 6 亿美元，但是它的投资并未大幅减少，资金杠杆进一步提高，也就更进一步的迫近了死期。银行开始怀疑其是否有能力满足保证金要求，但因担心造成相关人，如交易对手的巨大损失，引发“多米诺效应”，并没有开始清算。

1998 年 9 月 23 日，高盛，美国国际集团（AIG）和巴菲特提出以 2.5 亿美元购买长期资本管理公司的股权，并注资 40 亿美元，将其纳入高盛麾下，但主要遭到贝尔斯登的吉米·凯恩的拒绝，虽然凯恩招致了各方面的谴责，包括美联储官员要求重新考虑决定的暗示，但是贝尔斯登坚持己见。当天下午，为防止系统性崩溃，美联储组织了一个打包拯救计划，联合了主要投资及商业银行，包括长期资本管理公司的主要债权人，注资 3.5 亿美元，换取长期资本管理公司的管理权和 90%的股权。

1998 年第四季度，长期资本管理公司的灭亡之路又一次延伸，不少银行对投资失误进行大幅销账，瑞银冲销 7 亿美元，相当于投资总额的 3/4，德累斯登银行冲销 1.45 亿美元，瑞士信贷 5 500 万美元。瑞银主席 Mathis Cabiallavetta 和另外 3 位高管为此辞去了职务，而瑞银最终也为瑞士银行公司（Swiss Banking Corp）所收购，成为今天的瑞银集团。美林证券的全球风险和信用管理主管也同样离开了公司。至此，长期资本管理公司算是寿终正寝了。

21 世纪初美国在美联储宽松货币政策的帮助下，从股票市场的崩溃中恢复过来，是格林斯潘基本观念的有力证据。他认为美联储无须专门采取应对某些经济领域中出现的泡沫，因为无论怎样都难以对其进行衡量。相反，美联储应该尽量保证经济不受泡沫物化以及破裂后产生的负面影响。

由于 2001 年“9.11”灾难事件之后，政府安全、防御和军事方面的支出大大增加，加上 2003 年伊拉克入侵事件以及布什出任总统后 2001 年的减税方案等多种原因促成了此次复苏。由于未来的不确定性，美联储选择了容忍如此巨大的财政预算扩张而保持宽松的货币政策不变。所以从 2002 年到 2005 年这四年间，真实的基准利率基本上处于负利率水平。这种政策助长了资产泡沫的形成，这一次是房地产市场。

美联储在官方声明中使用“通融政策将会在相当长的时间持续”，这被看着是未来能够持续获得廉价的短期借款的保证。2004 年夏天，联邦公开市场委员会通过“货币通融政策将会以可以衡量的节奏”逐步被取消的声明。这几乎是转向紧缩的信号。但是直到格林斯潘人气快要结束时，它才最终被真正终结，基准利率才会到了正数区间。在柏南克的领导下，基准利率进一步上升，到 2006 年夏天达到了 5.25 的顶峰。到那时，利率早已进入正利率区间，而且美联储认为这是中立的水平。

雷曼兄弟虽然在长期资本管理公司危机中差一点破产，但它却躲过了“9.11”恐怖袭击事件，其办公楼就在世贸中心的对面，靠近美林。而现在它在市中心有个豪华的办公楼，上面公司的绿色标志赫然醒目。雷曼的成功吸引了众人的目光，外国银行希望持有它的股份，有的公司想要购买它所有股份。当然，如果它可以承担每股 150 元的高价的话。

“我们每天都在进行战争，这是一场短兵相接的战役——我们必须要赢！”雷曼的 CEO 迪克·福尔德大声地喊道。

进入到新世纪以后，雷曼兄弟已经不是那个差点垮台的小小的交易机构了，它获得了巨额利润，股价也在上涨。它拥有一个具有竞争力的投资银行，一家主要处理与大型投资者交易的客户机构以及一家私募基金，同时还持有其他对冲基金的股份。雷曼兄弟盈利的主要驱动力来自房地产，虽然福尔德不是房地产债务方面的专家，但是担任商业地产部门的主管马克·沃尔什却在这方面很擅长。

自 2001 年以来，华尔街大公司的股票上涨了 64%，股票交易占到公司收益的三分之二，各家公司的交易柜台四面出击。几乎所有的大公司已经或正在设立房地产对冲基金，或雇佣大批交易员利用公司的资本在各种市场上创造杠杆效应。摩根士丹利的 VAR 在 2006 年急剧上升，现在它的收益增长率已经接近高盛，但是没有人在意风险。1998 年到 2006 年期间，贝尔斯登创造的风险资产和抵押债务增加了 300%多，它的杠杆率达到 40∶1，其股价从 140 美元一度冲高到 170 美元。

雷曼的迪克·福尔德非常有钱，资产达到 5 亿美元，与高盛的亨利·保尔森和摩根士丹利的约翰·麦克的个人资产不相上下。但是贝尔斯登的吉米·凯恩比他们更富有，他的资产超过了 10 亿美元。

美林的 CEO 斯坦·奥尼尔把他大部分——约为 2 亿美元的奖金全部投资于贝尔斯登的股票，而在牛市时将它们卖掉，是福布斯杂志 2006 年评出的世界上最富有的 400 人之一。但是吉米·戴蒙作为摩根大通的 CEO 是最恼火的。因为当初摩根大通差一点就并购了“华尔街的宠儿”贝尔斯登，可是在戴蒙与凯恩讨论合并问题时，凯恩咄咄逼人，把价格抬得很高，使得摩根大通不得不放弃并购计划。

对于凯恩来说，怠慢戴蒙和美联储、财政部以及华尔街所有在长期资本管理公司危机中受到救助的高管一样，让他感觉很满足，因为这表明他成功了。

房利美创建于 1938 年，作为一个联邦机构，它是国会应对大萧条的措施之一，其任务就是从放款者手中购买抵押贷款，因而可以是放款者发放更多的房贷。在它建立后的 30 年里，房利美主要购买由联邦住房管理局担保抵押贷款。

1986 年，作为限制预算内消费的措施之一，国会建立了吉利美，它取代房利美购买联邦住房管理局担保抵押贷款的角色。同时，国会将房利美从联邦机构转变为由私人股东拥有的公司。但是这个股份制公司依旧保留了收购低收入人和中等收入家庭贷款,为抵押贷款市场提供稳定性和流动性,推动全国抵押贷款的提供等专门的公益事业使命。

1970 年,国会赋予了房地美与房利美相似的社会使命。国会创建房地美的目的一方面是为了促进其与房利美的竞争,另一方面是为了建立一个相比房利美而言与存款和贷款联合会关系密切的联邦机构。因为,房利美被指迎合抵押银行业者的需求。1989 年,房地美也被私有化为一个股份公司,但它还保留了支持美国抵押贷款市场的社会使命。这样就使得房利美、房地美陷入了,推进低收入者购房的社会责任与私人股东获取丰厚回报预期之间的矛盾。

房利美和房地美通过向投资者出售债券和担保 MBS 筹集资金。多年以来,它们主要将这些出售所的应用于购买美国市场上的抵押贷款,且购买份额越来越大。这两家机构控制抵押贷款市场份额从 1990 年的 25%增加到 2003 年的峰值 47%。

为了方便购买发放给低收入者和中等收入者的抵押贷款,国会免除了对房利美和房地美所发行债务凭证的利息支付征收的州和地方税。另外,美国财政部给这两个机构拨了 22.5 亿美元的贷款额度。房利美和房地美还想有其他的一些特权。随着房利美和房地美投入越来越多的资源推动中低收入者购买住房,美国的住房拥有者从 1995 年的 65%上升至 2005 年的 69%,这一增量也使得市场最终不堪重负。这额外的 4%超过了边际借款人的财政支付能力,导致产生大量次级贷款和之后的贷款违约。相比之下,2005 年,德国的住房拥有水平是 44%,法国为 58%,日本为 62%。

作为对政府特权的交换,住房和城市发展部(HUD)被授权为房利美、房地美(GSE)制定竞技性住房目标,也就是住房和城市发展部有权决定服务于中低收入家庭的业务所占的比率。这一比率连续上升,从 1996 年的 42%上升到 2008 年的 56%。

1995 年,住房和城市发展部允许房利美、房地美为了达到中低收入家庭的住房目标购买次级贷款。2000 年,住房和城市发展部称:“次级贷款市场将使中低收入家庭、少数民族,以及居住在贫困地区的家庭受益不少。”

结果,房利美和房地美成了次级贷款支持的 MBS 最大的买家。2003 年,这两机构购买了 MBS 为 810 亿美元;2004 年,达到 1 750 亿美元;2005 年为 1 690亿美元;2006 年为 900 亿美元。房地美的一位发言人说:“市场知道我们需要这些贷款”,“使我们不得不进入次贷市场,这样我们才能为住房和城市发展部期望我们服务的目标人群提供服务。”

克林顿认为,把房屋拥有率从目前的 60%提高到 70%,它所能创造的财富是不可小觑的。低收入家庭常常因为房市的价格过高而无力购买,因此房屋拥有率是贫富差距是否扩大的一个关键性指标。他表示,要是能在少数人种及低收入的邻近地区扩大房屋所有率,这将是引人瞩目且具有实际效果的。但要实现这个目标,他需要两房和私人抵押贷款的共同投入到这场扩大抵押贷款给公众提供贷款的战役中来。而在过去,这常常被忽略,银行通常给出的理由是,信用不佳和低收入者无力偿还贷款,所以银行不愿给穷人贷款。

穷人得不到银行贷款,无论这个问题的根源是什么,要按照这个计划采取进一步的行动,就是要确保两房以更大的力度帮助穷人。

复杂的是,两房并不是正规的联邦机构。20 世纪 70 年代早期,这两家公司都成了上市公司。20 世纪 90 年代,公司的股东还包括金融领域中最大的机构投资者中的几家。由于这两家公司上市以后有公众股东,它们的任务不只是通过提高自置房产率来实现公共富裕,还有一个任务就是赚钱。

这两个任务之间的矛盾冲突,已经困扰两房许多年了。哪些人有资格得到廉价房呢?

住房借贷支持穷人不断批评两房,认为他们为穷人做得不够,却把钱借给了风险性更高的借贷者。

两房的回答是:由于它们是上市公司,所以在进行贷款时必须考虑借贷者是否有能力偿还贷款。

1997 年住房和城市发展部要求两房提供的抵押贷款保证金从 42%提高到 50%,并迫使这些企业负责被政府列为“超低收入”人群的抵押贷款,它第一次使两房开始面向住房市场的“次级借贷者”贷款。

长期以来,房地产市场先后由私有企业和华尔街主导。现在两房在房地产市场上不断扩张。银行不断抱怨,说两房有政府撑腰会导致不公平竞争。例如,两房可以以较低的利率向银行借钱,再把钱贷给购房者。不管怎样,华尔街从两房的泡沫经济中赚了不少。近二十年来，由于两房给贷款进行担保，华尔街以现金和投资的方式赚了几十亿美元。

华尔街的特性："赚钱的时候，记性最差。"

截止到20世纪末，华尔街排名前五的是：高盛、摩根士丹利、贝尔斯登、美林和雷曼兄弟。

2002年，在过去的一年里，美国发生了一系列事情，包括互联网泡沫、"9.11"事件以及安然、世通等公司耸人听闻的会计危机，让华尔街的不景气雪上加霜。美联储几次降息，利率已经到了非常低的水平，这影响到了房地产行业。华尔街嗅到了抵押贷款证券化潜在的巨大利润，从2002年开始从与政府相关的"两房"手中拿走了市场份额。2002年，来自政府无关渠道的MBS已占MBS发行总量的15%，2004年上升至23%，2006年上升至32%。但是华尔街没有得到当局的支持，所以它们的借款成本要高于"两房"。而且，如果华尔街的银行需要借钱来筹资来购买抵押贷款，那么它们的自有资金和特许使用费用的要求将高于"两房"。因为"两房"所受的管制较少。为了使自己更具有竞争力，华尔街的银行都建立了特殊目的实体，空壳公司。依照法定程序和会计准则专门从银行分离出来。这些特殊目的实体又从抵押贷款放款者(抵押贷款经纪人、区域银行、储贷机构)那里买进大量的抵押贷款，并把这些抵押贷款卖给全球的投资者。每个特殊目的的实体出售几种不同类型的住房抵押贷款，称为"分级"，是对抵押贷款池的不同表达。例如，住房抵押证券中的一个高风险、高收益的分级可能会遭遇抵押贷款组合的一次损失。可是，另外一个低风险、低收益的分级可能会从抵押贷款中收获一笔利息和本金盈利。另外，华尔街还会雇佣一些信用评级机构，对债券进行分析和评级，并将住房抵押贷款证券中的几个部分评为最高级别。这样，它们就能与"两房"所发行的最高级别的债务证券相竞争。

第二节　逆选择　末路狂奔

总结起来赚钱的方法无非就是两种，也仅有两种。一种是生产资产，包括隐性的资产如服务等换取货币并大于自己付出的成本。还有一种就是资产价格上涨。

怎样创造更多的收益？提高杠杆比率成为达到这一目标的最好方法——通过借贷,可以根据自己偏好的投资组合投入更多的资金,只要收益预期高于融资成本,这几乎是最为明智的选择了。

当系统风险来临时,华尔街杠杆经营和风险经营的模式使它面临一次大灾难。当局对价值数万亿美元的"金融衍生品"(包括复杂债券、抵押贷款和互换交易模式)进行调控。一时间,衍生品这个词成了整个社会的热词,人们把衍生品比喻成"不受控制的、肆意泛滥的艾滋病"。

贝尔斯登最成功的案例是高等级结构化信贷策略基金,该基金创立于2003年10月,主要投资于较高信用等级的抵押担保债券,基金的资本金为8亿美元,其中公司自有资金2亿美元,基金的投资决策由沃伦·斯派特克全权负责,基金经理是拉尔夫·西澳菲和马修·塔宁。投资者包括机构投资者和个人投资者,其中后者主要是贝尔斯登的员工。西澳菲和塔宁个人也投资于这只基金。这只基金在三年多的经营期内,第一年的收益率达到了19%,年均收益率也达到了12.5%。

贝尔斯登的另外一只基金为高等级结构化信贷策略增强型杠杆基金,"增强型杠杆"的含义是指采用更高比例的债务资金。如果投资者愿意接受高杠杆带来的高风险,它们就有可能获得更高的收益。但是到了2007年6月7日,"增强型杠杆"基金全部停止赎回。几周之后,"高等级基金"也宣布停止赎回。到了6月30日,不可避免的结局终于成为现实,两只基金都急需补充保证金。而唯一的可行的就是并入贝尔斯登,最后的结局是,投资者只能收回一小部分股权,随之而来的是无休止的、此起彼伏的官司。

两天之后,公司正式发表声明:贝尔斯登愿意拿出32亿美元,以便对高等级基金进行有序清算。公司内部一致认为,基金的剩余净资产仍然在4亿美元左右。因此,只要谨慎行事,合理运作,投资者就能回收投资。贷款热也不会迁怒于贝尔斯登,因为大家都是受益者。但是,大量担保性债务凭证(CDO)存货和超过承受能力的次级贷款头寸,使得"增强型"基金的破产命运已不可能改变了。

由于逐日盯市的会计准则，基金的净资产是随时变化的。形式很快就明朗了，预测的基金净资产根本就不存在。只好尽最大的可能变现基金资产。在一周之内，通过贷款回购，贝尔斯登公司的风险敞口已减少到了16亿美元。事实证明，剩余的净资产价值远远地低于事先估计的4亿美元，到清算结束时，贝尔斯登遭受的损失已经接近10亿美元。

这次失败，在贝尔斯登公司内部掀起了一场轩然大波。尽管贝尔斯登公司的资产负债表依旧稳健，流动性也没有受到明显的损害。但是突然之间，贝尔斯登在公众心目的地位一落千丈。至此，贝尔斯登灭亡的悲剧就这样悄然无声地拉开了序幕。

2007年1月中旬，当贝尔斯登的股价第一次超过172美元时，凯恩的700万股股票价值12亿美元。两个月之后，他宣布了贝尔斯登2007年第一季度的财务状况：盈利5.54亿美元，比同期增长9%。贝尔斯登的股价与凯恩的脾气成正比，股价越高，凯恩的脾气就越大。他开始越来越目中无人，自以为是。作为华尔街的CEO他不仅要协调好内部关系，还要有社会意识，提升公司的外部形象。但是凯恩很少涉足于这些活动，而只是喜欢打桥牌和高尔夫。

凯恩与斯派特克的矛盾越来越大，内部的不合作也愈发明显地显现出来。2007年7月30日，凯恩要求斯派特克辞去总裁的职务，就在斯派特克被撤职的消息公布的同时，标准普尔把贝尔斯登的高级公司债信用等级调整为“前景看跌”。这一消息使得贝尔斯登立即就陷入了恐慌。

8月初，就在斯派特克被解雇为《华尔街日报》披露，而此时凯恩正在寻求新的资本注入，并且一直在与中国的一家投资银行协商此事。斯派特克的离任，给人以贝尔斯登高层管理存在问题的印象，显然使得这件事情的进程蒙上的了阴影。几周以后，凯恩亲自飞到北京。凯恩与中国方面的谈判拖拖拉拉地持续了几个月，最后无果而终。

2007年11月1日的《华尔街日报》的头版，发表了署名为凯特·凯利的文章，文中把凯恩描绘成一个傲慢无礼，粗心大意，自以为是的人。凯利提供了具有说服力的证据来证明，凯恩对高尔夫以及桥牌的热心，显然胜过了他作为CEO应该承担的责任。文中说，在整个7月份，当对冲基金已成为贝尔斯登每天要面临的危机时，凯恩只在办公室里待了10天。凯恩完了，贝尔斯登也完了。

2007 年 12 月中旬的董事会，正在准备公司的年报，凯恩离职的事情也提上了议事日程。贝尔斯登已经注销了 19 亿美元与抵押担保有关的资产，导致了当季度亏损 8.59 亿美元，这也是贝尔斯登自 1985 年上市以来第一次季报亏损。净收入从 2006 年的 20 亿美元减少至 2007 年的 2.33 亿美元。执行委员会已经决定，本年度不发放红利。这个决定不需要讨论，管理层没有资格拿一分钱的红利。在前一个月，又有 650 名被解雇，在前两轮裁员中，已经有近 1 000名员工被解雇。减员了 10%，这在贝尔斯登的历史上是从未有过的。

2008 年 1 月 4 日，艾伦·施瓦茨通知凯恩，他离任的时候到了，由施瓦茨接替。

施瓦茨上任后说："根本想象不到情况有多么糟糕，现在所有的头寸都在亏损。"

2008 年 1—2 月间，贝尔斯登的股票价格一直在 80—95 美元之间波动。

2008 年 3 月 10 日周一，贝尔斯登的股价在早盘一开盘就一路下跌，到中午时下跌的幅度已经超过了 10%。

在收盘之前，荷兰拉波银行集团通知贝尔斯登，他们不再对一笔本周末到期的 5 亿美元贷款展期，而且有可能撤销下周到期的另外一笔 20 亿美元信贷限额。周二早晨，另一家荷兰银行也做出了相同的决定。而 CNBC、彭博社和其他商业频道开始不间断播报这些个消息，它们把支离破碎的消息拼凑成一个惊心动魄的故事：贝尔斯登与其他的金融大鳄已经深陷危机。贝尔斯登的借款成本和担保被大幅提高。这些借款的衍生成本——信用违约互换(CDS)的利差，在过去的几个星期里持续上涨。而现在，变成了飞速上升。

贝尔斯登的长短期银行贷款总额约为 1 200 亿美元。如果贷款人希望对风险敞口进行保值，通常会购买 CDS，以防借款人违约。一旦出现违约的情况，它们将获得极为可观回报。而 CDS 利差扩大越来越表明，贝尔斯登正在被一步步地逼向破产。与此同时，股票市场开始骚动，交易商们开始忙于买进贝尔斯登的看跌期权。周一，贝尔斯登的股价是 65 美元左右，但是看跌期权买家锁定的执行价却低至每股 30 元，他们的预期的贝尔斯登股价还远远低于这个价格周三的早晨，施瓦茨接受了 CNBC 的采访。在采访中，施瓦茨一直反对贝尔斯登存在流动性危机的说法。他告诉记者，截止到 2007 年年底，贝尔斯登的现金储备达到 180 亿美元，这个数字一直没有变化。他坚称：贝尔斯登不存在任何危机。在 CNBC 的节目中，除了提到贝尔斯登的统计有所改善意外，施瓦茨几乎找不到任何可以恢复市场信心的理由。当天下午，回购贷款人纷纷撤出全部资金和证券，抽空了贝尔斯登的现金储备。

“随后发生的事件显示，贝尔斯登的倒闭并非源于贝尔斯登独有的行为或决策产生的后果，而是巨大的市场强迫身为最小规模独立投资银行之一的贝尔斯登不能再继续存在下去。”凯恩在其为周三金融危机调查委员会（Financial Crisis Inquiry Commission）听证会准备的作词中如是说。

金融危机调查委员会负责调查这场自大萧条时期以来最严重的金融危机的根源，该委员会将陆续召集危机中遭受冲击企业举行一系列听证会。

2008 年 3 月，金融市场及贝尔斯登债权人均对其表现出了信心丧失，监管机构争相为其寻找买家，最终贝尔斯登以每股 10 美元的价格贱价出售给了摩根大通（J. P. Morgan Chase & Co）。

凯恩的继任者、贝尔斯登新 CEO 艾伦·施瓦茨承认，公司没有预见到房地产价格能飙升至难以为继的水平，但认为贝尔斯登的悲剧是源于那些超越他们控制范围的事件。

当贝尔斯登走完了自己的死亡道路之后，媒体一再提及，贝尔斯登在长期资本管理公司破产期间的行为，在一定程度上应该受到谴责。“我们以曲折的方式，铺垫了自己的灭亡之路，我们新手打造贝尔斯登的死亡，这是我们杀害别人的报应——艾伦·C·格林柏格（贝尔斯登前董事长）。”

2008 年 3 月 14 日，贝尔斯登轰然倒下。

2010 年评论人约翰·卡西迪在英国《金融时报》上发表了《贝尔斯登危机两周年祭》一文。

该文指出贝尔斯登的倒闭主要是因为：杠杆是毒药，市场并非总是有效。

关于“杠杆是毒药”，卡西迪指出，“2008 年 3 月时，贝尔斯登的有形股权资本约为 110 亿美元，却支撑着 3 950 亿美元的总资产——杠杆比率达到 36。几年来，这种不计后果的融资让贝尔斯登得以实现约 33% 的利润率和 20% 的股本回报率;但当市场逆转时,这种做法却让贝尔斯登失去了资本以及愿意向其提供贷款的机构。”毋庸讳言,杠杆的出现,极大地提高了金融交易的效率,在全球金融业发展过程中发挥了应有作用;但对其无节制地使用,则恰恰使杠杆出离于全球金融市场发展的阶段性需求之外。同时,在此过程中,一些金融机构的主观意识也存在着极大缺陷,突出表现就是对中介本色的背叛,使得中性的“对手方”成为疯狂的“对赌方”。因此,在卡西迪分析杠杆工具客观功用的基础上,笔者认为,尽管金融机构有逐利的义务,但我们有必要讨论其主观意识的边界所在、责权所依。

关于“市场并非总是有效”的反面的教材,莫过于美联储前任主席格林斯潘所倡导的观念,他认为,金融产品的不断多样化会使市场参与者的下注更理性,市场作为整体能更好地反映参与者的集体智慧。简单来说,不在少数的金融理论家和从业者倾向于认为,价格本身就是意义,而多样化的产品为价格的发现提供了更多的载体,从而有助于市场效率的提高和稳定性的加强。

3 月 15 日周六,一早摩根大通的收购团队就已经进驻麦迪逊 383 号。他们已经开始忙于尽职尽责的调查,希望全面了解贝尔斯登的资产质量、负债及流动性等问题,并据此提出正式的报价。摩根大通之所以能够在一个周末迅速出手,很大程度上是由于美国相关政府机构的全面介入。美国联储会主席伯南克和财长保尔森直接介入了摩根大通与贝尔斯登的收购谈判,一个关键的政府协调会在周日凌晨五点召开,摩根大通的董事长戴蒙整个周末基本上没有合眼。最终,美联储不仅为贝尔斯登的部分流动性较差的资产提供了 300 亿美元的担保,还在摩根大通宣布收购的几分钟内降低了面向金融机构的紧急贷款利率。美国政府在这次营救大战中起到了举足轻重的作用,几乎是直接干预了。

摩根大通这次仅用两亿多美元就把这家拥有 85 年历史、在美国排名第五的投资银行收到麾下,可以说是拣了一个大便宜。仅贝尔斯登那幢总部大楼据说就值 12 亿美元。回过头看,贝尔斯登之所以在 48 小时之内迅速崩盘,并不是因为它真的需要崩盘,而仅仅是因为人们怀疑它可能要崩盘。这正是这件事最可怕的地方。上周三到周四的两天里,贝尔斯登的客户和交易对家因为对它的履约能力产生怀疑而一股脑提走了 170 亿美元的现金,导致它几乎是按照字面含义在“一夜之间”径直滑到了破产的边缘。这完全就是一部关于现代金融体系的教科书,它无比生动地阐释了一个道理：支撑现代金融体系最重要的基础不是物理世界中的实物资产,而是人们对于这个体系本身的信心以及这个体系中参与者在其他参与者心目中的信用。一旦信心动摇,一旦信用不再,再高的大厦也会在顷刻之间轰然坍塌,速度甚至比“9.11”中的世贸中心崩塌的速度还要快。

从 2008 年 3 月 10 日,周一开始一直萦绕在人们心中的一个问题是：那些银行到底值多少钱？去年这个时候,贝尔斯登的市值为 200 亿美元,在和中信谈判参股的时候为 135 亿美元,上周初跌倒了 80 亿美元,上周五收盘的时候降至 34 亿美元,然后仅仅过了一个周末等到周日摩根大通报出收购价的时候已然只剩下血淋淋的 2.4 亿美元。谁说资本市场靠谱贝尔斯登跟谁急,只是急也白急。问题的实质是：金融机构为了博取高额利润近年来过度地通过复杂的金融技术为本来不应得到贷款的人提供贷款,由此而产生的风险通过层层包装被隐藏起来,没有人能够真正看懂包装纸下面的东西,直到有一天忽然有人意识到包装纸下面可能是一堆没有价值的垃圾,甚至是一个一触即发的地雷区,并且很快地把这种担心在市场中传播出去。你当然可以说是上周三开始的市场传闻谋杀了贝尔斯登,但是从根本上说还是去年以前的贝尔斯登谋杀了今年的自己。我们或许可以得出一个结论,那就是金融机构的价值评估在很大程度上不能只看它的税后利润,也不能只看它的账面价值,同时还要看它所持有的金融资产的风险系数,无论同这些资产对应的账面价值是多少。

在随后的几个星期里,更大的噩耗从住宅不动产和商业不动产等领域接踵而至,彻底击碎了人们一厢情愿的幻想——最糟糕的困境已经过去。然而现实是,真正的危机才刚刚开始。到 2008 年 9 月,担保价值的蒸发以及这些担保的过度杠杆已经彻底改变了股票市场和衍生品市场的基础,“崩溃”的幽灵在空中游荡。

AIG 这家曾被认为是抵御很多银行进一步大规模的资产减值的最后屏障,而它也出问题了。AIG 在担保了所有风险债务以外还持有数十亿美元的风险债务,它就要完蛋了。没有人相信 AIG 能够掩盖市场所有的损失——从 CDS 到正在走向“死亡”的银行债券。

在抵押贷款证券化过程中,银行把大量抵押贷款投放到特殊目的的实体中，然后特殊目的实体将发行不同级别的MBS，在不同的风险级别对应不同的利率。为了避免这些不同分级的MBS发生信用违约，这些债券的投资者和其他投资者会向信用等级高的保险公司或金融机构购买保险，以转嫁风险进行自我保护。这种保险被称为信用违约互换CDS。CDS是对债券或债务凭证违约提供保障的一种契约。

CDS的买方定期向卖方支付保险金，如果出现信用违约的情况，卖方需要把违约债券总额赔付给买方。

CDS投保的两个主要受理者是单一险种保险公司和保险业巨头AIG。单一险种保险公司与传统的拥有多种险种的保险公司不同，他们只受理单一业务的险种，即保证债券投资者免受债券违约的侵害。2008年中，单一险种保险公司为未赔偿债务支付的违约保险金额高达2.4万亿美元。单一保险公司的崩溃给华尔街带来了巨大的潜在性损失，因为它们的资产组合中也包括在这些保险公司中购买的为保护CDO分级的CDS，而支付的保险金。正因为这些单一险种保险公司不用再指望在CDO违约时提供信贷保障，CDS的价值也随即在华尔街银行家们的账户上一落千丈。为了降低这种降价的影响，美林银行与一家名为XICA的小型单一保险公司结算了一项价值37.4亿美元的CDS，保险赔偿金额是5亿美元。同样，早已不堪重负的另一家公司也想花旗银行在其公司的面值14亿美元的CDO保险项目支付了8.5亿美元保险赔偿金。

AIG购买次级抵押贷款的CDS所导致的风险敞口比保险公司的潜在债务还要大。几年以来，AIG购买CDO以防范信用违约，而CDO以抵押贷款等资产为其提供了担保。但是，AIG犯了一个致命错误，它在2005年和2006年初购买了600亿美元的基于次级贷款的CDO来保护CDS。

美国国际集团(AIG)成立于1919年，曾经是全球首屈一指的国际性金融保险服务机构。在2008年之前不到40年的时间内，AIG的市值从3亿美元攀升至最高的近2 000亿美元，长期位于美国利润最丰厚的十大公司之列。

2007年年初，基于次级抵押贷款的AAA级别的CDO的价格急剧缩水，AIG被迫承认他们由于2005—2006年的CDS遭受的损失达到了300多亿美元。从2007年8月开始，作为AIG交易的对方，高盛要求AIG用更多现金填补CDS的风险敞口。到2008年8月，AIG已经支付了165亿美元现金以支持

CDS。当AIG的信用级别在2008年9月15日降至A级时，要求以现金支付填补风险敞口的资金达到180亿美元。AIG作为大型的保险机构没有足够的流动资金，美联储只能借款850亿美元给AIG以避免其破产。

2008年9月美联储救援AIG以后，向AIG要求现金偿付的CDS持有者增加，美联储的850亿美元借款被瓜分干净。2008年末至2009年初，美联储改变援助计划，将额度提高至1 700亿美元。2009年3月，因其MBS市值已降至300亿美元，AIG表示同意现金支付620亿美元以解除多个交易对方的CDS合约。这个计划得到了当局的同意，而所需资金大多由政府承担。

2009年3月AIG还面临另外1.6万亿美元的“概念性衍生品风险披露”，为了把联邦政府承担的风险披露降至最低值，AIG一个发行CDS的分支机构不得不申请破产，把赔偿数额降到1美元10美分以下。AIG为了打消人寿保险的个人产生担忧，宣布经营人寿保险业务的公司是单独运作的，而且经营状况良好。

2009年4月，针对公司和外债发行的CDS，国际互换和衍生品协会提出了一项标准化的议定书，给予MBS发行的CDS应采用此议定书，要求所有CDS在票据交易所交易。但是，产业公司对定制化的CDS合约有正当的需求，而这种业务不适合在票据交易所进行，应允许定制化的CDS应该通过金融机构的私人协议交易进行，只是资本的要求要比标准CDS更高。

雷曼兄弟在2008年6月16日发布的财务报告显示，第二季度（至5月31日）公司亏损28.7亿美元，是公司1994年上市以来首次出现亏损。雷曼兄弟净收入为负6.68亿美元，而前年同期为55.1亿美元；亏损28.7亿美元，合每5 114美元，前年同期则盈利12.6亿美元。

雷曼兄弟首席执行官迪克·福尔德马上采取相应措施。通过发行新股募得60亿美元资金，并且撤换了公司首席财务官和首席营运官，6月16日雷曼兄弟股价有所反弹，但股价已经累计下跌了60%。

9月9日韩国产业银行（KDB）收购雷曼兄弟的谈判中止，雷曼兄弟股价重挫45%。

9月10日，雷曼兄弟公布第三财季业绩报告以及数项重组战略方案，雷曼兄弟第三季度巨亏 39 亿美元，创下该公司成立 158 年历史以来最大季度亏损。第三季度雷曼兄弟已减值高达 78 亿美元房地产抵押证券敞口，全年总计减值 172 亿美元，占相关资产总额的 31%。财务报告公布之后，雷曼兄弟股价应声下挫 7%。雷曼兄弟股价从年初超过 60 美元，跌至 7.79 美元，短短 9 个月狂泻近 90%，市值仅剩约 60 亿美元。在从外部投资者获取资金的努力失败后，雷曼兄弟正式宣布将出售其所持有的英国市场上的住宅房地产抵押证券的投资组合，并期待交易将在几周内完成。同时，雷曼兄弟计划在 2009 年一季度剥离 250 亿—300 亿美元的商业房地产（Commercial Real Estate）投资组合，使其独立为一家公开交易的公司，以期在这场金融危机中生存下来。

9 月 14 日，由于美国政府拒绝为收购提供保证，英国巴克莱银行等潜在收购者相继退出谈判，拥有 158 年历史的雷曼兄弟面临破产。

9 月 15 日，雷曼兄弟宣布将申请破产保护。雷曼兄弟声称，破产的仅是母公司，旗下的经纪业务和投资银行部门均不在破产之列。公告称，雷曼兄弟依照美国银行破产法第十一章，向纽约南部的联邦破产法庭提起破产保护。雷曼兄弟所有从事经纪业务的分支机构及雷曼兄弟的子公司，包括 Neuberger Beman an Holding 和 LLC 等子公司，均不受此影响，将继续正常交易和营业。

从 2000 年起，美国政府利用低利率及减税政策，鼓励居民购房，以此来拉动经济增长，从而带动美国房地产大涨。在激烈的竞争面前，金融机构不惜降低住房信贷者准入标准，大量发放次级贷款随后，金融机构将这些贷款出售给投资银行，投资银行打包成次级房贷债券进行出售。房价上涨时，风险不会显现，然而随着美国联邦利率上升，房地产市场逆转，房价开始下跌。利率大幅攀升使很多贷款人无法按期偿还借款；同时，住房市场持续降温也使购房者出售住房或通过抵押住房再融资变得困难。于是，引发次级抵押贷款机构亏损或破产，投资基金被迫关闭，股市剧烈震荡。

雷曼兄弟破产除了受宏观经济环境影响，美国独立投资银行的营运模式和雷曼经营的主要业务、资产结构等因素都是导致其破产的原因。

1. 高杠杆经营

投资银行不同于商业银行，投资银行不经营储蓄业务，也就没有稳定的资金来源。投资银行的主要的资金来自债券市场和银行间拆借市场。据统计，国际前十大投资银行的财务杠杆比率在2007年达到了30倍左右的高比率雷曼的财务报表显示，自2007年7月次贷危机开始，其财务杠杆率(总资产/总股东权益)仍然在20倍以上，2007年8月31日其杠杆率为30.3倍，在2008年2月底达到了31.7倍的高峰，直到8月31日，这一比率才降至21.1倍。以30倍的财务杠杆率为例，在资产价格上涨情况下，只要赚1%就相当于赚到股本的30%的收益。相反，一旦价格下跌导致亏损3.3%，即意味着破产。2007年夏天到2008年9月，美国住房市场价格下降了20%，商业房产的价格的降幅稍小，持有大量相关资产的雷曼兄弟的资本金很快就被不断贬值的资产所侵蚀。资本金的不足，过度举债以及监管的放任最终使雷曼在这场危机中倒了下来。

2. 高风险业务占主导地位

在华尔街，虽然美国大型证券公司和投资银行都经营债券业务，但五大投资银行各有分工，雷曼兄弟是以债券和债券衍生品为主要业务方向。

2006年，雷曼居次级债券承销商之首，大约占到全美抵押债券市场份额的11%，2007年上升到12.1%，成为华尔街打包发放住房抵押贷款证券最多的银行次贷危机爆发后，由于次级抵押贷款违约率上升，造成次级债金融产品的信用评级和市场价值直线下降雷曼兄弟持有的债券总额在2008年第一季度是6 394亿，占总资产的比重达到82.4%，第二季度是5 167亿，占总资产比重达到80.8%。雷曼为这类资产计提的减值大幅影响到了雷曼兄弟的利润。最终，这一曾经是雷曼的主要收入来源拖垮了雷曼。对固定收益类业务的过分依赖使得雷曼在整个金融环境极为不利的情况下难以脱身。

3. 难于消化的垃圾资产

首先，来了解一下什么是第三级资产。第三级资产是最难以估价的资产，因为这类资产基本上是无法在市场上进行交易的，所以它的市场价值是根据一系列假设建立模型计算出来的，通常是些经过多次打包和分割后的衍生产品。雷曼兄弟第二季度末持有的第三级资产有413亿美元，其中房产抵押和资产抵押债权共计206亿美元。这400多亿的资产在市场总体情况恶化，信用降低的情况下价值下跌，给雷曼兄弟带来减值损失影响到雷曼兄弟的资产负债表，同时因为在市场上难以找到买家，又无法变现雷曼的股东权益仅有263亿美元，第三级资产成了无法消化的垃圾资产。当然最主要的原因是现金流断裂，而它又筹集不到资金。

2008年雷曼兄弟大事回顾：

3月　雷曼兄弟股价大落大起——裁员5 300人

4月　雷曼兄弟旗下三基金步入清算

5月　垂涎0.6市净率——巴克莱议购

6月　二季度亏损28亿——雷曼撤换总裁

7月　股价八年来首次跌破20美元

7月　传高盛操纵股价致贝尔斯登和雷曼兄弟垮台

8月　雷曼兄弟将出售400亿美元资产

9月　高层频频洗牌——资产出售事宜仍未解决

9月　三季度巨亏39亿美元——股价一日暴跌45%

9月　雷曼宣布破产——总债务6 130亿美元

2008年9月12日周五下午，财政部部长亨利·保尔森本人就开始安排晚上6点钟在纽约联邦储备银行的会议。会议在晚上6点45分开始了，在自由大街33号纽约联邦储备银行那花岗岩建筑一楼的会议大厅里。20多位美国上流金融圈的传奇人物并肩坐着，现场一片压抑的沉默。美国财长保尔森和纽约联储银行行长蒂姆·盖纳特坐在长桌的两端，共同主持会议。

“你们要拯救雷曼兄弟，应该拿出解决办法来，因为政府是不会帮你们的。雷曼兄弟的生死全是你们的责任。”保尔森用他那沙哑的嗓音不容置疑地说道。

证券市场已经休市，要到周一才会开市，但是事件仍然紧迫。由于投资不良次级贷款而损失严重的美国第四大投行雷曼兄弟此时已命悬一线，已经无法再筹集到资金了。周五上午，雷曼兄弟的情况更加恶化。摩根大通作为雷曼兄弟的主要赔偿对象，于当天下午冻结了雷曼兄弟抵押在摩根的用于偿还部分贷款的保证金。下午5点钟，纽约股票交易所正式收盘，雷曼兄弟的亏空已经是无底洞了。而当局拒绝进行任何救助。因为此前一周,财政部不得不援助两家房地产再融资巨头——房利美和房地美。

保尔森曾在高盛供职32年,还于1998—2006年出任高盛总裁。蒂姆·盖纳特也是与会者的老相识了。能够聚在这个会议室的都是华尔街弱肉强食世界里的大人物,其中一些还是高盛的老成员,至今还很有影响力。

一个名声显赫的投资银行要出售,有两个潜在的买家。一个是英国巴克莱银行,另一个是美洲银行,再加上政府的支持。雷曼兄弟的拯救计划已经拟就,随时可以付诸实施。但是还缺乏两个基本的条件,事件和参与者的良好愿望。

雷曼兄弟对于出身高盛的人来说根本就用不着操心,在他们看来,破产导致的后果实在有限。高盛的那些被公认为业界最出色的经济学家向市场保证:雷曼兄弟的倒闭所产生的系统性风险无足轻重。

在雷曼危机前几天,保尔森要求高盛救助陷落中的雷曼。但是雷曼的总裁迪克·福尔德拒绝向竞争对手——高盛,公开公司账目。

当时美林证券的处境也非常困难,保尔森敦促美林与美洲银行接触,让美林与美洲银行兼并。2008年9月14日周日,兼并在极为秘密的情况下完成。但是这样的话,能拯救雷曼兄弟的就只剩下巴莱克银行了。但是由于当局拒绝为该项收购提供担保时,巴莱克银行宣布推出收购谈判。

由于英国第三大银行巴克莱宣布退出拯救"雷曼兄弟"的行动,雷曼兄弟进入《美国破产法》第十一章的破产程序。9月15日周一凌晨,曾为美国第四大投资银行的雷曼兄弟公司发表声明说,公司将于当日递交破产保护申请。消息一出,美元和美国股指期货齐声下跌,预示当天纽约股市开盘后可能大跌,有分析家甚至形容可能会引发"股市海啸"。美国政府乃至全球金融界担心,一旦"雷曼兄弟"遭贱卖,可能在金融界触发多米诺骨牌效应,影响整个经济形势稳定与健康。在经历了19世纪的铁路公司破产、20世纪30年底的大萧条时期乃至十年以前的长期资产管理市场崩溃考验以后,雷曼兄弟这家拥有158年漫长历史的老牌投行今天在曼哈顿的美国破产法庭申请了破产保护,其债务总额达6 130亿美元。巴克莱银行和美国银行头一天放弃了接管雷曼兄弟的谈判,而与此同时,雷曼2012年市值已经下跌了94%,迫使其申请破产保护。迪克·富尔德——这位将雷曼兄弟变成美国不动产市场上最大资产支持债券承销商的华尔街巨擘——最终将雷曼兄弟引上了不归路。

“市场上很可能将出现‘多米诺骨牌’效应，原因是依靠雷曼兄弟取得融资的其他公司及个人将感受到该公司破产所带来的后果。坦白地说，此事将对美国经济造成很大损害。”评论人如是说。

2008年9月15日，雷曼兄弟申请破产，向市场传递了一个错误的信号。据当时的一位分析师说：“在雷曼兄弟破产之前，市场上存在着一种几乎不可动摇的信念，认为具有系统重要性的大型金融机构，其重要债权人和交易的对家不会面临完全违约的风险。这种信念自1984年以来便已经树立，当时美国第七大银行伊利亚诺伊大陆银行破产倒闭，债券持有者都得到了全额偿付。”

保尔森和柏南克此时要应对的问题，最重要的是杠杆程度过高的投机性泡沫破裂。这不像20世纪90年代的科技股泡沫，那时确实也是投机性泡沫，但杠杆程度远没有这一次高。

当这一泡沫破裂，存量资产估值过高的现象变得显而易见的时候，几乎是在刹那之间雪球从高坡向下滚落，而且越滚越大，速度也越来越快。次级抵押贷款违约率上升，导致所有的抵押担保品受到质疑——在任何一种特定的抵押担保证券中，从来就不清楚究竟包含了多少次级抵押贷款——这导致所有抵押担保证券的价格下跌，从而造成要求增加保证金的局面。这就需要追加资本，而要追加资本，又要令人痛苦的低价在出售证券，引起抵押担保证券的价格进一步下跌，形成了所谓的“反身挤压”。

随着上述过程的发生，银行、证券公司，对冲基金都被迫减记所持有的证券。损失通过资本核销反映出来，这样又要求重置资本。交易的对家、结算公司、评级机构全都要求在提供资本，而在下跌的通道中，要筹集资本谈何容易。按低价募集来的资本，游戏室了银行的股价，使得股价进一步下跌。然后，亏损递延到下一个季度，再要筹集资本，就更加困难了。这种情况也使得银行可以向别处借入的资金变得更少，造成它们进入商业票据和其他货币市场的通道枯竭起来，对其他机构来源筹集资金的能力提出了挑战，使它们处处告急。

股价的暴跌对银行来说是一种新型的挤兑，所有与特定银行有利害关系的都因此而怀疑这家银行是否可靠，这种信任危机的恶性下滑，自身的融资能力受到损害，以至于再也不愿意向商业客户或个人客户提供贷款。信贷市场也干涸起来，将整个经济拖入一次急剧的衰退之中。

九月上旬，雷曼的 CDS 在急剧的增加，这意味着交易者正在购买违约保护，并预测公司的最后清算结果。在雷曼后面不久就轮到美林证券，让人更加恐慌的是的是，在美林之后不久将是高盛和摩根士丹利，以及最恶劣的 AIG，这家大型保险商在市场出售了很多的 CDS。

人们在私下里责备摩根士丹利的吉米·戴蒙挑起了危机，因为他要求雷曼和美林支付抵押，实际上把这两家在死亡线上挣扎的公司逼上了绝路。高盛集团在 2007 年 5 月关于降低证券市值的做法也备受指责。贝尔斯登的两家对冲基金使用的杠杆交易比率很高，高盛所做的降低市值的举动被放大了。这两家基金公司在 2007 年 5 月末宣布大量亏损。因此，投资者纷纷从中撤出资金就不足为奇了。2007 年 7 月，这两家基金公司被清算，投资者因此损失了 15 亿美元的投资，而贝尔斯登也从此跨上了毁灭之路。因为在 2007 年 6 月，贝尔斯登就成了这两家基金的贷款人。两家基金的破产，贝尔斯登的账面上出现了大量的有毒资产，这也救了它的对手方。由于给自己的基金担保，让风险压在自己身上，而高盛和其他对手公司却如同收到了一份意外的大礼。贝尔斯登破产 9 个月以后，其债权人被美联储救赎，并且与摩根大通达成协议，贝尔斯登的股东以 10 美元/股的价格换购摩根的股票。高盛的实质评估方法同样给美林带来了灾难性的打击。迫使美林在清算前卖给了美洲银行。还有 AIG，政府用了高达 1 820 亿美元的纳税人的钱玩久了 AIG。高盛集团的双面决策，无疑是建立了一个大空头，同时把抵押贷款证券的市值降低的做法极大地损害了其他的公司。

在 2010 年 4 月 7 日参议院常设调查委员会上，布兰克费恩面对质疑，做了如此的陈述：“很多人推测，高盛在 2007 年和 2008 年对美国的房地产市场进行了大量的卖空”，他说道：“但实际情况是，我们并没有在 2007 年和 2008 年持续地，或者大量地在居民抵押贷款市场上进行净卖空的操作。我们在这个市场的表现能够证明这一点。在金融危机那两年里，从总体上看，高盛在个人居民抵押贷款市场上损失了大约 12 亿美元。我们没有在市场上大量卖空，也没有和我们的客户进行对赌。”

当然，高盛不愿意承认自己扮演了把其他公司推下悬崖的角色，这完全可以理解。高盛自称并没有什么所谓的大空头,其所定的公司市值评估也不比其他公司的低很多等。它向世人表明,在2007—2008年间,高盛与其他人一样愚蠢,犯下了大错。

亨利·保尔森指责雷曼兄弟的迪克·福尔德在雷曼兄弟出售问题上拖了他的后腿。但是站在福尔德的角度,这是一场疯狂的赌博。为什么要廉价卖掉公司呢,如果情况更糟,大而不能倒,政府可能会注资。政府不是已经救助了贝尔斯登、房地美、房利美。但问题是:保尔森认为在救助了房地美、房利美之后,再向国会请求拨款救助雷曼兄弟就很困难了。伯南克告诉保尔森美联储也快弹尽粮绝了。毕竟,美联储担保了贝尔斯登300亿美元的有毒债务,并且它还为金融系统的其他部分——华尔街的一些大型公司提供了贷款融通和担保。当你被系统性风险缠绕时,连你自己也是不可控的。

保尔森说:雷曼完蛋了,它撑不过这个周末,下周就不能再经营。换句话说,政府没有准备救助雷曼,华尔街不得不自己想办法,他们拯救雷曼就是拯救自己。

最可行的选择是雷曼主席巴特·麦克达德在过去六个月内一直尝试做的事情,雷曼需要华尔街提供资金兜住它的坏资产——大约300亿美元的商业地产。就在几天以前雷曼的财务总监说这些资产是盯市的,但是现在一些高管们对这一资产的价格不是很确定。不论结果如何,保尔森所说的第二个选择就是破产和清算资产负债表上的6 000亿美元,没有人愿意看到这样的结果。但是政府已经做好了这种准备。本来雷曼有两个潜在买家,美州银行和英国巴克莱银行。但是,

没有政府的帮助,他们对雷曼一点兴趣都没有。为什么政府不能对300亿美元的有毒资产作担保呢,像贝尔斯登那样?美州银行和英国巴莱克的银行家们都打道回府了。

雷曼就要破产清算了,盖纳特要求每家公司检查其对雷曼的敞口,他把这些公司分成两组,检查不同方案的结果。

2008年9月15日,雷曼兄弟公司因未得到联邦政府的支持而宣布破产。同一天,美林证券因其股票价格暴跌,被美州银行收购。在收购之前,美林曾得到联邦政府的援助,这是一笔很好的交易。美林拥有了一个稳定的存款基础,

同时也为美州银行提供了一个强大的投资银行。

随着美国国际集团、雷曼、城市债券保险公司、美林证券、贝尔斯登的问题，以及华盛顿互惠银行和美联银行等的关门大吉，使得全美更加针对高盛、摩根士丹利这两家由骗子和穿着镀金外套的赌徒组成的集团。高盛、摩根士丹利面临着资金流断裂，到了破产的边缘。按照当时的美国财长亨利·保尔森的说法："你们需要投资。"

与此同时，德意志银行却在到处兜售："这是你们最好的交易对手。"以此来争夺从高盛和摩根士丹利赎回的对冲基金和投资客户。

2007年高盛集团赚了114亿美元，这创造了公司的记录。五位高管分享了其中的3.22亿美元，这又创了华尔街的一项纪录。年近60岁的劳埃德·布兰克费恩，这位在2006年才从离开高盛出任美国财政部长的前任——亨利·保尔森手中接过职位，就拿到了7 030万美元的报酬。接下来的一年，高盛的很多竞争者都倒在了自己设计的骗局之中，高盛集团却盈利23亿美元。这一年，五位高管决定放弃奖金。布兰克费恩的全部收入为110万美元。但这对于布兰克费恩没有什么好担心的，因为他还持有高盛337万股股份，市值高达5.7亿美元。

在2007年，关于CDO/CDS高盛与约翰·保尔森还有过交集。发布里斯·图尔在高盛的工作任务之一，就是创造和出售CDO/CDS组合。2006年12月保尔森让高盛和他的公司一起创造了一个20亿美元的组合CDO/CDS，就是著名的Abacus。保尔森想卖以大宗抵押证券做支持的担保，而其他心思缜密的投机者则与他立场相反。这只是保尔森做的抵押债券市场会崩盘的众多赌局中的一个。

在保尔森、佩里格里尼反复尝试Abacus交易过程中，约翰·保尔森团队也披露了对华尔街自身财务生存性的越来越多的担忧。图尔在公司的报告中提到："约翰·保尔森关心高盛作为对手在这个非流动性的CDO交易中的风险有关，就算已经有了CSA(信用支付约定)，这让约翰·保尔森是绑定着的。"图尔写道："难以置信的是，保尔森如此担心把高盛作为交易对手的风险，竟然要求一种能够将他和高盛的信用风险完全隔离的结构。保尔森为了与诸如高盛以及其他两家公司的交易方进行单一名称的CDS交易。他购买了大量的共同

CDS组合担保，为了对冲他的交易对手方的信用风险。”

高盛的高层对此表示惊讶：“简直太不可思议了。”

图尔了解到，保尔森新增加了一大堆赌注，赌贝尔斯登倒闭。在2006年末的时候，购买贝尔斯登债券违约保险的成本已经到了0.18%。因为约翰·保尔森买了价值20亿美元的担保，成本高达360万美元。在摩根士丹利追买贝尔斯登违约保险之前，已解除债务违约的2008年3月，购买保险的成本一下子就飙升到7.5%，仅此一项保尔森就赚不少。没过多久高盛模拟了约翰·保尔森的赌博，贝尔斯登接着就倒闭了。

图尔成立了一个公司——ACA资产管理公司，劳拉·施瓦茨作为交易的投资组合挑选经理人在公司任职，她挑选Abacus标的证券的证券，来验证保尔森的计划。那时ACA已经掌管了22个CDO/CDS，总价值约为157亿美元。Abacus交易作为ACA赞助的第23个CDO/CDS，也是第五种有房地产抵押贷款证券支持的“组合”。ACA公司的主要生意是为市政债券提供保险，但在贝尔斯登银行于2007年9月投资1.15亿美元给公司，并占了其28%的股份之后，ACA放弃了一贯的长期资产管理，开始选择风险大于之前的CDO/CDS资产管理，包括给风险提供保险，在CDO/CDS交易中扮演起主要角色。最终，事实证明这是灾难性的行为。到2008年4月，ACA濒临倒闭，唯一剩下的就是对高盛有关的Abacus的诉讼。

2007年1月8日，在保尔森的办公室，图尔和保尔森团队举行了一次会议来促成Abacus交易。第二天，高盛给了ACA一份保尔森想要对赌的123种2006年老式抵押贷款证券清单。同一天，ACA进行了“互叠分析”。然后，决定购买了保尔森清单中123种证券中的62种。图尔告诉ACA说他对初始投资组合的反馈感到兴奋，因为交易几乎可以合在一起。高盛因为构造了Abacus而赚得1 500万美元的佣金。

1月10日，图尔发了一封给ACA，邮件明确了ACA在保尔森赞助的交易中所扮演的角色，什么样的初始投资组合是理想的保尔森清单。四天后，施瓦茨担心她可能在电话里冒犯了图尔，ACA可能会失去这笔生意，她发了一封邮件表明她并不是敌意，但从一个债务投资者的视觉来看，这种结构是困难的。她写道她可以理解保尔森的平衡观点，但是要把他们的名字放到一些东西上时,他们必须确认这能提高他们的声誉。图尔在高盛的一个同事回复她:“图尔和团队都非常尊敬你,而且十分希望你能参加这次交易。当然前提是你同意。”

1月18日,图尔向他的同事确认ACA已经决定为保尔森充当投资组合挑选代理商,赚取至少每年100万美元的投资组合咨询费。

1月22日,ACA给图尔发送了一张有86种次级抵押贷款的清单他们想把风险敞口都转移进去。其中有55种都出现了在保尔森初始的123个名字的清单中。三天之后,高盛给施瓦茨发了一封交易协议草稿,施瓦茨回复说她对ACA潜在的交易费用,还有ACA偏好的法律顾问方面有疑问。她几乎一直担心ACA会失去这次交易。但是图尔说佩里格里尼几天都联系不上,他出去休假去了。

碰巧的是,施瓦茨偶然地碰到了佩里格里尼。他们在1月27日会面,讨论了要打包进Abasus交易的投资组合。两人都表达了合作下去的意愿,并约好下个月2日再面谈。当时,已经有了一些房地产泡沫破裂的报道,表示了对CDO的担忧。图尔也意识到了:“整个交易系统中的杠杆越来越大”,“整个交易系统随时都有可能崩溃……”

1月31日,高盛的Abacus项目组向ACA的施瓦茨提交了更新方案,他们建议从资产组合百余只证券中去掉两个,因为这两只证券在“穆迪公司的评级中不甚理想”但是施瓦茨还将继续与佩里格里尼讨论并征求他对才定的资产组合的最终意见,并期待探讨下一步交易和起草委托书等具体事务。

2月2日,图尔和ACA负责人在保尔森的办公室会面,商议了Abacus中资产组合的构成问题。几天之后,ACA通过邮件将清单传给了保尔森公司,清单列出了ACA和保尔森建议必须包含进Abacus的82只抵押贷款支持证券,另外还有21只候补名单。正在等待征得保尔森的批准。三天以后,保尔森将92只证券的最终名单确定下来,征求了图尔的意见后传给了ACA。ACA当日批复,初步同意Abacus项目资产组合债券的选定。

2月8日,图尔写信给高盛汇报工作,他已完成了Abacus一书的撰写。高盛既然在Abacus项目中获得满意的佣金,同时还会参与卖空与Abacus类似的证券组合,这就意味着Abacus项目可能会以多头头寸收场,那么本来要求空头的资产组合也会承担某些抵押贷款的相关风险。高盛如果不能将这些产品全部卖出去，就会以自销的方式购买剩余的产品。

最终，2月26日，双方经过进一步的磋商，保尔森与ACA就Abacus项目90只证券的标准资产组合达成一致。当天，高盛与ACA起草了一份65页的活动手册和PPT展示，准备用于向多头投资者介绍并推销Abacus，而保尔森也已经做好充分地准备来充当空头投资者的角色。

2007年8月，金融市场出现了第一次地震，风险信贷市场崩溃了，这时金融危机的预兆。

高盛在Abacus操作上将损失大约7 500亿欧元，这对于高盛帝国而言当然不算什么大事。发布里斯·图尔还在寻找买家，他的年薪在2007年就达到了150万欧元。

2008年11月，图尔晋升为执行官，紧急前往伦敦，他的使命是让Abacus打开欧洲市场。

2009年12月，《纽约时报》披露了Abacyus交易中的诡计——旨在向客户出售高盛急于脱手的信贷。美国证券交易委员会在2009年获取资料，并开启了一次严肃的调查。

发布里斯·图尔在2007年1月，在给他的女友的一封邮件中自吹自擂道，他早就预见到房地产市场的崩溃："整个建筑几乎要坍塌，不管现在是什么情况，唯一的幸存者，传奇的发布里斯，终将面对所有的复杂交易傲然挺立。"

2010年4月16日公布的这封邮件成了控诉高盛和发布里斯·图尔最有力的证据之一，它揭露了风险抵押贷款相关的金融产品"骗人宣传和对主要事实的掩盖"。这戏剧性的一击，高盛的实质下跌了12.8%，引起了纽约股市的下跌，随后是欧洲股市的下跌。高盛和图尔都知道，他们就是庸俗的骗子，被那些自认为被拔了毛的客户追击。高盛要求图尔立即休假，但图尔用傲慢的沉默回答了国际媒体的控诉。在欧洲社论中，评论人重新提及安达信会计事务所或是德崇证券的破产，在人财两空之前陷入了司法的漩涡。

尽管高盛出来辟谣，说资料是空穴来风，但丑闻却在欧洲不断扩大，高盛的地位受到了严重的威胁。英国市场的监管者英国金融服务监管局(FSA)也启动了调查。发布里斯·图尔被吊销了伦敦金融城的交易员资格。

这个事件在德国也同样引起了巨大的反响。因收购Abacus产生了一系列巨大亏损之后，德国工业银行提出了一项损害赔偿要求。德国总理安哥拉·默克尔为挽回损失而保留司法求助。政府同盟的成员纷纷要求冻结高盛与德国政府的交易。

高盛对此的解释，是它们的格言：生意就是生意。

在这里顺便说一下，欧洲人与美国人的不同：欧洲人尊崇以原则为基础的行为，底线是不能触犯的；美国佬则喜欢以规则为基础，只要规则允许什么都可以做。但是，高盛的行为方式也为它们赢得了广泛的"声誉"："有钱必赚"、"与我们的道德观念格格不入"，一位前高盛银行家离开公司后，去了一家和高盛做生意的对冲基金，他仍然对高盛上市后的变化感到惊讶："我们和高盛做了多年生意。"他说："我觉得高盛的风格非常清晰，那就是在所有的生意中只做对自己有利的事。不管他们说了多少'顾客优先'的鬼话。也许对于投资银行也来说没错，但在交易中这绝不是真的，就好像，如果他们本来可以吃掉你的饭并叫你滚蛋，他们完全会这样做。"

另一位私募基金投资人说得更直白："我的根本意思是在说，他们大部分的基本商业模式都是违法的。"

2008 年 10 月，作为 AIG 最主要的交易对家，高盛已经踏进了无法控制的资本危机和流动性陷阱，这也是贝尔斯登当初所处的情境。但高盛迅速地找上了沃伦·巴菲特解开了这个绳扣。巴菲特向高盛投资了 50 亿美元，作为对价，高盛向巴菲特提供利率为 10%的优先股，外加一个认购大宗普通股的权证。一旦高盛走出危机，估值上涨，巴菲特将获得几十亿美元的收益。正是这些现金注入以及信心的注入，让高盛走出了原本不可想象的危机。

为了避免同样的悲剧发生，摩根士丹利向日本最大的银行三菱银行出售了 21%的股份：

> "2008 年 10 月 13 日，星期一早上 7:30，罗柏特·金德勒坐在沃切尔律师事务所的会议室里。他看上去气色很差，胡子拉碴，并且还穿着一条休闲卡其裤和人字拖鞋，他已经至少有一整天没有睡觉了。他到沃切尔律师事务所是为了取得三菱公司即将送过来的支票，因为约翰·麦克去了华盛顿，因此只能由他来完成这项重要任务。尽管三菱公司同意了交易的所

有条款,但他还是有几分不安,因为他从来没有看到过一张带着9个零的支票。他不知道这是否可行? 或许三菱公司会带来好几张支票。

金德勒一直以为三菱公司只会派一名低级别的雇员把最后的付款送过来,但他却从沃切尔律师事务所的前台接待员那里得知,一队身着笔挺深色西装的三菱公司高级经理刚刚抵达大厦的大堂,并正在向楼上走来。

金德勒马上感到局促不安,因为他穿得非常不正式,看上去就像一个在海边闲逛的人。他急急忙忙冲到楼下向一位律师借了一件西装外套。让这位律师忍不住好笑的是,当金德勒扣前面的纽扣的时候,只听一声脆响,外套的后背已经被撑开了线。

很快,三菱日联金融集团的总经理隆明中岛和他的五六位日本同事出现在了金德勒的面前,他们原以为要举行一场正式的仪式,来完成交接。

'我不知道你来了,'金德勒带着歉意地像困惑的隆中明岛解释道:'要知道你会来,我就把约翰·麦克也叫过来'。

中岛打开一个信封并交给金德勒一张支票,支票背面写着'支付给摩根士丹利公司,$9 000 000 000.00'。金德勒紧紧地把支票攥在手上,感到不可思议,这可是他有史以来接触这么大面额的支票。这下他心里彻底的踏实了,摩根士丹利终于得救了。

一些日本人开始猛地按快门,尤其想尽力抓住到支票上那令人瞠目结舌的数字。

'这是一份荣耀,并且是你对摩根士丹利的信任和信心的伟大标志'。金德勒说道,他正努力以他目前凌乱的状态扮演一位政治家的角色:'这将是一笔伟大的投资'。

三菱公司小组一转身离开,金德勒就开始笑得合不拢嘴,并于早上7:53分用黑莓手机给摩根士丹利的整个管理团队发了封邮件:'我们拿到了支票!!!'

'交易结束了!!!'"

——(美)安德鲁·罗斯·索尔金《大而不倒》

在华尔街曾被认为是"大而不能倒"的五大巨头,贝尔斯登破产了,雷曼清算了，美林赶紧低头，算是跨过了门槛。而最后的资本主义头子——摩根士丹利、高盛高举白旗，他们恳求政府允许它们变成受到监管的储蓄银行。仅接受房利美和房地美一项举措，就让一半的美国人生活在政府资助的房屋项目之中。同时，协同接管华尔街，甚至让法国的自由党最坚定社会主义者也感到惊讶不已："这种大规模的国家干预是美国有史以来意识形态最明显、最极端的政府政策"。

2008 年 9 月 21 日上午 9:30，新闻发布了高盛、摩根士丹利即将成为银行控股公司。这是一个极具转折性意义的事件：这两家全国最大的投资银行最终是通过宣告自己商业模式的失败来拯救自己。

随着总统大笔一挥，美国财政部，乃至全体美国纳税人，都成了美国曾经最引以为豪的那些金融机构的大股东，这样的救援措施在几个月以前是无法想象的。

所有的资本家都隐身于救市计划的后面，世界范围内，市场统统出局，取而代之的是国家干预。自由市场原则上是好的，但这只是在价格下跌以前。而且，干预行动多得让人窒息。推出 7 000 亿美元救市计划的后面，亨利·保尔森（财政部部长）称自己别无选择。在这个计划中，美国政府为华尔街所有的错误买单。换种说法就是"现金换垃圾"。

"我们这样做，是为了保护纳税人。"高盛的前总裁（亨利·保尔森）说。

在随后的一个月里，乔治·布什总统签署了《经济稳定紧急法案》，并以此为基础，制订了"不良资产救助计划"，允许政府在 7 000 亿美元的限额以内直接购买银行持有的不良资产——主要是"有毒资产"。美国财政部、联邦储备银行与美国联邦储蓄保险公司联合出手，共同出资，阻击这场自我传染，正在席卷全球金融市场的信贷危机。联邦储蓄保险公司将每个账户的联邦存款保险上限从原来的 10 万美元提高到 25 万美元，目的恰恰是 1933 年创建联邦储蓄保险公司的初衷，消除市场恐慌，避免触发存款人恐慌性挤兑。

2008 年 10 月 14 日，在执行"不良资产救助计划"两周以后，政府再次公布，将动用 2 500 亿美元资金购买符合条件的金融机构的无表决权优先股股份，这些银行将以先到先得的方式，获得政府的资金支持。各家银行获得的资金数目相差甚远，其中一半资金用于美国最大八家银行，包括摩根大通、美洲银行、富国银行、花旗银行、摩根士丹利、高盛、纽约银行梅隆公司以及道富银行。这个计划几乎把所有银行都送上了复苏的道路。但在一个月以后,“不良资产救助计划”的规则发生了变化。美国财政部部长亨利·保尔森宣布:余下的4 100亿美元资金将不再用于购买不良资产,转而用于美国银行业资本结构的调整。政府的救助计划开始转向实业界,通用汽车和克莱斯勒先后拿到134亿美元的政府资金。

2009年2月,蒂姆·盖纳特承认:“旨在提供信心和保证的紧急行动过于频繁,因而增加了公众的忧虑和投资者的不确定性。”

美联储前副主席艾伦·伯林德说:“到了雷曼破产的那一天,一切都于事无补了!”。

把雷曼主动地变成银行控股公司,这样可以给雷曼提供一个无限贴现的窗口,但这也意味着必须接受当局的监管。当然作为投资银行家来说,不得不放弃他们偏好的计划,对于雷曼来说已经别无选择。后来人们指责在雷曼与英国巴克莱银行磋商的过程中,财长保尔森和纽约联储主席盖特纳没有采取更多的措施促成谈判。2008年9月14日,星期日上午在与英国监管者的一系列繁忙的通话中,保尔森和盖特纳都没有主动表示向巴克莱银行的收购提供政府方面的支持,以减少巴克莱的风险,缓解英国监管当局的忧虑。而保尔森和盖特纳却振振有词地说,这是政府不干预经济事务的姿态。可适当雷曼继贝尔斯登、城市债券保险公司之后破产,更是给市场和全球经济造成严重冲击,人们纷纷指责让雷曼破产是极其愚蠢的,财政部和美联储又改口解释道:他们没有挽救雷曼是因为缺乏法律授权。

2008年9月19日,SEC禁止了所有金融股的卖空交易(截止日期为2008年10月8日)

2008年9月22日,仅有的两大投行摩根士丹利和高盛公司转变成为受到当局监管的银行。

联邦储备银行和财政部并没有出手拯救贝尔斯登,只是为摩根大通提供资金购买了贝尔斯登持有的300亿美元的证券。同时,由摩根大通承担最初的10亿美元的亏损。在联邦储备银行向投行开启贴现窗口时,贝尔斯登已经不存在了。对于贝尔斯登、雷曼兄弟、高盛、摩根士丹利、美林证券,传统的投资银行经营模式已经成为历史。面对让贝尔斯登和雷曼兄弟离开市场，高盛险遭灭顶之灾的危机，传统的投资银行无力应对。传统意义上的投资银行已经推出了历史舞台，他们只能作为整个银行体系的一部分，接受美联储和联邦储蓄保险公司的管理和支持。尽管它们还要从事佣金业务，依旧还有专门从事并购和咨询业务的专业化公司。但是，完全脱离银行体系并接受金融监管的投资银行业务已不复存在，那只不过是一段失败的历史。

2008 年的金融危机，对金融服务业造成的损害是灾难性的。在很短的时间里，因破产、被迫并购、极力忍受和抵制市场对信贷资源和股价的挤兑，金融服务业被弄得分崩离析。美国最顶尖的 5 家投资银行中，只有两家未招致灭顶之灾，仍然能够依靠自己的动力运作。其他三家或已沉没，或者依靠牵引才能运转。两家顶级抵押贷款融资提供商已经被国有化，世界上一度最有价值、最受人尊敬的那家保险公司也是如此。最大的零售经纪券商以及第五大投资银行都受到了重大损害，只好与其他更强的公司合并。在此之外，这一年还有 23 家美国银行或储贷机构被各自的监管部门接管。

金融系统崩溃所产生的破坏性影响并不局限于美国。英国规模最大的银行，也就是一年前还以 1 000 亿美元恶意收购荷兰最大银行的银行依然崩溃，政府被迫干预，收购了拥有 70%投票权的股份。英国政府还被迫收购了国内最大抵押贷款公司的控股权。瑞士最大银行出售 600 亿美元不良资产给瑞士政府，德国第二大银行不得不接受政府的一揽子贷款救助，让政府拥有 25%的股份。在欧洲，为了让银行业不至于沉没，还实施了其他各种政府救助。到 2008 年底，这些救助总计需要好几万亿美元的政府资金，预计在所有的损害得到控制，还需要更多的资金救助。

2009 年 11 月，彭博资讯估计自 2008 年初以来，世界上最大一些银行和证券公司已有了 1 万亿美元的资产核销，迫使他们从各种来源筹集了总计为 9 500 亿美元的新资本。在此期间，很多是市场被冻结，并且抵制对其进行解冻的努力。资本市场实际上停止运转将近一年，任何活着的人从未见过流动性不足的时间如此之长。异乎寻常的市场失灵给银行和其他中介机构造成巨大损伤，其中很多伤害需要数年方能修复。

然而，随着时间的过去，这一切又被人们淡忘。华尔街重新开始盈利，风险交易和杠杆操作再次风行起来，所谓的“调控”也就成了过眼烟云。因此，赚钱的时候，华尔街的记性最差。

2012年5月10日，摩根大通报亏20亿美元，美国股市重挫！为什么选择在这个时候披露巨亏消息（其实这笔交易在2个月前就完成了），因为5月是美国的传统“沽空月”，股市大跌，对市场影响较小，而且可以把责任推到欧盟身上。

业界人士认为目标很明确，在5月份把钱往国债上赶，股市跌下来，为数个月后QE3推出，腾出上涨空间！

自摩根大通因场外金融衍生品交易巨损事件曝光以来，大部分媒体将摩根大通的亏损归结于它与对冲基金的“对赌”，并将焦点指向“伦敦鲸”。这笔交易始于2012年2至3月，摩根大通向众多的对冲基金主动提供了一种合成信贷存款衍生交易合约，该合约是以某种希腊国债衍生品为基准的场外合约。抛开技术性的细节不谈，这个合约基本上要求摩根大通向客户提供一笔不低于某个比率，假设为不低于7%的固定收益——如果相关的希腊国债衍生品收益率超过这个比率，摩根大通需支付超额利息。

许多对冲基金购买了上述产品，但他们担心希腊国债万一出现违约情况，收益无法保障。为此，摩根大通同时向这些客户发行了与希腊国债相关的CDS，一旦希腊国债触及合约中规定的违约条件，摩根大通将提供收益保障。作为对价，对冲基金需要支付一定保费。也就是说，若希腊国债没有违约，对冲基金客户的总收益是保底的7%固定收益减去部分保费成本，总收益不到7%。从整个合约的设计来看，摩根大通是在赌作为基准指标的希腊国债衍生品收益率不会长期高于它向客户提供的保底利率，它可以以此利率向对冲基金融入资金。在接受上述场外交易之前，对冲基金公司进行了大量的深入调研，对希腊国债的可能走势进行了各种情形分析，光是有关公式就足以媲美一本IPO招股书，最终觉得这是一个较稳妥的投资方案，因此跟摩根大通做交易。

摩根大通会积累了大量这样的合约，跟几十家对冲基金做了对手交易，甚至连高盛及美银这样的投行最后也参与进来。这类合同的交易金额如此巨大，因此业界为了方便起见干脆用“伦敦鲸”来作为这个交易的代号。

由于上述交易只交割利率部分的现金，且可动用杠杆，因此受到对冲基金的青睐。

2012年初，市场上实在没有可投资的产品，欧债问题一直悬在那儿，市场波动很大。而摩根大通提供的合约相当于一个有一定担保的固定收益，因此受到认可。

在交易之初，其实摩根大通处于有利位置；但谁料得到后来欧洲政局突然出现动荡，令希腊债券收益率升高，使上述合成信贷存款合约的基准指标上扬，对摩根大通不利。

正常情况下，在交易之初，摩根大通便要考虑对冲希腊国债收益率飙升的风险。它一方面需要买入相关的希腊国债来应付固定收益方的头寸；另一方面，由于它出售CDS，把希腊国债的违约风险揽上身，因此有必要在市场上寻找相关的工具对冲。摩根大通是否及早进行了上述两项对冲操作，以及对冲了多少仓位。但有评论员表示，摩根大通可能用错了对冲工具。据悉，摩根大通可能动用了其他合成衍生品工具，希望能对冲掉之前跟对冲基金的合约。但由于两个产品的风险系数不同，加上其对冲工具本身在OTC市场上缺乏流动性，因此很大程度上执行不了，也就无法对冲前期合约的风险。

"碰到这类情况，最好的办法是及早止损，而不是做对冲。"有评论员说。用风险系数不同且缺乏流动性的工具做对冲，其实根本起不到对冲的作用，而且很可能会两头受损。像摩根大通这样的大行不可能犯这样的错误。

现在摆在摩根大通面前的问题相当严峻，随着希腊形势的恶化，国际评级公司惠誉近期下调了希腊的主权评级至CCC级，距垃圾级仅一步之遥。一旦希腊国债跌入垃圾评级，对冲基金则会要求摩根大通按CDS合约进行高额赔偿。最近有媒体披露的数据是，摩根大通的浮亏已经达到70亿美元。

随着希腊国债收益率飙升，摩根大通的浮亏或会不断扩大，但究竟亏多少，还要视对冲基金客户们何时会履行上述合约。如果对冲基金不拆解这个交易，理论上摩根大通的亏损可以随着希腊形势的恶化一直往上升。

从整个交易来看，摩根大通的最主要错误在于：首先，它把整个OTC交易盘子做得太大，把自己变成了转身困难的待屠"鲸鱼"；其次，它没有及时止损，而是用不相关的对冲工具去对冲之前的仓位，这可能会使它亏损加剧。要算出摩根大通的整体实际亏损很困难。虽然作为交易对手的对冲基金可以根据自己的仓位估计摩根大通在有关交易上的亏损,但外界并不知道摩根大通内部的仓位和策略。不过有一点几乎可以肯定,这个事件不是外界所理解的某个交易员的问题,因为类似的海量仓位累积和对冲策略的实施,都需要有更高层的审核和批准。

业界倒不认为摩根大通会因此一蹶不振,毕竟它是美国最大的商业银行,底子厚,而且跟政府关系不错,顶多是亏掉一些钱。不过预计摩根大通如果不能及时平仓,很可能需要集资,金额估计要在100亿美元以上,这或许会给它的竞争对手或是那些主权投资基金创造一些机会。

对于被标上“嗜血”和“对赌”标签的华尔街赌徒们,这样的事例今后还会时有发生。

2013年3月底,据国际清算银行最新统计显示,国际外汇市场每日平均交易额约为1.5万亿美元。

一季度末,全球对冲基金的规模达2.37万亿美元,再创历史新高。

2013年第三季度,高盛做多日元巨亏10亿美元。

高盛货币交易业务收入环比大幅下降,其中外汇期权岗位为净亏损。有消息称,一个与美元和日元相关的结构化期权交易损失严重。目前并不清楚交易规模和持续时间。有消息称,高盛三季度在外汇市场的一个复杂的赌博让其蒙受损失,导致营收下滑,并促使其高级管理人员捍卫其交易策略。

第三节 否定之否定

按照黑格尔的逻辑:人类总是在“否定之否定”的过程中,完成了自我进化。可是华尔街把第二个“否定”改换成了“健忘”。

华尔街的特性:“赚钱的时候,记性最差。”

2007年8月17日,美联储削减了贴现率——贴现率就是银行从美联储借出资金时所需缴纳的费用率。它们称此举为“被迫去贴现窗口”。在正常情况下,你需要从贴现窗口借钱,美联储没有好脸子的。如果你去两次,美联储就要查你的账簿了。而此时美联储大开方便之门,它不是为了坚持反对通胀的政策，而是为了拯救华尔街的赌徒们。

大部分的操作都是通过贴现窗口或者其他类似窗口扩展使用完成的。当危机积蓄了更多的动力，为了控制危机以及对经济潜在的破坏，伯南克领导下的联邦公开市场委员会不久就大幅度降低了美联储目标基准利率。2008 年初，它又回到了零利率附近，甚至再次进入负利率区间。同时美联储也拓展了它法律方面的权利，采用一些创新和戏剧性的新举措来保证每日流动性所需。美联储作为最后的贷款人的身份事实上已经超越了银行和其他金融机构，这些创新和戏剧性的举措说明市场要维持日常结算的流动性运转已经非常困难。

通过削减利率，美联储向投机者和金融业伸出了援手，它发出信号：它将继续向投资者提供过去的“格林斯潘卖权”——只要有需要，以宽松的条件提供货币。

尽管华尔街的这些金融机构之间，有着高度的依存关系。但是没有人知道如果政府不采取措施救助，保尔森和柏南克对全球经济萧条的预言是否会成为现实，这些年风险承担和利用杠杆的最终效果，对于华尔街和其他金融区域来说是失败的：两家银行破产，一家被迫兼并，一万美元的股东财富损失了，普通美国人的财富收到了很大的冲击。房价下跌造成了数万亿美元的损失，道·琼斯工业平均指数从 2007 年的最高点 14000 点暴跌到 2009 年 3 月份的6500 点。

即使不是彻底的萧条，伯南克的预测：华尔街的衰退将会产生广泛的影响，给经济带来剧痛。失业率高企，创纪录的止赎率和破产数量使金融机构几乎遭遇全球性的崩溃，这种局面是怎样形成的？泡沫时代的错觉和荒谬、人口老龄化等问题都使美国面临总清算的边缘。

我们也许不知道这个世界是怎么运转的，但我们却自负地相信自己知道世界是不会怎么运转的。比如说，股市不会像自动取款机那样简单，需要的时候，你只要输入正确的数字就可以取出钱来。事实上，投资市场如生活本身一样，总是复杂的，通常还是有悖常理的，有时候还会出现荒谬的现象。但这并不意味着市场是完全随机的，尽管无法预测，但是生活中的惊喜也许并不总是毫无理由和不应得的。妄想总有后果。迟早，清算日会到来，所有的债务都必须偿还。从这个意义上来说，投资市场一点儿都不机械，相反，它充满审判意味。就像我们即将看到的那样，它奖励美德，惩罚罪恶。

美联储和财政部几乎没有人认为雷曼值得救助，原因都列在它的账本上。但是保尔森和柏南克承认，当巴莱克银行爽约后，他们决定让雷曼破产是一个错误，因为他们发现2008年的那段黑暗日子——无流动性陷阱，造成的损失非常惊人，对经济发展的绝望从华尔街蔓延到全国。即使在雷曼破产以后，政府拿出了大量的资金来防止更大规模的恐慌，2009年的银行信贷和经济形式整体依然不容乐观。此外，从20世纪80年代初，也就是刘易斯·拉列利和拉里·芬克时代开始的业务——房地产贷款和信用卡支付的市场打包也存在问题。有人认为，由此看来政府的救助没有奏效，但是想一想，如果没有政府救助，结果又会怎样呢？一旦某种观点被大众掌握，它就变得错漏百出了。因为只有简单的观点才能为大众所掌握。一般来说，大众掌握的那些观点都是经过简单化处理的，简单到让那些观点成为谎言，而且还是极为有害的谎言。一旦大众开始相信这些谎言，他们就会调整自己的行为，使之与谎言相符，因而也就改变了世界。而此时的世界，已经不再是原先那个世界了。不久之后，人们与身处的世界矛盾不断，危机即将爆发，人们需要寻找一个新的隐喻来对当下的世界作出合理的解释和适当的指引。

实际上，即使股市从3月份的低点开始反弹，这场大衰退也没有表现出停止的迹象，失业率攀升到9.5%。金融危机可能已经消除，经济也可能在2009年夏天达到谷底。但是大多数经济学家预测经济复苏会很弱，因为经济体遭受的打击太大了。根据美联储的公开数据，到2008年底，除了三家主要银行破产之外，很多商业银行、汽车产业以及无数的其他企业也都在亏损，超过了13万亿美元的家庭财富毁于一旦。从全球来看，很多评估机构预测损失接近50万亿美元。

政府花了数万亿美元来拯救长达30年进行风险经营的金融系统，不管是通过直接支付现金还是提供损失担保的方式，都无回天之力。但是这些措施的确是稳定了金融系统。在国会听证会的质疑下，伯南克、保尔森及银行的首脑们都受到了数小时关于起动机的盘问，至少银行系统没有大面积崩溃。

美联储决定将基准利率下调到接近为零，并且决定将投资公司转为银行，承诺救助那些对系统要求很重要的机构，这意味着银行现在几乎不能投资任何产品。例如进行风险押注，投资高收益率的证券，风险承担和利差交易这些给华尔街造成灾难的运作。政府暂不追究银行的"有毒"资产，财务会计标准委员会，维护了逐日盯市的会计准则，强制要求华尔街的公司和银行把它们所有的损失都表现在账簿上。但是2008年末，它开始放松了一些标准，给银行机会使它们不再承担巨额损失（这会导致系统崩溃），并允许他们开始将那些证券转为收益。

标准放松以后，花旗、美国银行都开始盈利，同时摩根大通继续保持强劲的势头。但是高盛的业绩最好，2009年第二季度它的债券交易创造了超过30亿美元的利润。高盛没有与华尔街其他公司那样采取同样的行动，而是充分利用了政府给的救助金，提高了杠杆和风险承担程度，并且比任何一家公司都大得多。

随着高盛的崛起以及大多数华尔街公司开始盈利，问题转向了未来：过去30年的那种风险承担还会回来吗？美国还将再次面对金融系统性危机吗？答案是肯定的。所有的投资银行现在都成了商业银行，因此有了统一的资本要求，并且受到美联储的监管。美联储在银行内部都设立了办事处，所以他们可以紧盯着银行的风险承担。

来自金融当局的"不对称反应"：当形势好时，他们不愿意收紧信贷；当形势变得糟糕时，他们却快速地收紧了信贷。

以前，美国的生意就是生意。美国人制造物品，并在国内外市场上出售。譬如，通用汽车是美国最重要的工业巨头。因此，对通用汽车有益的东西，自然对美国有益。而现在，美国的经济就是债务。美国人用他们没有的钱购买自己不需要的东西。融资债务——企业、对冲基金、次贷、抵押贷款、杠杆收购等，成为美国最重要的产业。因此，对华尔街有益的，就是对美国有益的。

那一年的夏天，全世界只有一个央行行长试图做正确的事情，他便是英格兰银行的默文·金。他认为，如果我们拯救那些鲁莽的赌徒，就会"为将来的金融危机播下种子"。

顶着外界的各种压力，默文·金坚持了好几周。可是那年9月，当报刊上登出的照片显示，人们在陷入抵押贷款危机的北岩银行门口排起了长队，等待取出自己的存款时，默文·金屈服了。他对着摄像机承诺将提供帮助……

这里成了，展示了自由市场对市场操控者，通货膨胀对通货紧缩的舞台。

在这次金融海啸中,我们注意到了系统性风险的四大特征:

1. 房地产价格飞涨

金融危机往往源于信用泡沫,从而造成商品和住房价格飞涨。当这些价格涨得难以维持的时候,放款人就会提高放贷的标准,房地产市场将会受到重创并逐渐波及整个金融系统。因为现在有大量的抵押贷款以及证券化,已经把金融系统捆绑得死死地了。

2. 大量的高杠杆交易机构

金融机构的高杠杆率是最大的潜在威胁,也会波及整个金融系统。假设一个金融机构的杠杆率为 25∶1,那就意味着 1 000 亿美元的资产由 40 亿美元资产作担保。就算只有少量的投资资本成为坏账,其资本持有量也会有较大的降低。为了保证 25∶1 的杠杆率,银行不得不抛出数量相当的资产来偿还债务。抛售资产可能挤压其他金融类公司的资产价格,造成亏损,导致其开始出售资产,反身挤压就发生了。

3. 资产负债的不匹配

资产负债的不匹配是金融系统面临的根本性威胁。在 20 世纪 80 年代,储贷银行的资本主要是长期抵押贷款,利率是固定的,但是其债务主要是短期存款,利率是不稳定的。二者的不匹配使信贷业大为受挫。当前的金融危机下,金融机构的致命弱点就是过分依赖于短期贷款,还将其投资于抵押贷款和房地产这样流动性相对较低的行业。雷曼兄弟的破产,只要原因就是因为不能偿还到期的短期贷款。

4. 金融机构和金融产品的快速增长

随着金融机构和金融产品的层出不穷,它们会时不时地带来重大风险,使得在监管系统的夹缝中面临崩溃。特殊目的实体就是个很好的例子。保荐银行认为可以规避会计准则的控制,所以这个控股公司在相关公司都必须公布银行的资产负债表的时候,没有充分公开它的资产和负债。这些没有商业赞助人的会计机构以及合伙经营和将抵押贷款证券化的方式迅速增加,使得数量庞大的债务,没有进入当局的视线。

这些特征也为我们的监管系统提供了参考坐标,或许就如同天气预报一样,这里产生了一个金融系统性风险的预报器。

2008年的9月15日，雷曼兄弟标志性的破产，引发了全球金融风暴。美联储推出四轮QE(量化宽松)，随后跟进OT(扭曲操作)。这两项措施，为市场注入了庞大的流动性，就美联储的总资产规模计算，总额达到了2.65万亿美元。就技术层面而言，美联储管理流动性的技巧，已经达到炉火纯青的水平。美联储的操作流程如下，由美国财政部发债给新兴市场国家，募集的资金用于购买美国金融机构的问题资产。这其中，有一个关键节点是：新兴市场国家是以引资方式接纳大量剩余美元的，主要是通过增加不动产规模和价格来消化大规模剩余的流动性。其结果是相当神奇，一方面，美国的金融机构的不良资产被美国财政部兜底了，金融机构的资产负债表奇迹般地好转。另一方面，美国金融机构资本充盈，大肆购买新兴市场国家的资产(主要是不动产)，金融机构的投资收益奇迹般地增长。美联储化腐朽为神奇，变危机为奇迹，轻松将问题转嫁给了新兴市场国家。

现在，当美国经济重新迈入健康发展周期，美国财政部已经可以将问题资产重新出售了。当然，曾经的问题资产已经拥有良好的回报，美国金融机构可以套现新兴市场国家的投资回头接货了。问题出来了，美国金融机构套现其海外投资，必然带来新兴市场国家的资产价格下跌，汇率价格下跌，外汇储备减少。也就是说利率的上升过程，才刚刚开始。

这场持续了5年的危机，已经在很大程度上改变了世界的格局。从政治到经济，从技术到思想。但由于种种原因，不同的国家有不同的收获。

在这5年里，美国几乎被金融危机重新塑造了一遍。危机起源于美国，也正结束于美国。在这5年中，美国反思了自己的金融体系，衍生金融工具的使用受到了限制和更严格的监管。但这不是最重要的，最重要的是，美国开启人类了新一轮工业革命。

新一轮工业革命有三大标志：一是以页岩气、页岩油为代表的新能源革命；二是以3D打印为代表的制造业革命；三是以移动互联为代表的信息革命。

页岩气、页岩油开发技术的日益成熟，使美国在能源方面对国外的依赖大大降低，并在不远的将来完全自给。目前美国已经出现了天然气价格的不断下降，这对于制造业降低成本起到了重要的作用。为什么美国敢于喊出“让高端制造业回流”的口号，与新兴市场国家比拼成本？能源革命，是一个重要因素。3D打印技术似乎还不成熟，但已经可以预见到未来颠覆性的影响。移动互联方面，苹果、谷歌、脸谱、推特、微软等一大批企业，都在引领行业的进程，这项技术的成熟和推广，将重新定义服务业，对制造业也将产生深远影响。而手机、电脑、电视、汽车、手表等一大批传统产品的内涵也将被颠覆。想想看，仅无人驾驶汽车推出后，就将给我们的世界带来多大的变化！

为什么美国能从金融危机的泥潭中第一个站起来？就是因为有新一轮技术革命为底气，从而带来一次全球性的生产力的进步。因为这个国家充满了创造的活力。

据报道：

> “（原标题：美国取代沙特阿拉伯成为全球最大产油国）
>
> 路透社10月15日称，根据知名美国能源顾问公司PIRA的数据，美国已取代沙特阿拉伯成为全球最大产油国，因为其页岩油产出大增引发史上第二大产油高潮。
>
> 报道称，这是页岩油革命带动美国石油业的最新里程碑。尽管美国仍是全球最大燃料消费国，但国内炼油厂可取得的廉价原油增加，使美国晋身为汽油和馏分燃料的重要出口国。PIRA认为，‘未来很多年，看来美国仍可确保全球最大石油供应者的地位。’”

这样就使得维持中东地区的稳定，成为了对美国影响不大的事件，未来美国完全可以将这一地区撒手不管了。